뭐 저런 **검찰총장**이 다 있나

## 뭐 저런 검찰총장이 다 있나

**초판 1쇄 인쇄** 2022년 5월 2일
**초판 1쇄 발행** 2022년 5월 9일

**지은이** 장세진
**펴낸이** 장길수
**펴낸곳** 지식과감성#
**출판등록** 제2012-000081호

**교정** 김우연
**디자인** 이은지
**편집** 이은지
**검수** 오현석, 이현
**마케팅** 고은빛, 정연우

**주소** 서울시 금천구 벚꽃로298 대륭포스트타워6차 1212호
**전화** 070-4651-3730~4
**팩스** 070-4325-7006
**이메일** ksbookup@naver.com
**홈페이지** www.knsbookup.com

ISBN 979-11-392-0461-2(03810)
값 15,000원

- 이 책의 판권은 지은이에게 있습니다.
- 이 책 내용의 전부 또는 일부를 재사용하려면 반드시 지은이의 서면 동의를 받아야 합니다.
- 잘못된 책은 구입하신 곳에서 바꾸어 드립니다.

지식과감성#
홈페이지 바로가기

장세진 에세이

# 뭐 저런 **검찰총장**이 다 있나

■ 저자의 말

## 까거나 씹는 사이다 에세이

　코로나19 와중에 자그마치 754만 명 넘는 사람을 극장으로 불러들인 '스파이더맨: 노 웨이 홈'처럼 무슨 할리우드 흥행 블록버스터도 아니면서 그야말로 지극정성이다. 장세진산문집 '진짜로 대통령 잘 뽑아야'를 펴낸 게 2019년 1월 15일이니 약 3년 3개월 만에 까거나 씹는 이야기들로 다시 돌아오게돼서다. 바로 장세진 사이다 에세이 '뭐 저런 검찰총장이 다 있나'이다.

　그렇다. 또 한 권의 책을 세상에 내놓는다. 지난 해 11월 문학평론집 '서사성과 형식미', 지난 1월 편저 '김학수필문학론' 발간 이후 불과 3개월 만에 펴내는 장세진 지음의 '뭐 저런 검찰총장이 다 있나'이다. 평론집 등 이것저것 다 합쳐 총 51권(편저 5권 포함)째, 수필·산문집으로만 국한하면 14번째 장세진 지음의 책이다.

　사실은 교단을 떠나면 그렇게 '까거나 씹는' 글 쓸 일이 없지 싶었는데, 그게 아니다. 몸담고 있던 교육분야 이야기가 이전보다 줄었을 뿐이다. 정치·사회·문화·교육·행정·스포츠 등 그야말로 전 분야에 걸쳐 3년 남짓 쓴 까거나 씹는 이야기들이 한 권의 책으로 묶어 펴낼 만큼 되었으니까.

　하긴 그 동안 많은 일들이 있었다. 그중엔 박근혜 대통령이 탄핵과 함께 구속·수감되는, 그야말로 경천동지할 역사 못지 않은 역대급 사건도 있다. 문재인 정부 윤석열 검찰총장이 중도하차한데 이어 제1야당 국민의힘 대선 후보로 나서 제20대 대통령에 당선된 사실이 그것이다. 문재인 정부 최 아무개 감사원장도 도중에 그만두더니 국민의힘 국회의원이 되었다.

그뿐이 아니다. 내란 수괴 전두환과 그 무리 2인자 노태우가 저 세상으로 갔다. 여러 개 대통령 역사를 새로 썼던 박근혜는 특별사면돼 수감생활을 마쳤다. 그리고 36세 제1야당 대표에 대장동 진흙탕 싸움 등 국민적 심판인 3·9대통령선거를 치르고 6·1지방선거가 코앞으로 바짝 다가온 시국이다. 정치쪽 이야기가 유독 많아진 건 그 때문인지도 모르겠다.

'뭐 저런 검찰총장이 다 있나'는 다분히 그 점을 의식한 표제(標題)라 해도 할 말이 없게 되었다. '사이다 에세이'를 표방한 '뭐 저런 검찰총장이 다 있나'에는 편당 원고지 10장 안팎의 짧은 글 87편이 실려 있다. '진짜로 대통령 잘 뽑아야' 이후 쓴 160여 편 에세이(수필 포함) 중에서 우선 추린 것들이고, 모두 일간신문 등에 이미 발표한 글들이다.

일부를 제외하곤 대부분 '까거나 씹는' 이야기들이기도 하다. 출판사 선정과정에서 "시사 이슈를 다루는 칼럼의 속성상 출간 시점에 구문이 되기 쉽기 때문에 게시일자를 지우"자는 편집자 의견도 있었지만, 그건 아니라고 본다. 출처가 없으면 독자가 글을 이해하는데 갖지 않아도 될 의문을 갖는 등 온전한 독파(讀破)에 혼선과 불편이 따르기 때문이다.

새삼스럽지만, 비판은 비난과 다르다는 점을 다시 상기시키고 싶다. 내가 뒤틀려있는 온갖 사회현실을 지적하고 비판하는 것은 궁극적으로 잘못되어 있음을 바로잡자는 것일 뿐 다른 의도는 없다. 그러니까 어떤 개인이나 집단을 겨냥한 '펜의 힘' 발휘는 아니란 것이다.

굳이 부언하자면 본문 속에도 있는 말이긴 하지만, 나는 어떤 이념에 의해 움직이지 않는다. 남들이 보수로 분류하는 60대 중·후반 꼰대이지만, 나는 아니다. 그렇다고 진보도 아니다. 따라서 일부에서 즐겨 쓰는 좌파도 아니다. 그렇다면 중도일텐데, 그것도 아니다.

나는 어떤 사안에 대해 객관적이면서도 일반 상식과 부합하는 판단을 가치로 알고 글을 쓰는 평론가일 뿐이다. 책속의 글들을 읽고 어떤 생각을 하든 독자의 자유지만, 누구 편이 되거나 유리하게 하려고 이런 책을 내는 게 아닌가 하는 오해는 하지 말았으면 한다.

책은 5부로 나누었다. 1부와 1, 2로 된 시리즈만 빼고 2~5부 글은 발표시기가 빠른 것부터 앞에 실었다. 복합어의 경우 띄어쓰기가 통일되지 않은 점 등 독자들에게 양해를 구할 점도 있다. 예컨대 어느 글에선 '교권침해'로 붙였는데, '교권 침해'로 띄워 표기한 것도 있는 식이다.

'뭐 저런 검찰총장이 다 있나'는 세상 돌아가는 게 답답하고 분통 터지는, 그리하여 미치고 팔짝 뛸 일이라 느끼거나 생각하는 이들에게 일독(一讀)을 권할만한 책이다. 이 글들을 읽으며 통쾌하고, 후련하고, 짜릿하다며 엄지척 해줄 독자들과 출간의 기쁨을 함께 하고 싶다.

2022년 한참 봄

지은이 **장 세 진**

뭐 저런 검찰총장이 다 있나

**차례**

■저자의 말- 까거나 씹는 사이다 에세이 ········· 4

## 제1부

장하다 방탄소년단1 ········· 14
장하다 방탄소년단2 ········· 17
장하다 방탄소년단3 ········· 20
영화역사 새로 쓴 배우 윤여정 ········· 24
세계 최강 한국 양궁 ········· 28
독도는 한국 땅 ········· 32
시민사회단체는 나서지 마라 ········· 37
교권침해, 강력처벌이 그나마 답 ········· 40
교권침해, 이대로 당해야 하나 ········· 43
남녀공학 학교되거나 교명 변경해야 ········· 46
교육상, 3D업종 지도교사에게도 관심을 ········· 49
서울시교육청 그렇게 할 일이 없나 ········· 52
용어 자체가 말 안 되는 사법농단 ········· 55
상금도 주는 지자체 상이라야 ········· 58
학교 축제는 봄에 열어야 제격 ········· 61
신문사의 편파적 책소개 없어져야 ········· 64
수모당하는 손학규대표를 보며 ········· 67

## 제2부

민주평화당 왜 이러나 ─────────── 72
이참에 단교(斷交)는 어떤가 ─────── 75
전북문화관광재단 대표이사는 전북 사람이 해야 ─── 79
개탄스러운 돈 주고 상 받기 ────── 82
촉법소년, 이대로 안된다 ──────── 85
상금이 있어야 제대로 된 상 ────── 89
아르코문학창작기금 독소조항 정비해야 ── 92
코로나19보다 더 무서운 광신도 ───── 95
21대 총선 결과의 의미 ────────── 98
문학 홀대 유독 심한 전주문화재단 ─── 101
민생당 0석과 안철수 원죄론 ────── 104
세월호 참사가 더 비극적인 이유 ───── 107
5·18민주화운동 40주년을 보내며 ──── 110
애먼 교사 죽게 한 학생인권교육센터 ── 114
이른바 검·언유착 의혹사건 ─────── 117
교권침해 일삼는 전북교육청 ─────── 120
불륜사건 이후에도 왕짜증 김제시의회 ── 123

# 제3부

| | |
|---|---|
| 대한민국은 너무 살기 좋은 나라 | 126 |
| 교사 몰카범 일벌백계해야 | 129 |
| 뒤끝 쩌는 극단적 선택 | 133 |
| 민폐쟁이 | 136 |
| 다시 대한민국은 너무 살기 좋은 나라 | 139 |
| 호부견자 | 143 |
| 기소된 4명의 전북 국회의원들 | 146 |
| 부러운 정철원 회장의 상금 후원 | 149 |
| 자랑스러운 전북현대와 전설 이동국 | 151 |
| 전직 대통령 재수감을 보며 | 155 |
| 너무 살기 좋은 나라1 | 158 |
| 너무 살기 좋은 나라2 | 161 |
| '미국영화 톺아보기' 발간에 부쳐 | 164 |
| 세월호 참사 6주기를 보내며 | 167 |
| 미국이라는 나라1 | 170 |
| 미국이라는 나라2 | 174 |
| 공모전 서체 유념해야 | 178 |

## 제4부

국민 엄마 배우 김영애 ································ 182
호날두 노쇼 그 후1 ································ 186
호날두 노쇼 그 후2 ································ 190
전직 대통령 형 확정을 보며 ························ 193
재벌 총수 재구속을 보며 ···························· 197
날려버린 예술인 재난지원금 80만 원 ············· 201
의사들은 금테라도 둘렀나 ·························· 204
대한의사협회를 규탄한다 ·························· 207
뭐 저런 검찰총장이 다 있나 ······················· 211
한일전 축구 0대 3 ································ 215
민주당의 보궐선거 참패 ···························· 218
가장 핫한 전북 국회의원1 ·························· 221
가장 핫한 전북 국회의원2 ·························· 224
36세 제1야당 대표 ································ 228
조국 사태의 교훈 ································ 232
인종차별은 제국주의 잔재 ·························· 236
미국에서의 증오범죄 ································ 239
박영수 특검의 중도하차 ···························· 243

## 제5부

사기꾼에 놀아난 소위 사회지도층 인사들 — 248
올림픽, 축구가 가장 아쉬워 — 252
소득 상위 12% — 254
대장동 진흙탕 싸움 — 256
환경부 블랙리스트 — 260
노태우 전 대통령 국가장 유감 — 262
대통령, 진짜 잘 뽑아야 — 266
대통령, 누굴 찍어야 하나 — 269
내란 수괴 전두환 — 273
민주당이 우물쭈물하는 사이 — 277
난데없는 박근혜 사면 — 279
드라마 역사 새로 쓴 연극배우 오영수 — 283
10회 연속 월드컵 본선 진출 — 287
황희찬과 황의조 — 291
다시 참 이상한 나라 — 295
국민이 문제다 — 298
블랙리스트는 범죄 — 302
백제 생각 — 304

# 제1부

장하다 방탄소년단1

장하다 방탄소년단2

장하다 방탄소년단3

영화역사 새로 쓴 배우 윤여정

세계 최강 한국 양궁

독도는 한국 땅

시민사회단체는 나서지 마라

교권침해, 강력처벌이 그나마 답

교권침해, 이대로 당해야 하나

남녀공학 학교되거나 교명 변경해야

교육상, 3D업종 지도교사에게도 관심을

서울시교육청 그렇게 할 일이 없나

용어 자체가 말 안 되는 사법농단

상금도 주는 지자체 상이라야

학교 축제는 봄에 열어야 제격

신문사의 편파적 책소개 없어져야

수모당하는 손학규대표를 보며

# 장하다 방탄소년단1

고교 교사일 때는 아이돌이나 걸그룹의 댄스 음악 히트곡들을 곧잘 들었다. 'SBS인기가요'나 MBC '쇼! 음악중심' 등 10대 청소년들이 즐기는 TV프로들을 애써 챙겨보곤 했는데, 좋아해서라기보다는 학생들과의 소통을 염두에 둔 이유가 더 크다. 나는 내 차로 백일장이나 취재차 가는 현장 르포때 아이돌이나 걸그룹 노래가 녹음된 CD를 학생들 들으라고 틀어주곤 했다.

운전하면서 막내딸이 녹음해준 댄스음악 CD를 틀면 제자들은 기함할 정도였다. 가령 티아라의 '롤리 폴리'와 '크라이 크라이', 시크릿의 '사랑은 Move' 등이 이어지는 걸 들은 어느 제자는 "어머, 선생님 신세대시네요. 와! 짝짝짝-" 박수까지 쳐대며 신기해 했다. 또 어느 제자는 "헐, 선생님 짱이신대요!" 엄지 척을 해보이며 날 추켜 세웠다.

나는 괜히 우쭐해지곤 했는데, 내가 사제동행으로 백일장이며 현장 취재를 풀방구리에 쥐 드나들 듯 다녔던 이유중 하나라 해도 무방하다. 내가 막내딸을 시켜 녹음한 CD에는 2013년 데뷔한 방탄소년단 노래들도 여러 곡 들어 있다. '불타오르네'·'Run'·'쩔어'·'Danger'·'상남자'·'진격의 방탄' 등인데, 이때까지만 해도 방탄소년단은 그냥 일개 아이돌 그룹일 뿐이었다.

퇴직과 함께 아이돌이나 걸그룹의 댄스 음악 녹음 및 보기가 시들해졌음은 물론이다. 그러는 사이 '지금까지 이런 그룹은 없었다'는 제목의 기사를 접하게 되었다. 바로 방탄소년단 이야기다. 방탄소년단이 신곡 '라이프 고즈 온'으로 또다시 미국 빌보드 싱글차트 1위에 올랐다는 내용이다. '또다시'란 수식어 사용은 이전에도 빌보드 싱글차트 1위에 오른 적이 있기 때문이다.

그렇다. 방탄소년단은 9월 5일자 빌보드 '핫100' 차트에서 디지털 싱글 'Dynamite'로 처음 1위를 거머쥐었다. '다이너마이트'는 2주 연속 1위를 차지하며 '한국 가수 최초'라는 새로운 역사를 썼다. 이어 방탄소년단은 피처링에 참여한 'Savage Love' 리믹스 버전으로 10월 17일자 '핫100' 차트 1위를 또 차지했다.

그런데 '라이프 고즈 온'의 빌보드 싱글차트 1위는 이전에 이룬 것과 의미가 남다르다. 11월 20일 발표한 새 앨범 '비(BE)'의 타이틀곡으로 후렴을 뺀 대부분의 노랫말이 한국어로 된 '라이프 고즈 온'이어서다. 미국에서 가장 인기 있는 노래를 보여주는 '핫100' 차트에서 한국어 가사의 곡이 1위를 차지한 것은 빌보드 차트 62년 역사상 처음이라고 한다.

앞서 한국어 노래가 이룬 최고 기록은 싸이의 '강남스타일'이다. 이 곡은 2012년 7주 연속 '핫100' 2위에 올랐다. 그런 덕분인지 애나 어른 할 것 없이 '강남스타일'에 열광했던 그 시절 이런저런 모습들이 선명하게 떠오른다. 아무튼 '라이프 고즈 온'에 대해 "언어의 장벽도 방탄소년단의 인기를 막지는 못했다"는 평가가 나오는 것은 그래서다.

한겨레(2020.12.12.)에 따르면 방탄소년단은 새 앨범과 수록곡으로 각각 빌보드 양대 메인 차트를 동시에 석권하는 진기록도 세웠다. '라이프 고즈 온'이 타이틀곡으로 담긴 '비(BE)'는 앨범 차트인 '빌보드200'에 데뷔와 동시 1위곡이 되었다. 지금까지 '핫100'과 '빌보드200'에서 진입과 동시에 모두 1위를 한 가수는 미국 팝스타 테일러 스위프트와 방탄소년단뿐이다.

김영대 대중음악평론가는 "'다이너마이트'로 핫100 1위에 올랐을 땐 영어로 된 노래 힘이 컸다는 등의 분석이 있었지만, 지금 상황을 보면 방탄소년단은 언어나 노래 장르, 스타일을 떠나 그들의 이름만으로 '넘버원'에 오를 정도로 절대적이고 독보적인 힘을 갖고 있다"며 "미국 팝 역사상 외국 그룹 가운데 이런 그룹은 없었다"(한겨레, 2020.12.2.)고 말했다.

김경욱 기자는 "'다이너마이트'가 밝고 경쾌한 톤의 '힐링송'이라면, '라이프 고즈 온'은 서정적인 분위기로 '그럼에도 삶은 계속된다'는 메시지를 전"하는 곡이라며 방탄소년단의 진짜 성공 비결로 "독보적 음악과 퍼포먼스, 팬덤 '아미'의 힘 등 다양한 요인이 있겠지만, 세상에 전한 '위로'와 '희망'을 꼽고 싶"(한겨레, 2020.12.12)다고 말하기도 한다.

아무튼 미국 나아가 세계 가요계를 정복했다는 점에서 방탄소년단은 봉준호 감독이 '기생충'으로 일군 것과 같은 세계 제패의 자랑스러운 대한민국 청년들이다. 얼마나 대단하면 병역법 개정이 이루어지고 그들의 왕성한 활동 시한을 만 30세까지로 늘려 주었을까. 개인적으론 이제 더 이상 제자들에게 녹음 CD를 틀어줄 수 없음이 쓸쓸하지만, 장하다 방탄소년단.

〈한교닷컴, 2020.12.17.〉

## 장하다 방탄소년단2

12월 12일자 일간신문에 미국 시사매체 타임의 '올해의 연예인'으로 방탄소년단이 선정됐다는 소식이 전해졌다. 어느 신문에선 2014년 세월호 참사 뒤 200일가량 지났을 때, 방탄소년단이 유족들을 찾아가 분향하고, 가족협의회 앞으로 1억 원을 기부했다는 내용도 읽을 수 있다. 방탄소년단에 다시 관심이 쏠리는 이유다.

먼저 세월호 참사와 관련해 정권 차원의 문화계 블랙리스트가 작성되고, 각종 불이익이 가해졌던 상황에서도 아랑곳하지 않고 소신 있게 행동한 방탄소년단이 장하다. 데뷔 2년차, 그야말로 햇병아리에 불과했던 아이돌 그룹이라서다. 유족들이 그날 이후로 고마움과 함께 "그들의 미래를 위해 간절히 기도하고, 응원"할만하다.

타임은 12월 10일(현지 시간) "팬데믹(전염병 대유행)으로 전 세계 공연이 한순간에 사라졌지만 BTS는 팬들과 더 강한 결속을 다졌다. 세상이 멈추고 모든 사람이 연결을 유지하기 위해 노력하는 시기에 그들의 활동이 더 빛났다"고 밝혔다. 이어 "단순한 K팝 선두주자가 아니라 완전한 세계 최고 그룹이 됐다. 앨범을 낼 때마다 온갖 기록을 깨면서 정점에 올랐다"고도 했다.

동아일보(2020.12.12.)에 따르면 타임은 "고통과 냉소로 가득 찬 시대에 BTS는 다정함, 연대, 있는 그대로 자신을 받아들이라는 진정성 있는 메시지를 계속 전했다"며 이것이 BTS 팬덤의 원천이라고 분석했다. 특히 스타와 팬의 수직적 관계에서 벗어나 팬과 상호 교류하는 수평적 관계를 구축했다는 점을 높이 샀다.

타임은 "BTS의 압도적 성공은 팬덤이 작동하는 방식과 음악을 소비하는 방식에 커다란 변화가 생기고 있음을 보여준다"며 가수와 팬의 관계가 음악 산업의 판도 자체를 바꾸고 있다고 진단했다. 타임은 방탄소년단이 '흑인 생명도 소중하다'(BLM)에 100만 달러를 기부하자 팬클럽 아미(ARMY)가 뒤따라 같은 액수를 모금으로 모아 낸 예를 들었다.

세계적으로 회원이 분포된 팬클럽 아미의 공(功)이 적지 않아 보인다. 일례로 동아일보(2020.10.13.) 보도에 따르면 지난 10월 10, 11일 개최한 방탄소년단의 온라인 콘서트를 전 세계에서 99만 명이 넘게 본 것으로 나타났다. 팬클럽 아미에게 한정 판매한 4K 시청 티켓 값 5만 9,500원 등 총 500억 원대 매출을 올린 것으로 추정된다고 한다.

그뿐이 아니다. 좀 유별나다고 할까. 아미의 방탄소년단에 대한 사랑은 이른바 오빠부대와 많이 달라 보인다. 앞에서 금방 말했듯 가령 방탄소년단의 팬클럽 아미가 흑인 인권운동에 쓰라면서 100만 달러(약 12억 원)를 모금해 기부한 바 있어서다. 팬들이 가수와 똑같이, 그것도 12억 원이란 거금을 기부하는 일이 흔하게 볼 수 있는 건 아니다.

한편 방탄소년단은 미국 최고 권위의 음악상인 그래미 어워즈 후보에 오르며 또 한번 새 역사를 썼다. 제63회 그래미 어워즈 '최우수 팝 듀오·그룹 퍼포먼스' 부문 후보 명단에 오른 것이다. 이 부문 후보로 아시아의 본토 대중가수가 오른 것은 방탄소년단이 처음이다. "케이팝뿐 아니라 미국 주류 음악계 내부의 흐름을 바꿨다는 점에서 큰 의미가 있다"(한겨레, 2020.11.26.)는 평가가 나오는 이유다.

앞서 방탄소년단은 그래미 어워즈와 함께 미국 3대 음악상으로 꼽히는 아메리칸 뮤직 어워즈와 빌보드 뮤직 어워즈에서 각각 3년과 4년 연속 수상한 바 있다. 그래미는, 그러나 대중 투표나 차트 성적과 앨범 판매량에 기반을 둔 두 상과 다른 위상을 지닌다. 이 때문에 후보에만 올라도 내부 전문가들의 인정을 받았다는 걸 의미한다.

김영대 평론가는 "그래미에서 특히 팝 장르는 더욱 배타적이어서 '팝스타=백인 스타'라는 분위기가 강한데, 방탄소년단이 이 틈을 비집고 들어갔다는 것은 케이팝의 역사를 넘어 미국 음악사를 다시 쓸 만한 사건"이라며 "대중성뿐 아니라 미국 음악산업 내부의 인정까지 받았다는 점에서 수상 여부를 떠나 큰 의미가 있다"(한겨레, 2020.12.2.)고 평가했다.

그래미는 가수·프로듀서·녹음 엔지니어 등 1만 명이 넘는 미국 리코딩 아카데미 회원 위주 음악산업 종사자들의 투표로 후보와 수상자를 선정한다. 지난 2월 '기생충'이 미국 영화예술과학아카데미(AMPAS) 회원(제작자·감독·배우·스태프 등 영화인들)들의 투표로 수상작이 결정되는 제92회 아카데미시상식에서 4관왕을 차지한 바 있는데, 그런 방식이다.

제63회 그래미 어워즈 시상식은 내년 1월 31일 열릴 예정이다. 시상식에서 '최우수 팝 듀오·그룹 퍼포먼스' 부문 수상자가 발표될 예정인데, 여러 전문가가 방탄소년단의 수상을 점치고 있단다. 거기에 타임이 '올해의 연예인'으로 선정하기까지 했으니 좋은 징조다. 부디 선한 영향력을 미쳤으면 한다. 얼마 전 '장하다 방탄소년단1'을 썼는데, 다시 이 글을 쓴 건 그래서다.

〈한교닷컴, 2020.12.23.〉

## 장하다 방탄소년단3

코로나19 확진자 수가 확 줄지 않고 있다. 숨이 턱 막힐 것 같은 코로나19 와중의 나날에도 자랑스러운 대한민국 젊은이들이 있어 그나마 위로가 된다. 가령 6월 5일 치른 2022카타르월드컵 아시아지역 최종 예선 2차전 H조 경기에서 손흥민·황의조 등 해외파들이 대거 출전한 전력으로 첫 상대인 투르크메니스탄을 5대 0으로 대승한 것이 그렇다.

어디 그뿐이랴. 지난 4월 70대 여배우 윤여정은 제93회아카데미(일명 오스카) 시상식에서 한국영화사상 최초로 여우조연상을 수상, 역사를 새로 썼다. 국민적 위로가 비단 젊은이들만 할 수 있는 일이 아님을 깨닫게 되는 쾌거다. 지난 해에 이어 최근 전해진 자타공인 세계적 아이돌 가수 방탄소년단(BTS) 소식도 국민적 위로가 됨은 물론이다.

'장하다 방탄소년단2'(한교닷컴, 2020.12.23.)란 글에서 이미 말한 바 있다. 제63회 그래미 어워즈 시상식에서 '최우수 팝 듀오·그룹 퍼포먼스' 부문 수상자로 여러 전문가가 방탄소년단의 수상을 점치고 있다고. 원래 예정일(2021.1.31.)보다 두 달쯤 늦게 열린 제63회 그래미 어워즈 시상식에서 방탄소년단의 수상은, 그러나 여러 전문가 전망과 달리 불발되고 말았다.

이대화 대중음악평론가는 "'나이 든 백인 아저씨들의 시상식'이라는 오명을 벗기 위해서라도 그래미가 방탄소년단을 호명하지 않을까 했는데 역시 벽이 높았다. 대진운도 안 따른 편"(동아일보, 2021.3.16.)

이라고 말한다. 그럴망정 그래미 시상식을 통해 한강과 서울의 야경이 전 세계에 중계된 것 만큼은 특별한 사건이라는 주장도 있다.

앞의 동아일보에서 방탄소년단은 시상식이 끝난 뒤 소속사를 통해 "그래미에서 쟁쟁한 글로벌 뮤지션들과 함께 후보에 오른 데 이어 염원하던 단독 공연까지 펼쳐 매우 영광스럽다. 의미 있는 순간으로 기억될 것"이라며 "모두 아미 여러 분 덕분이다. 다음 목표를 향해 쉼 없이 나아갈 것"이라고 전했다.

그런 아쉬움이 채 가시기도 전인 5월 23일(현지시간) 방탄소년단은 빌보드 뮤직 어워즈 사전 시상식에서 '톱 듀오/그룹', '톱 송 세일즈 아티스트', '톱 소셜 아티스트' 3개 트로피를 차지했다. 이어 열린 본 시상식(미국 로스앤젤레스 마이크로소프트 시어터)에서 '톱 셀링 송' 트로피마저 거머쥐었다. 빌보드 뮤직 어워즈 4관왕에 오른 것이다.

보도에 따르면 방탄소년단은 4관왕에 오르면서 2019년 2관왕을 차지한 기존 자체 기록을 깼다. '톱 셀링 송'과 '톱 송 세일즈 아티스트' 수상은 이번이 처음이다. 빌보드 '핫100' 차트 1위에 오른 '다이너마이트'의 성적이 영향을 끼쳤다는 분석이다. '톱 듀오/그룹'은 2019년에 이어 두번째, 소셜미디어의 영향력을 반영한 '톱 소셜 아티스트'는 2017년부터 5년 연속 수상했다.

김영대 음악평론가는 한겨레(2021.5.25.)와 한 통화에서 "빌보드는 차트에 기반한 수치로 수상자를 결정하기에 4개 부문 수상은 방탄소년단 인기가 수치로 증명됐음을 의미한다"며 "시상식에서 '케이팝 스타' 등의 수식어를 따로 붙이지 않고 자연스럽게 방탄소년단을 소개하는 모습을 보면서 그들이 팝 주류 시장에서 인정받고 있는 것을 확인할 수 있었다"고 평가했다.

리더 알엠(RM)은 "'다이너마이트'로 신선한 에너지를 나누고 싶었는데, 이 상이 그 목표를 이뤘다는 증거라고 생각한다"고 밝혔다. 한편 빌보드 뮤직 어워즈는 '그래미 어워즈'·'아메리칸 뮤직 어워즈'와 함께 미국 3대 대중음악 시상식으로 꼽힌다. 빌보드 차트에 기반해 시상하며, 이번엔 지난해 3월 21일부터 올해 4월 3일까지 차트 기록이 반영됐다.

방탄소년단은 빌보드 뮤직 어워즈 시상식에서 신곡 '버터'의 첫 무대도 공개했다. 5월 21일 공개한 '버터' 뮤직비디오는 불과 21시간 만에 유튜브 조회수 1억건을 넘긴 것으로 알려졌다. 공개 24시간 만에 1억건을 돌파한 '다이너마이트'보다 3시간가량 빠른 기록이다. 동아일보(2021.6.3.)에 따르면 2억 8,300만회 이상의 조회수를 기록하고 있는 '버터' 뮤직비디오다.

아니나다를까 '버터'가 미국 빌보드 메인 싱글차트 '핫 100' 정상에 올랐다. '핫 100'은 매주 미국에서 가장 인기 있는 노래 순위를 집계하는 차트다. 스트리밍 실적과 음원 판매량, 라디오 방송 횟수 등을 종합해 순위를 낸다. 미국내에서 노래의 인기를 가늠할 수 있는 척도의 차트인 셈이다. 미국 주류 음악계에 안착했다는 분석이 나오는 것도 그래서이지 싶다.

'버터'는 글로벌 차트도 휩쓸었다. 전 세계 200개 이상 국가·지역의 스트리밍과 판매량을 집계해 순위를 매기는 '빌보드 글로벌 200'과 '빌보드 글로벌(미국 제외)'에서 모두 정상에 올랐다. 다운로드 순위를 보여주는 '디지털 송 세일즈' 차트에서도 1위를 차지했다.

이미 말한 바 있으므로 자세한 내용은 생략하겠지만, 단 9개월 만에 피처링으로 참여한 곡 포함 4개의 방탄소년단 노래가 '핫 100' 1위에 오른 건 보통 일이 아니다. 응당 쉬운 일도 아니다. 방탄소년단 인기가 반짝하는데 그치지 않고 상당히 견고함을 알 수 있는 소식이어서 반갑고 흐뭇하다. 방탄소년단, 어찌 장하다하지 않을 수 있으랴!

〈전북연합신문, 2021.6.9.〉

# 영화역사 새로 쓴 배우 윤여정

내가 '미나리'(감독 리 아이작 정, 한국명 정이삭)를 본 것은 배우 윤여정(순자 역)의 '2021영국아카데미상' 여우조연상 수상 소식이 전해진 다음날이다. 3월 3일 일반 개봉했으니 엄청 늦은 관람인 셈이지만, 개인적으론 기념비적 영화이기도 하다. 경로우대(만 65세 이상)를 적용받아 단돈 3천원(5천원인데, 카드 할인분 2천원 더 차감)에 본 첫 영화라서다.

금방 '엄청 늦은 관람'이라 말한 것은 '미나리' 및 배우 윤여정이 이미 많은 상을 받는 등 화제의 주인공으로 떠오른 바 있기 때문이다. 지난해 '기생충' 이후 아마 가장 뜨거운 보도 열기가 아닐까 싶을 정도다. 가령 윤여정이 여우조연상을 받은 건 '2021영국아카데미상'까지 37번이다. 제92회아카데미 시상식에서 상을 받지 못해도 이미 핫한 배우 윤여정이라 할 수 있다.

윤여정의 여우조연상 수상이 매번 보도되며 화제를 낳는 것은 새로운 역사를 쓴 일이라서다. 예컨대 4월 4일(현지시간) 진행된 '미국배우조합상' 시상식에서의 윤여정 수상은 한국은 물론 아시아 남녀 배우를 통틀어 사상 최초다. 4월 11일(현지시간) 열린 '2021영국아카데미상' 시상식에서의 여우조연상 수상도 마찬가지다.

2018년 '아가씨'(감독 박찬욱)가 한국영화 최초로 외국어영화상, 2020년 '기생충'(감독 봉준호)이 각본상과 외국어영화상을 수상했지만, 배우 개인상은 윤여정이 처음이다. 한국은 물론 아시아 남녀 배우를 통틀어 사상 최초다. 감독상·남우조연상·외국어영화상·음악상·캐스팅상 등 6개 부문 후보에 올랐지만, 윤여정만 여우조연상 수상자가 된 것도 예사롭지 않아 보인다.

윤여정은 화상을 통해 영어로 전한 수상 소감에서 "모든 상이 의미 있지만 이번엔 특히 '고상한 척한다'고 알려진 영국인들에게 좋은 배우로 인정받아서 정말 기쁘고 영광입니다"(한겨레, 2021.4.13.)라고 익살스러운 소감을 전해 시상식을 지켜보던 이들의 웃음과 박수를 끌어내는 등 화제를 모으기도 했다.

이후 미국캐스팅협회가 수여하는 '아티오스상'을 받은 '미나리' 소식이 전해졌다. 아카데미상 시상식 사흘전에는 윤여정의 '필름 인디펜던트 스피릿 어워즈(FISA)' 여우조연상 수상 소식이 전해지기도 했다. FISA는 '미국 독립영화계 아카데미상'으로 불리는 상이다. 이로써 윤여정은 '미나리' 속 한국 할머니 순자로 모두 38개 여우조연상을 받은 배우가 됐다.

그리고 여러 매체와 많은 사람들 예측대로 윤여정은 그예 4월 26일 오전 9시(한국시간) 열린 제93회아카데미(일명 오스카) 시상식에서 여우조연상을 거머쥐었다. 남녀 배우 통틀어 한국 최초로 받은 아카데미 연기상이다. 90년 넘는 아카데미 역사로 따져도 아시아 배우가 여우조연상을 받은 건 일본영화 '사요나라'의 우메키 미요시 이후 63년 만이고 두 번째란다.

아낌없이 축하할 일로 지난해 제92회아카데미 시상식에서 '기생충'이 이룬 작품상·감독상·각본상·국제영화상(옛 외국어영화상)의 4관왕 수상에 이은 쾌거라 아니 할 수 없다. 아니 '기생충'도 이루지 못한 한국 배우 최초의 아카데미 여우조연상 수상이란 영화역사를 새로 쓴 윤여정이라 할 수 있다.

　얼마나 역사적인 일인지 지상파 3사가 윤여정의 특파원들을 대상으로 한 기자회견을 정규 방송 중단하고 생중계했을 정도다. 특히 SBS는 정규 프로 '뉴스브리핑'(오후 2~4시)중 90분쯤을 윤여정 수상 관련 내용을 내보냈다. 그런데 26일 밤 MBC 뉴스데스크 보도에선 윤여정 수상이 42관왕이라고 해 앞에 말한 것과 차이를 보인다.

　봉준호 감독 말처럼 로컬(지역)영화제일 뿐인 아카데미 시상식 수상에 매스컴이 집중되는 것은 왜일까? '세계영화사 새로 쓴 기생충'이란 글에서 이미 말했듯 아마도 세계 영화산업의 본산이자 중심이라 할 미국 할리우드에서 개최되기 때문일 것이다.

　수상자 선정 방식도 아카데미 시상식에 권위를 더한다. 아카데미는 소수의 심사위원들만 참여하는 다른 국제영화제와 달리 미국 영화예술과학아카데미(AMPAS) 회원 8,469명('기생충'때 기준)의 투표로 수상작이 결정된다. 회원들은 제작자·감독·배우·스태프 등 영화인들이다.

　영화역사를 새로 쓴 윤여정이지만, 이미 우리 여배우들의 연기는 전 세계적으로 명성을 떨친 바 있다. 세계 3대 영화제로 불리는 베니스·칸·베를린국제영화제에서 강수연(1987)·전도연(2007)·김민희(2017)가 각각 여우주연상을 수상해서다. 그들이 여우주연상을 받은 영화는 각각 '씨받이'(임권택)·'밀양'(이창동)·'밤의 해변에서 혼자'(홍상수)다.(괄호안은 감독).

　이밖에도 신혜수가 몬트리올영화제(1988) 여우주연상, 문소리는 베니스국제영화제(2002) 신인배우상을 받았다. 한국 배우의 세계영화제 수상 원조로 꼽히는 강수연은 2년 뒤 임권택 감독의 '아제아제 바라아제'에 출연해 모스크바영화제(1989) 여우주연상을 또 수상했다.

윤여정의 아카데미 여우조연상 수상이 더 의미있게 다가오는 것은 아마도 75세(1947년생)란 나이로 이룬 쾌거이기 때문이 아닌가 한다. 나이 많은 배우 역대 3번째 아카데미 여우조연상 수상이라는데, 그 노익장이 50만 되어도 퇴물이 되다시피하는 우리 영화계 현실과 겹쳐 더욱 값지게 다가온다.

〈전북연합신문, 2021.4.30.〉

# 세계 최강 한국 양궁

지난 8일 폐막한 2020도쿄올림픽을 보며 느낀 이런저런 아쉬움을 떨쳐내준 건 단연 양궁이다. 나로선 축구에 이어 기어이 챙겨본 경기가 양궁이다. 양궁 경기를 챙겨본 건 다름이 아니다. 우리 선수들이 번번이 이기는 걸 볼 수 있어서다. 짜릿함과 함께 한국인이라는 사실에 은근히 자부심을 갖게해주곤 한 양궁 경기라 할까.

우리 양궁 선수들은 이번에 처음 생긴 혼성단체전부터 남자단체전·여자단체전·여자개인전 등 4개의 금메달을 거머쥐었다. 남자개인전에서 유일하게 8강에 오른 김우진이 1점차로 패해 전종목 석권은 무산됐지만, 총 5개가 걸린 양궁에서 한국 선수들이 따낸 금메달이 무려 4개인 건 분명 보통 일이 아니다.

다시 한 번 세계 최강임을 과시한 한국 양궁의 쾌거다. 이번 올림픽에서 대한민국이 전종목 합쳐 따낸 금메달은 6개다. 그 금메달중 3분의 2인 4개가 양궁에서 나왔다. 처음 올림픽에 나선 대학생 안산 선수는 양궁사상 최초의 3관왕 및 한국 최초 여름올림픽 3관왕, 고등학생 김제덕 선수 역시 2관왕에 올랐다.

3년후 열릴 파리올림픽은 물론 그 이후까지도 활동할 수 있는 연령대 선수여서 미래가 밝아 보인다. 더욱 든든하고 기대가 된다. 세계도 주목했다. 가령 AP통신은 7월 25일 한국 여자 양궁 대표팀의 올림픽 9연패 신화를 놓고 이렇게 평가했다. "한국 여자 양궁 대표팀 선수들의 이름은 계속 바뀔 수 있다. 하지만 그들의 '지배'는 변함없을 것이다."

그렇다. 한국 여자 양궁 대표팀은 단체전에서 금메달을 거머쥐면서 세계 각국 외신들의 집중적인 스포트라이트를 받았다. AP통신은 한국을 '최강 양궁의 나라(The powerhouse archery nation)'라고 표현하며 "양궁 단체전 종목이 1988년 서울 올림픽에서 정식 종목으로 채택된 이후 9번의 올림픽에서 한국 여자양궁이 9회 연속 우승했다"고 추켜세웠다.

미국 뉴욕타임스(NYT)는 "한국의 양궁 선수들은 초인적인 경쟁 속에서 국가대표로 선발되는 만큼, 일단 그들이 올림픽 무대를 밟았다는 것은 금메달을 따는 것보다 더 힘든 일을 이뤄낸 것"이라며 "무자비한 정확성을 요구하는 양궁 종목의 역대 9개 금메달은 한국, 한국, 한국, 한국, 한국, 한국, 한국 그리고 오늘 다시 한국이 모두 휩쓸었다. 그들은 왕조를 만들어냈다"고 칭찬했다. 아시아 매체들도 칭찬을 아끼지 않았다.

중국 공산당 기관지 런민일보의 자매지 환추(環球)시보는 "한국 여자 양궁 대표팀이 8강부터 결승까지 상대 팀에게 어떤 기회도 용납하지 않았다"고 보도했다. 일본 아사히신문은 "올림픽 9연패로 한국 양궁 대표팀은 '독점적인 경지'에 이르렀다"며 "미국 남자 수영 400m 혼계영과 케냐 육상 장거리 장애물 경기의 올림픽 최다 연속 우승과 타이기록을 세웠다"고 전했다.

뿌듯한 게 더 있다. 대한양궁협회에 따르면 이번 도쿄올림픽 양궁 경기에 참가한 국가 가운데 7개국의 사령탑이 한국 출신이다. 미국팀을 이끈 이기식 감독은 "한국에서도 코치, 감독을 해봤지만 한국에 있을 때는 모른다. 밖에 나와서 보면 한국은 수준 자체가 다르다. 모든 팀이 결승 이전까지는 한국을 만나기 싫어한다"(한국일보, 2021.7.27.)고 엄지를 치켜세웠다.

그런데 이상한 일이 벌어졌다. 안산이 혼성 단체전과 여자 단체전에서 잇따라 금메달을 딴 직후 일부 온라인 커뮤니티에서 선수의 짧은 머리 모양을 놓고 '도 넘은 페미니즘 혐오' 논란이 일어난 것이다. 안산은 자신의 인스타그램 게시물에 한 누리꾼이 "왜 머리를 자르나요?"라고 댓글을 달자 "그게 편하니까요"라고 답했다.

이를 두고 남초 성향의 일부 온라인 커뮤니티에선 안산이 광주여대 출신인 것을 찾아내 "여대에 쇼트커트이면 무조건 페미(페미니스트)"라고 주장했다. 안산이 과거 소셜미디어에 올린 '웅앵웅' 표현을 두고 '남성 혐오(남혐)' 성향이라고 몰아세웠다.

웅앵웅은 '말을 웅얼웅얼하는 모습'을 표현한 단어로 여성 커뮤니티에서 주로 쓰였지만 단어 자체에 '남성 비하' 의미가 담겨 있진 않다. 일부 누리꾼들은 "남혐을 위해 만든 단어를 쓴 이유가 뭐냐", "메달을 반납해야 한다"고 주장했다. 이에 대해 주요 외신까지 "사이버 폭력"이라 보도했고, 정치권 등에선 "국가 망신"이라며 안산을 응원하는 목소리가 쏟아졌다.

올림픽에서 여자개인전 결승을 앞둔 안산 선수에게 가한 그런 공격은 과거 나라 팔아먹은 이완용 같은 매국노나 다름 없는 얼빠진 짓이다. 무엇보다도 머리를 짧게 하든 길게 하든 그건 전적으로 개인의 자유다. 인스타그램에서 "상처받지 않았으니 괜찮다"라고 말한 대로 여자개인전에서도 우승을 차지한 안산 선수가 더 자랑스럽다.

37년 동안 한국 양궁을 후원해온 현대차그룹도 특기할만하다. 아낌없는 지원을 하면서도 선수단 선발과 협회 운영에 일체의 관여를 하지 않은 것으로 알려져서다. 협회 운영은 투명하게, 선수 선발은 공정하게 해달라는 단 한 가지 원칙만 주문했단다. 공정한 경쟁 속에서 최고의 실력을 갖춘 선수들이 국가대표로 발탁될 수 있었다. 한국 양궁이 세계 최강인 또 다른 이유다.

〈전북연합신문, 2021.8.19.〉

## 독도는 한국 땅

한국인은 독도를 생각하면 가슴이 아프다. 마음이 무겁다. 가령 '독도는 일본 땅'이란 주장이 실린 것으로 알려진 일본의 '방위백서' 소식을 접하는 기분이 그렇다. 독도가 일본 고유 영토란 주장이 그들 방위백서에 담긴 것은 고이즈미 준이치로 내각때인 2005년부터다. 그러니까 일본은 10년도 더 전부터 독도를 '지들' 땅이라 계속 우기고 있는 것이다.

그때마다 우리 정부는 강하게 항의한다. 외교부는 "또다시 독도에 대한 허황된 주장을 포함시킨 것은 과거 일본 제국주의 한반도 침탈 역사를 부정하는 행위"라고. 외교부와 국방부는 주한 일본대사관 공사와 무관을 각각 불러 항의의 뜻을 전달하기도 한다.

마치 일본의 말 안 되는 방위백서에 화답이라도 하듯 민간 차원의 독도 지키기 활동도 활발해 눈길을 끈다. 예컨대 신문 보도에 따르면 대한민국팔각회 울산시지구가 "독도를 끝까지 지키겠다는 의지를 전 세계에 알리고 싶습니다"라며 '동해종단 천리길 바다수영 대장정'에 나선 바 있다.

수영 동호인 88명으로 구성된 선수단은 울산 장생포항을 출발해 대왕암과 포항 호미곶을 거쳐 5일 후 독도에 도착했다. 선수들은 9세부터 67세까지 남녀로 온 국민을 아우르고 있다. 수영 거리는 무려 400km에 달한다. 최성덕 울산팔각회 총재는 "이번 행사를 통해 광복 70주년을 경축하고, 한국에 독도 주권이 있다는 것을 전 세계에 다시

한 번 알릴 것"이라고 말했다.

그렇다. 독도 하면 저 일본이 뒤따른다. 이명박 대통령이 재임시절 독도를 방문했다. 저들은 마치 기다렸다는 듯 역대 대통령 중 처음인 이명박 대통령의 독도 방문을 빌미 삼았다. 하긴 독도뿐만이 아니다. 아예 저들은 스스로 저지른 식민 지배와 태평양전쟁 따위 전범(戰犯) 자체를 부정하고 있다.

여기서 새삼스럽게 제국주의 일본의 극악무도한 만행을 재론할 필요는 없을 것이다. 이른바 위안부 피해 할머니들의 절규만으로도 저들 만행의 증거는 충분하다. 고교 교사였던 나는 문학작품 공부와 관련, 수업시간에도 '일본놈'이란 표현을 곧잘 쓰곤 했다. 응당 미체험 세대인 학생들에게 제국주의 일본이 저지른 만행을 보다 박진감 넘치게 전달해주기 위해서다.

말할 나위 없이 독도는 한국 땅이다. '독도는 우리 땅'이라는 노래가 이 땅 요새요새 울려 퍼진 것도 벌써 수십 년 전 일이다. 또한 2012년 8월 28일 오사카의 공립학교 교사 출신 구보이 노리오 씨는 독도가 한국 땅으로 표기되어 있거나 일본 영토로 표기돼 있지 않은 옛 지도 여러 장을 처음 공개하기도 했다.

"가장 가깝게 지내야 할 한국과 일본이 독도 영유권 문제를 놓고 외교전쟁을 벌이는 것을 보고 안타까웠다"며 용기있게 스스로 공개한 것이다. 그렇듯 국내외적으로 독도는 우리 한국 땅이 확실하다. 그런데도 일본은 독도를 "한국이 불법 점거하고 있다"고 우긴다.

도대체 왜 그러는 것일까? 혹자는 일본 우익의 세력 결집을 위한 '애국심 고취 카드'라고 분석하지만, 보다 근본적인 문제가 있어 보인다. 일본의 '전범국가 미청산'이 그것이다. 나아가 일본은 자위대 외국 파병 등에서 보듯 과거 군국주의 부활을 꿈꾸는 행보에 여념이 없다.

이때 독일을 떠올리는 것은 자연스러운 일이다. 똑같이 2차세계대전을 일으킨 전범국가이지만, 독일은 '역사적 책임'을 졌다. 1988년 서독 대통령 바이츠제커는 독일역사학자대회에서 "역사적 책임감이란 자신의 역사를 있는 그대로 받아들인다는 뜻입니다. 오늘 올바르게 살기 위해 과거를 정직하게 기억해야 합니다"라고 말했다.

심지어 그들은 나치 독일의 상징 '하켄크로이츠'의 표시조차 금지하고 있을 정도이다. 그렇듯 독일은 나치 독일의 전과를 훌훌 털었기에 주변 나라들과 티격태격하지 않고 사이좋게 지낸다. 그에 반해 일본은 군국주의 상징인 '욱일승천기'를 거리낌없이 사용하고 있다. 예컨대 전 세계인이 모이거나 TV를 보던 런던 올림픽에서 일본 여자 체조선수들 옷이 그랬다.

저들이 독일처럼 역사적 책임감을 갖지 않는 한 앞으로도 독도나 일본군 위안부 문제 등 한국과의 마찰은 계속될 것이다. 자신들의 역사마저 부인하는 일본 아베정권이기에 독도만 생각하면 마음이 아프다. 가슴이 시리다. 뭔가 근본적이면서도 획기적인 대책이 필요하다.

내 형이기도 한 18대 국회 장세환 의원은 '독도영토수호대책특별위원회' 위원으로 활동하면서 흥미로운 주장을 한 바 있다. 독도의 실효적 지배를 강화하기 위해선 울릉경찰서장(알다시피 독도는 경상북도 울릉군에 속해 있다)을 경정에서 총경급으로 격상, 보임해야 한다고 말한 것.

인구가 적다곤 하지만, 이명박 정부에 대해 "대한민국 영토의 상징인 독도가 가지는 정치적·역사적 상징성을 고려하여 독도의 치안과 경비를 지휘하는 울릉경찰서장을 총경 계급으로 임명하도록 하여 정부의 독도수호 의지를 대내외적으로 천명"하라는 것이었다.

그렇다면 고교 국어 교사였던 나는? 나 역시 나름 독도를 수호해왔다. 어느 학교에서든 해마다 여는 교내백일장대회 주제의 하나로 '독도'를 제시하곤 했으니까. 900명 전교생 중 많을 땐 100명 넘게 써서 내는 독도 관련 글들을 보며 놀란 적이 한두 번 아니다.

그냥 '독도는 우리 땅' 노래 가사를 시라고 적어낸 학생들조차 독도의 의미와 상징성이 일정 부분 가닿았을 것이라 짐작한다. 뿌듯하고 대견하기 그지 없는 일이다. 10대 학생들에게 독도가 우리 한국 땅이라는 인식이 은연중 심어지고 있음이라 생각해도 무방하다. 그중 1학년 학생이 쓴 시 '독도'를 다같이 감상해보자.

> 허연 발목 위
> 시린 눈물로 가득 채워졌는데도
> 치맛자락 끝 내린 빗물로
> 짜게 물들여졌는데도
> 기다리는 님 오지 않으니
> 온종일 울었다
> 나는 당신을 기다리는
> 외로운 섬 하나
> 바닷바람은 따갑기만 하고
> 드리운 저녁은 두렵기만 하니
> 언제쯤 오시려나
> 오늘 밤도 짜고 쓴 바닷 비로
> 옷 소매를 적시려나.

내 생각으론 독도가 한국 땅이란 확신 없이는 나오지 못할 애잔하면서도 간절한 정서이다. 독도를 직접 가보지 않았어도 뭔가 찡하고 쿵하는 느낌이 기본적으로 아리고 시려있는 가슴에 따박따박, 새록새록 스며들지 않는가? 누가 뭐라해도 독도는 한국 땅이다.

〈'향촌문학' 제28집, 2017.12.8.〉

## 시민사회단체는 나서지 마라

 최근 보도에 따르면 전북지역 진보성향 시민사회단체들이 전북교육감 추대위원회를 발족할 것으로 알려졌다. '촛불정신 완수를 위한 민주진보교육감 추대위원회(가칭)'가 그것이다. 여기에는 20여 개 단체 1천여 명이 참여할 것이라고 한다. 2010년 '전북교육감범민주 후보추대위원회', 2014년 '범민주진보교육감 후보추대위원회'의 연장선상 단체라 할 수 있다.
 지난 선거에서 이 단체는 지금의 김승환 교육감을 추대한 바 있다. 그래서인지 이미영 예비후보는 "김승환 현 교육감을 추대했던 일부 단체들이 비판적 지지란 옹색한 명분으로 김 교육감을 (다시) 추대하려는 시도가 있다"며 강력 반발하고 있다. "가짜 진보, 실패한 진보인 김 교육감 추대를 즉각 중단하라"는 것이다.
 특정 후보를 편들 생각은 추호도 없지만, 그 주장은 매우 온당해 보인다. 자신의 불리해질 입지를 사전 차단하려는 의도로 볼 수도 있겠지만, 시민사회단체 개입 자체가 정치의 중립성을 견지하고 있는 교육감선거 직선제를 크게 훼손하는 것이기 때문이다. 민심이 왜곡되는 선거결과에 대한 우려 역시 시민사회단체가 나서선 안 되는 이유다.
 그런데 진보성향 시민사회단체들조차 의견이 갈리는 모양이다. '전북교육의 새로운 변화를 위한 시민선언'이 25일 전북교육청에서 "일부 단체들이 진보후보 선출논의를 일방적으로 시작했다"는 기자회견을 연 것. 심지어 그들은 "더 큰 진보, 더 큰 민주주의가 싹틀 수 있도록 아름

답게 퇴임하라"고 김교육감을 압박했다.

이미 알다시피 지난 선거에서 시민사회단체의 교육감후보 추대는 여러 문제점을 드러낸 바 있다. 가령 2014년 전북을 비롯한 여러 지역 교육감선거는 '박빙 승부'니 '피 말리는 개표', '새벽까지 초접전' 따위와는 상관없었다. 김승환후보가 아주 '가볍게' 승리를 거머쥐었는데, 그런 땅 짚고 헤엄치기 선거는 좀 아니지 싶다. 너무 싱겁거나 죽은 선거라는 피로감이 더해져서다.

2010년 지방선거에서 당선된 곽노현 서울 교육감의 중도하차에 따른 학습효과도 되새길 필요가 있다. 진보 시민사회단체의 추대를 받아 당선된 곽 교육감은 2년 6개월 만에 자리에서 물러났다. 대법원으로부터 징역 1년형 선고를 받고나서다. 대법원이 단일화 조건으로 사퇴 후보에게 2억 원을 지급한 사후매수죄에 대해 유죄 판결을 한 것이다.

사실 진보 시민사회단체의 추대를 받아 당선된 곽노현 전 교육감은 두 세력간 대결의 희생양이라 할 수 있다. 추호도 그의 사후매수죄를 두둔하거나 옹호할 생각이 없으면서도 그렇게 말하는 것은 응당 그만한 까닭이 있어서다. 무슨 단체나 세력의 추대를 받지 않았더라면 적어도 곽노현 개인에게 그런 일은 일어나지 않았을 것 같기 때문이다.

그렇게 애먼 사람 죄인 만드는데 일정량 기여한 그 세력들이 다시 움직여 50일도 남지 않은 교육감 선거판을 들었다놨다 하는 것은 결코 온당한 일이 아니다. 알다시피 2007년 여야 합의로 도입된 교육감 직선제에서 정당배제 원칙을 정했다. 다름 아닌 교육의 정치적 중립성 때문이었다. 정당이 나설 수 없으니 정치화된 시민사회단체들도 그래야 맞지 않나?

그런데 막상 그렇게 하고보니 엉뚱하게도 보수니 진보니 편을 갈라

교육감 선거판에 뛰어들었다. 정치로부터의 중립성이 무색하게 '시민후보'니 뭐니 하여 교육감 후보를 끼고 패거리지어지는 폐단도 고스란히 안고 있는 현행 교육감 직선제라 할 수 있다. 2010년과 2014년 진보니 보수니 둘로 쪼개져 교육감선거를 치른 것이 단적인 사례다.

  그 폐해는 교육이 백년지대계라는 대명제가 무색할 만큼이다. 보수 쪽은 이렇다 할 움직임이 아직 없으나 이데올로기를 기반으로 한 교육감선거가 재연된다면 무엇보다도 어른으로서 어린 학생들에게 씻지 못할 대죄를 짓는 일이 될 것이다. 시민사회단체들이 떼로 나서 과거처럼 누군가 추대한다면 그 또한 적폐임을 명심하기 바란다.

  '촛불정신완수를 위한 진보교육감 김승환후보 지지연대(가칭)'로 활동을 전환한다고 해도 이미 두 번이나 그를 추대해 당선되게 한 시민사회단체 책임 역시 만만치 않다. 석고대죄까지는 아니더라도 현 교육감의 불통과 학력저하 등 실정에 대해 반성하고 자숙해야 맞다. 죽이 되든 밥이 되든 교육감 예비후보들이 스스로 알아서 하는 선거가 되어야 한다.

〈전북연합신문, 2018.4.27.〉

# 교권침해, 강력처벌이 그나마 답

　전북연합신문(2018.12.14.) 보도에 따르면 도교육청이 교권 침해를 당한 교사들에 대한 지원을 강화키로 했다. 요약해보면 교사를 상대로 욕설·폭력을 가한 사람은 선처 없이 형사고발 등 엄중 대응한다는 내용이다. 지난 달 8일 고창의 A초등학교에서 학부모가 수업 중이던 교사를 폭행하는 사건이 발생한데 따른 조치로 읽힌다.

　잠깐 언론에 보도된 고창의 A초등학교에서 벌어진 학부모의 교사폭행 사건을 구체적으로 살펴보자. 40대 여성 학부모가 교실로 들어와 초등학생 20여 명이 보는 앞에서 수업 중인 여교사의 뺨과 머리 등을 수차례 때렸다. 이를 본 초등학생이 교무실로 달려가 알렸고, A초 교감이 현장으로 가면서 경찰에 신고했다.

　현재까지 알려진 바에 의하면 가해 학부모의 범행 동기는 이렇다. 3년 전 전주의 한 초등학교에 근무하던 피해 교사가 담임을 맡고 있던 자신의 딸을 차별대우했다. 그로 인해 딸이 아직까지 고통받고 있다고 생각한 가해 학부모가 A초등학교로 찾아와 수업중이던 3년 전 담임교사에게 폭력을 휘둘렀다는 얘기다.

　피해 교사는 정신적 충격으로 병원 입원 치료를 받고 있다. 해당 학급은 임시 담임이 배정된 상태다. 아울러 언론은 한국교총이 이번 사건을 중대한 교권침해로 규정하고 즉각 대응에 나선 소식도 전하고 있다. "상담과 소송 등 피해 교원의 편에서 법적 조력뿐만 아니라 치유 및 회복 등에 밀착 지원을 제공할 계획"이라는 것.

특히 전북교총은 11월 12일 "교실에서 학생들과 함께 수업이라는 공무를 수행하고 있는 교사를 학부모가 무단으로 침입해 폭력을 가한 행위는 어떤 이유로도 용납될 수 없는 명백한 교권침해다. 도교육청은 정상적인 교육활동마저 무너뜨리는 교권침해 행위가 다시는 재발되지 않도록 강력한 대책을 조속히 마련해야 한다"고 촉구했다.

11월 13일에는 피해 학교와 전북교육청·관할 경찰서·전북도의회 등을 방문해 철저한 조사와 합당한 처벌을 주문했다. 전북교총은 "피해 교원이 원할 경우 민사소송 변호사비 등 가능한 모든 지원을 제공할 것"이라며 "교육청과 경찰에는 철저한 조사와 선생님에 대한 적극적인 상담 및 치유지원을 당부했다"고 밝혔다.

지역신문이 속보로 전한 소식에 따르면 '고창 여교사 폭행사건'의 가해 학부모는 공무집행방해죄 혐의로 경찰에 입건됐다. 경찰은 당초 폭행 혐의를 적용할 예정이었다. 하지만 피해 여교사가 교육공무원이고 A씨가 무단으로 교실에 침입해 수업 중이던 교사에게 가해한 것을 고려해 공무집행방해죄 혐의를 적용했다.

이어 신문은 일선 현장 교사들 반응을 전하고 있다. "일부 학부모의 상습적이고 고의적인 민원과 폭언에 고통받아 왔다는 지역 교사들의 토로와 성토가 봇물처럼 터져 나오고 있다"는 것이다. 또 "교사 폭행 행위나 교권 침해 사례가 근절되지 않는 것은 솜방망이 처벌과 교육당국의 무기력한 대응에서 비롯된 탓이 크다"는 일선 교사들의 목소리도 전하고 있다.

이미 교단을 떠난 나도 이렇듯 분하고 어이가 없는데, 현직 교사들이야 오죽할까. 이 사건은 흔히 일어나는 보통의 폭행 범죄가 아니다. 학부모 등이 교사를 '칠싸리' 껍데기쯤으로 보는 게 아니라면 도저히 벌어질 수 없는 일이다. 아니 설사 교사를 칠싸리 껍데기쯤으로 본다 해도 절대 일어나선 안될 패륜 범죄이다.

이미 지난 정부에서 교사 폭행 학부모를 기존 형법보다 가중처벌하는 '교권보호 종합대책'을 마련하기도 했지만, 계속 일어난다는 게 문제다. 중요한 건 교원치유센터 등 사후 문제가 아니다. 그런 천인공노할 일이 벌어지지 않게 하는 일이 더 중요하다. 최근 문재인 대통령의 "음주운전이 반복되는 건 처벌이 약하기 때문"이란 언급이 시사점을 주는 것도 그래서다.

결국 교사 폭행 가해 학부모에 대한 강력 처벌만이 그나마 교권침해를 줄일 수 있다는 생각이다. 학생의 교사 폭행을 부모 폭행의 존속상해같이 '반인륜사범'으로 처리, 영원히 학교를 떠나게 해야 하듯 가해 학부모도 그에 준하는 단죄가 필요하다. 특히 학생들 앞에서 저지르는 교사 폭행에 대해선 아주 강력한 일벌백계의 처벌이 필요하다.

학부모들에게 자식의 스승인 교사 폭행의 패륜을 저질러선 절대 안된다는 경각심만 각인시켜줄 수 있다 해도 좋은 대책이 아닌가? 가해 학부모가 경찰조사에서 교사에게 사과하고 싶다고 밝혔다는데, 절대 합의해줘선 안된다. 무엇보다도 피해교사 개인만의 문제가 아닐 뿐더러 합의해주면 교권침해는 사라지고 그냥 폭행사건으로 흐지부지될 수 있어서다.

〈전북연합신문, 2018.12.19.〉

## 교권침해, 이대로 당해야 하나

얼마 전 교총 인터넷 신문에서 '교육행정직으로 전락하는 교사들'(한교닷컴, 2018.11.12.)이란 칼럼을 읽었다. 그 칼럼을 읽으며 주목한 것은 "교육활동이 아닌 것은 교사의 업무에서 분리될 필요가 있다"는 내용이다. 3년 전 근무한 고교에서 그런 업무를 실제로 맡았던 기억이 절로 떠올라 그런지도 모르겠다. 지금도 일선 학교에서 그런 일이 벌어지고 있다니, 놀랍고 안타깝다.

나는 그로 말미암아 명예퇴직했는데, 칼럼에 따르면 대부분의 단위학교에선 교사에게 본연의 일 아닌 업무분장이 맡겨진다. 그로 인해 교사들은 자신의 정체성에 혼란을 겪기도 한다. 가령 "CCTV 관리, 소방안전·소방훈련 관리, 다양한 훈련 등 보는 시각에 따라 교육행정직의 업무인데 대부분의 학교에서 교사들이 울며겨자먹기식으로 잡무를 처리하고 있다"는 것이다.

실제 경기도 고교 L교사는 "어떻게 시설의 측면에서 볼 수 있는 CCTV 구입과 관리가 교사의 업무이냐. 엄연히 소방안전관리는 교육행정직의 업무분장인데, 아직도 대부분의 학교에서 소방훈련, 민방위 훈련까지도 애꿎은 교사가 담당하고 있다"며 "교육부나 시·도교육청에선 교사와 교육행정직의 업무영역의 구분이 반드시 필요하다"고 꼬집었다.

그때 만 59세의 내가 맡은 업무는 자그마치 14가지나 된다. 좀 지루하겠지만, 일일이 적어보면 다음과 같다. 교직원협의록 작성, 장학생

선발 및 심의회 운영, 학교홍보 계획 수립 및 추진, 보도자료 수집 및 발송, 행사사진 촬영, 에너지 절약(학생 및 교사), 안전교육·홍보, 재난훈련교육(전교생 대상), 학부모 관련, 학부모회 조직 운영, 다문화가정 관리, 국제이해교육, 교육복지 및 탈북학생지도, 농산어촌교육발전 특별법 등이다.

알고 보니 '담임 업무배제'라는 공문 때문 그리된 것이란다. 그럴망정 설마 도교육청이 나이 많은 원로교사에게 일을 몽땅 맡기라고 한 것은 아니라 생각한다. 탁상행정식으로 툭 내부치듯 '담임 업무배제' 공문을 내려보낸 교육청이나 그걸 곧이곧대로 시행, 원로교사 대접은커녕 신규때보다도 더 많은 업무를 준 학교 모두 도대체 납득되지 않았던 기억이다.

14가지 실천내용을 보면 그중에는 과연 대한민국 교사가 해야 할 일이 맞나 하는 의구심이 생기는 것들도 있다. '에너지 절약'·'안전교육'·'재난훈련교육' 등이 그것이다. 터진 입이라고 툭하면 교사업무 경감 어쩌고 해대는 교육당국의 '수사놀음'의 허구성을 직접 만난 듯하여 씁쓸한 기분이 가시지 않았다. 지나가던 소가 웃을 업무분장이라해도 과장이 아닐 듯하다.

학생이나 학부모의 교사 폭행·폭언 따위만 교권침해가 아니다. 이런 업무분장과 또 다른 행정실의 교권침해도 만만치 않다. 오래 전부터 만연되어 있다 해도 과히 틀리지 않을 교권침해가 아주 자연스럽게 '자행'되고 있다. 가령 새파랗게 젊은 행정실 직원이 1, 20년 연상의 교사에게 전화걸어 "요구한 돈을 서명하고 가져가라"고 명령하는 것이 예사이다.

교사들이 학생교육에 전념할 수 있도록 행정적 지원을 하는 것이 그들의 임무일텐데도, 선생님을 숫제 수직계통의 부하직원쯤으로 생각·처신하는 행정실과 직원들이 비일비재하다. 지금은 어떤지 모르지만, 대규모 학교의 경우 행정실장(5급 사무관) 아래 6급 행정계장(편의상 용어)에게까지 교사가 결재를 구하게 하는 시스템도 교권침해의 단적인 예이다.

그렇다면 교사들은 계속 그런 교권침해를 당해야 하나? 물론 아니다. 행정실의 교권침해는 직원 전화에 교사들이 '네, 알겠습니다' 하며 도장들고 뽀르르 달려가니 생긴다. 그런 말도 안 되는 일이 당연한 듯 자연스럽게 벌어지는 이유인데, 유감스럽게도 그 점을 힘주어 부인할 수 없는 현실이다. 무릇 교권침해는 교사들이 자초한 측면이 있다는 얘기다.

법이 교사의 신분을 보호한다지만, 무엇보다도 중요하고 분명한 것은 어느 학교나 때를 막론하고 저절로 챙겨지는 교권이 아니란 사실이다. 특정단체처럼 머리 띠 두른 거리 투쟁까지는 아니더라도 교사 스스로 적절히 대응하고 지켜낼 때 비로소 교권은 행복한 교사의 조건이 될 것이라 확신한다. '교육행정직으로 전락하는 교사들'에 주목한 또 다른 이유다.

〈전북연합신문, 2019.1.3.〉

## 남녀공학 학교되거나 교명 변경해야

알고 보니 한별고등학교(전북 완주군) 남녀공학 개편이 박성일 완주군수의 6·13 지방선거 공약이었던 모양이다. 얼마 전 보도에 따르면 '한별고등학교 남녀공학 개편 지원을 위한 추진위원회'(추진위) 위원 14명이 삼례읍 행정복지센터에서 간담회를 갖고 건의문을 채택해 한별고와 완주군에 전달한 것으로 알려졌다. 교명과 맞는 남녀공학 개편을 촉구하는 내용이다.

그런 소식을 접하니 한별고에서 근무했던 옛 일이 저절로 떠오른다. 1965년 개교한 삼례여자고등학교가 한별고등학교로 이름을 바꾼 것은 2001년이다. 1999년 3월부터 근무한 나는 그냥 구경꾼이 아닌 입장이라 할 수 있다. 교지 창간호 이름이 '한별'이었고, 올컬러로 창간한 학교신문 이름 역시도 '한별고신문'이었으니까.

2001년 '한별고신문'은 전국학교신문·교지콘테스트에서 고등부 금상을 수상했다. 중학교가 대상을 차지했으므로 사실상 고등부 최고상인 금상 수상이었다. 나도 교육부총리 지도교사상을 받은 바 있다. 덕분에 벤치마킹차 경향 각지에서 전화해오는 등 한별고등학교가 전국적으로 널리 알려지는 계기가 되었다. 그 교사들은 한결같이 남녀공학의 한별고등학교로 알고 있었다.

그 외 친구 등 지인들도 한별고가 여자고등학교인 줄 몰랐다는 반응이었다. 그런 착오 내지 혼란의 염려에도 불구하고 한별여자고등학교로 하지 않은 것은 물론 그만한 까닭이 있다. 조만간 남녀공학이 될텐데, 다시 교명변경 신청해 승인을 받아야 하는 등 번거로운 절차를 거쳐야 했기 때문이다. 그때 교직원과 학생들 모두 금방 남녀공학 한별고등학교가 되는 줄 알았다.

그러나 18년이 지난 지금까지도 여전히 남학생이 없는 학교이면서 교명은 한별고등학교 그대로다. 남녀공학되는 걸 못보고 2003년 3월 1일자 정기인사에 따라 한별고등학교를 떠났는데, 이런 학교가 또 있다. 전주솔내고등학교가 그렇다. 두 딸의 모교이기도 한 전주솔내고등학교는 대다수 사람들이 남녀공학으로 알고 있지만 엄연한 여자 고교다.

2002년 한들초등학교 임시교사에서 개교한 전주솔내고등학교는 왜 계속 여고이면서도 그 교명인지 알지 못하지만, 한별고등학교의 경우 남녀공학 전환이 안 되는 핵심적 이유는 인근 사립고의 거센 반대였던 것으로 기억한다. 다수인 남학생들을 한별고에 뺏길 걸 우려한 반대다. 신입생 모집이 학교의 존폐와 직결되는 사립고라 그럴 수 있지만, 혼란은 또 다른 문제다.

추진위는 "남녀 상호간의 지적·정서적 성숙과 학업면에서 긍정적인 시너지 효과를 낼 수 있다는 점에서 남녀공학 전환은 시대의 당위성"이라고 주장한다. 이들은 이어 "도시지역 인재 유출로 학생 수급이 어려운 실정인 만큼 남녀학생을 동시 수용하면 장기적인 학생 수급 확보가 가능하다"며 "지역학생들의 학교 선택 폭 확대로 기회 균등을 제공하는 의미도 있다"고 말한다.

하지만 냉정하게 말하면 그것은 그들 사정일 뿐이다. 이용렬 삼례읍장은 "삼례읍은 초등학교부터 종합대학교까지 갖춘 교육 도시"라며 "이번 간담회를 계기로 지역 내 역량을 결집해 한별고가 남녀공학으로 조속히 전환될 수 있도록 힘을 모으겠다"(전북연합신문, 2018.9.4.)고 말하지만, 이번엔 꼭 교명에 맞는 명실상부한 학교로 거듭나길 소망하지만, 솔직히 그렇게 와닿지 않는다.

관건은 18년 전 거셌던 인근 학교의 한별고등학교 남녀공학 반대가 수그러들었는가 하는 점이다. 만약 18년 전처럼 인근 사립고가 반대한다면 그에 대한 해결 방안이 있는가 하는 점이다. 그나마 다행은 군수의 공약이란 점이지만, 이 또한 녹록지 않을 수 있다. 인근 사립고 반대가 거세면 표를 의식한 군수측에서 딱히 해결할 방안을 내놓을 수 있을까 우려스러워서다.

이는 어느 특정지역만의 문제가 아닌 것으로 보인다. 아마도 이름은 남녀공학이지만 실제 여자고등학교인 학교가 전국적으로 많을 것이기 때문이다. 분명한 사실은 그런 학교들이 교명에 맞게 조속히 남녀공학으로 전환되어야 한다는 점이다. 한별고 사례에서 보듯 현실적으로 그게 어려우면 학교 이름이라도 변경하여 무릇 착오와 혼란을 없애야 한다. 그게 맞는 일이다.

〈전북연합신문, 2019.1.16.〉

## 교육상, 3D업종 지도교사에게도 관심을

 구랍 7일의 일이니 좀 된 이야기다. 교육부·조선일보사·방일영문화재단이 공동 제정·시상하는 '제16회 올해의 스승상' 시상식이 서울 프레스센터에서 열렸다. 전국 각지에서 가족·제자·동료 교사 등 200여 명이 참석해 수상자들에게 축하와 존경을 전했다는데, 전혀 모르는 이들이지만 필자도 박수를 보낸다.
 2018년 '제16회 올해의 스승상' 수상자 15명의 프로필을 자세히 읽고, 전직 교사의 한 사람으로서 흐뭇하고 뿌듯한 기분이다. 수상자에게는 각각 상금 1,000만 원, 연구 실적 평정점 1.5점이 부여되는데, 아직도 교직을 성직(聖職)으로 여기는 교사들이 그만큼 많음을 알게 되어서다. '올해의 스승상' 수상자들에게 박수를 보내는 이유다.
 훌륭한 교사들을 발굴, 시상함으로써 공교육 살리기에 앞장서 온 주최측에도 경의를 표한다. 조선일보에 따르면 2002년 제정된 '올해의 스승상' 수상 교사는 지금까지 214명이다. 유은혜 사회부총리 겸 교육부 장관은 "수상자로 선정된 선생님들 이야기를 살펴보면서 교육의 힘이 얼마나 위대하고 스승의 은혜가 얼마나 큰지 다시 한 번 되새길 수 있었다"고 말했다.
 '올해의 스승상'은 다른 교육상과 달리 평교사만을 대상으로 한다는 점에서 더 반갑고 친근하게 느껴진다. 재임시절 '올해의 스승상'을 꼭 받고 싶었던 것도 그런 이유이지 싶다. 필자는 교단에 머문 32년 대부분을 학생들 특기·적성교육 지도에 매진한 국어교사였다. 글쓰기·학교신문·교지(문집)제작 지도 등 그야말로 눈썹 휘날리게 지도하여 많은 학생들이 상을 받게 했기에 그런 기대를 했는지도 모른다.

특히 '대한민국인재상' 수상으로 대통령상까지 거머쥐게 하는 등 수많은 특성화고 학생들이 자부심을 갖게한 터라 내심 기대가 컸던 게 사실이다. 실제로 군산여상 재임시절 '올해의 스승상' 1차 심사를 통과했단 연락을 받았다. 설레고 긴장되는 2차 현지실사를 받고 결과를 기다렸지만, 그러나 탈락이었다. '올해의 스승상' 수상 교사들이 부럽기도 한 이유다.

어찌된 일인지 그 다음 해엔 아예 1차 심사도 통과하지 못하는 등 퇴직때까지 인연이 안닿은 '올해의 스승상'이라고 할까. 대신 필자는 2015년 '제25회 남강교육상'을 수상하는 영예를 누렸다. 서울 오산고등학교 남강기념관에서 열린 시상식에 가보니 대통령 화환을 비롯 교육부장관 축사 등 남강교육상이 꽤 '거창한' 상임을 알 수 있었다.

제25회 남강교육상 수상은 당연히 남다른 의미가 있다. 우선 교직 32년 만에 처음 받은 교육상이어서다. 무엇보다도 교육상을 받을 만큼 꾸준히 해온 학생들에 대한 특기·적성교육 지도가 값진 일이었음을 인정받았다는 자부심이 컸다. 문학상 등 이런저런 상을 받았을 때보다 훨씬 더 기쁘고 뿌듯했던 건 그래서인지도 모르겠다.

퇴직한 지금 교육상 받을 일은 없겠지만, 아쉬움이 남는 건 어쩔 수 없다. 글쓰기 지도의 경우 장학금 지급 같은 다른 공적과 함께 수상자가 있지만, 학교신문·교지제작 지도 공적으로 수상한 교사를 거의 보지 못해서다. 필자가 아는 한 올해의 스승상·교보교육대상·눈높이교육대상·대한민국스승상(옛 한국교육대상) 등 전국 유수의 교육상들이 비슷한 사정이다.

필자 재임시절에는 글쓰기나 학교신문·교지제작 지도는 국어교사 대부분이 맡길 꺼려 하는 '3D업종'이었다. 지금도 비슷하리라 생각되는데, 그럴망정 전국 초·중·고교엔 글쓰기나 학교신문·교지제작 지도를 맡는 교사들이 많다. 1년 하다 바로 다른 업무분장으로 갈아타기도 하지만, 그야말로 천직(天職)처럼 '3D업종'을 맡아 묵묵히 학생지도 하는 교사들도 많다.

　요컨대 수상 후보가 아예 없다면 모를까 국어교사 대부분이 맡길 꺼려 하는 국어과의 '3D업종'인 글쓰기 및 학교신문 제작지도가 아무것도 아닌 일로 치부되어버리는 교육상이 되어선 안된다는 것이다. 무릇 교사들이 상 받으려고 학생들 지도를 열심히 하는 것은 분명 아니지만, 아쉬움을 금할 수 없는 이유가 거기에 있다.

　'제16회 올해의 스승상' 수상자들을 보면서 다른 공적으로 상받을 교사가 많은 교단인 듯하여 흐뭇하기도 하지만, 모든 교육상에서 국어과의 '3D업종'인 글쓰기 및 학교신문 제작지도 교사들에게 각별한 관심을 가져줬으면 한다. 앞으로 그리 되길 기대하며 '제16회 올해의 스승상' 수상자들에게 다시 한 번 박수를 보낸다.

〈전북연합신문, 2019.1.24.〉

## 서울시교육청 그렇게 할 일이 없나

얼마 전 서울시교육청의 '서울교육 조직문화 혁신방안'(혁신방안)이 논란을 불러 일으킨 바 있다. 가령 최대 교원단체인 한국교총이 "자유로운 조직 문화는 구성원이나 학교에서 자연스럽게 형성되는 것이지, 교육청이 호칭이나 사무실 내 소파를 치울지 말지까지 세세하게 간섭하는 것부터가 강압적"이라고 비판했다.

그뿐이 아니다. 전교조 서울지부는 논평에서 "'~쌤'이라는 호칭은 표준어도 아닐 뿐더러 '교사를 얕잡아보는 호칭'으로 학교에서 권장할 용어가 아니다"라면서 "가뜩이나 교권 침해에 시달리는 교사들이 '선생님'이라는 호칭에 마지막 자긍심과 위안을 느끼고 있음을 생각한다면 '선생님' 호칭을 폐기하는 것은 성급하게 밀어붙일 문제가 아니다"라고 날을 세웠다.

언론의 비판도 이어졌다. 가령 서울신문 '씨줄날줄'(황수정 논설위원)을 보면 "비속어와 외래어를 교육청이 혁신 방안이라고 앞장서 권유하느냐", "바둑 기사도 아니고, 교사들이 왜 '프로'인가" 등 옮기기도 민망한 반응들이 들끓는 여론까지 전하고 있다. "여론은 대번에 시끌시끌하다. 여과 없이 전하자면 귀를 의심하며 실소들을 터뜨리는 분위기"라는 것.

이어서 칼럼은 "딴 건 몰라도 이 논란만큼은 왈가왈부 에너지를 쏟을 가치가 더는 없어 보인다. 오죽했으면 전교조에서도 반대 논평을 냈을까"라며 아예 '깜'조차 안 되는 것으로 치부한다. 비판이 거세지자

조 교육감은 "우리(교직원)끼리 수평적 호칭을 쓰자는 것이고, 선생님과 학생 간엔 전혀 적용이 안 된다"고 해명하는 등 한 발 물러서는 모양새였다.

결국 사제간에는 '수평적 호칭제'를 쓰지 않기로 했다지만, 도대체 혁신방안 내용이 무엇이길래 그런 것일까. "직급과 직위로 나누는 호칭 문화, 복장 문화, 위계적인 관계 문화를 혁신하겠다"며 내놓은 혁신방안에 따르면 앞으로 서울시교육청과 산하 교육지원청, 학교 직원들은 호칭에서 직급·직위를 빼고 서로를 '~님'이나 '~쌤'이라고 부른다. 별명이나 영어 이름, '~프로'라고 부르는 등 친숙한 호칭을 쓰는 것도 가능하다.

예컨대 교육청에서 30대 주무관이 60대 교육감에게 'OO쌤'이라 부르고, 학교에서는 젊은 교사가 정년 앞둔 교장에게 'OO님'이나 'OO쌤'으로 부르는 식이다. 서울시교육청 관계자는 "국장님이나 과장님같이 직급이 붙은 호칭은 조직 문화를 경직되게 만들어 구성원끼리 원활한 소통을 막는다는 지적이 많다"며 추진 배경을 밝히고 있다.

나아가 "서울시교육청 간부 회의에서 먼저 이런 호칭으로 부른 뒤 희망하는 부서나 기관에서 시행하도록 확산시킬 계획"이라고 말했다. 또 "원하는 학교부터 신청받아 이 호칭을 사용하도록 하고, 효과를 본 뒤 다른 학교에서도 시행하도록 할 방침"임을 밝혔다. 그 외 정장이 아닌 점퍼나 청바지 같은 자유복장 등도 있지만, 논란이 일었던 것은 역시 호칭 문제다.

결론부터 말하면 '서울시교육청 그렇게 할 일이 없나'이다. 무엇보다도 학교에서의 교직원간 호칭을 교육청이 이래라 저래라 하는 것이 시대착오적이다. 오히려 다른 직장과 달리 위아래 개념이 가출한 중등 교단이라 해도 과언이 아니다. 무슨 상명하복의 위계질서를 말하는 게 아니다. 찬물도 위아래가 있는 법인데, 중등 교단은 그게 거의 안 되고 있다.

  혹 학생들로부터 남녀노소, 심지어 행정실 직원들까지 다 선생님 소리를 들어서 그런지 모르겠지만, 조직문화가 경직되긴커녕 고삐 풀린 망아지 같은 중등 교단이라 할까. 쉽게 말해 싸가지 없는 젊은 교사들이 비일비재하다는 얘기다. 유감스럽지만, 내가 32년간 머물렀던 중학교와 고등학교에서 직접 목격하고 당한 일이다.

  그런 지경의 현실인데 거기서 한 걸음 더 나아가 아예 계급장 떼고 그야말로 '케세라세라' 하자는 말인가? 선생님이란 호칭은 교권 수호의 마지막 보루다. 그 선생님 소리 때문 많은 교원들이 다시 한 번 스승의 길을 되새기고 다잡으며 교단에 서고 있는 걸 정녕 몰라서 그런 해괴한 일을 벌인 것인지 놀랍고 한심스럽다.

  또한 직급과 직위로 나뉘는 건 어느 조직에서든 당연한 사회 질서의 하나이다. 그 자릿값을 악역으로 기어코 해내려는 사람이 나쁜 거다. 호칭을 바꿔본들 직급과 직위 자체가 없어지는 것도 아니다. 툭하면 폭행당하는 교사 등 교권 침해로 '선생님'으로서 자괴감이 생기는 범죄에 노출되어 있는 현실을 직시하고 있다면 선생님 호칭 폐기는 별일 수 없는 일이다.

〈전북연합신문, 2019.2.21.〉

## 용어 자체가 말 안 되는 사법농단

"검찰이 무(無)에서 유(有)를 창조했다."

이는 수감중인 양승태 전 대법원장이 지난 달 26일 법정(자신에 대한 보석 심문 재판)에 나와 진술한 말이다. 검찰 수사를 강하게 비판하며 290쪽에 달하는 공소장 내용이 허위라는 주장을 한 것이라 할 수 있다. 방어권을 제대로 행사하기 위해서는 보석으로 석방되어 직접 서류를 검토해야 한다는 취지이기도 하다.

이른바 사법농단 사건의 정점에 있던 양승태 전 대법원장이 구속된 건 지난 1월 24일이다. 헌정사상 최초의 전 대법원장 구속이다. 그뿐이 아니다. 전 대법원장이 피의자가 되는 건 전 세계적으로 유례가 없는 일로 알려지기도 했다. 이렇듯 역사를 새로 쓴 양승태 전 대법원장이 받고 있는 혐의는 무려 47개에 이른다.

그 내용을 다 옮길 수는 없지만, 47개 혐의 대부분에 적용된 건 '직권남용 권리행사 방해죄(직권남용죄)'다. 사법부 독립이란 헌법적 가치와 정반대의 수장 노릇을 했다는 뜻이다. 단적으로 박근혜정권과 결탁한 재판 개입을 들 수 있다. 강제징용 손해배상사건·전교조 법외노조 통보처분사건·국정원 대선개입사건 등이 그것이다.

용어 자체가 말 안 되는 사법농단사건을 보면서 저절로 떠오르는 건 망둥이가 뛰니 꼴뚜기도 뛴다는 속담이다. 최순실·박근혜 국정농단이 한참 자행될 때 양승태 사법부의 망동(妄動)이 속속 드러나고 있어서다. 국정을 농단한 박근혜 전 대통령이었으니까 거기에 맞춰 양승태 같은 후안무치, 전대미문의 대법원장도 존재했던 게 아닌가 싶다.

"여론의 따가운 눈총을 받고 있는 '재판거래' 의혹 또한 상고법원을 추진하다 생긴 참사였다"(한국일보, 2018.10.27.)는 지적에 동의할 수 없는 이유다. '끈질긴 추적 저널리즘'(사회자 김의성 멘트) MBC의 '탐사기획 스트레이트'가 여러 회에 걸쳐 방송한 바 있듯 친일 행각과 권력 추종에 올인해온 그런 인물이 어떻게 대법원장이 되었는지 의아스러울 뿐이다.

가령 1986년 양승태 판사가 7년형을 선고한 오재선간첩조작사건은 재심에서 무죄 판결이 나왔다. 이뿐이 아니다. 양승태 판사는 나중에 모조리 결과가 뒤집힌 6건의 재판을 모두 유죄로 판결했다. 이미 지급한 국가배상금을 환수시키는 판결도 청구시한 3년에서 6개월로 줄이는 등 국민 편에 서는 판사 양승태는 아니었다는 것이 '탐사기획 스트레이트' 방송 내용이다.

김대중·노무현정부에서조차 왜 징계가 이루어지지 않았는가 하는 점이 의문이지만, 정작 실망하고 분노스러운 건 지금 양승태 전 대법원장의 추한 모습이다. 일찍이 니체는 현대인의 두 가지 질병에 대해 갈파했다. 자신을 잃어버린 것과 그걸 알지 못하는 두 가지 질병이다. 혐의를 부인하고 보석까지 신청한 모습이 딱 그렇지 않은가?

그의 주장대로라면 과거 유신시절 자행된 간첩조작사건들처럼 검찰이 거짓 자백을 받아내려고 아무런 잘못 없는 전직 대법원장을 구속했다는 것인지 묻고 싶다. 민주주의 법치국가에서 방어권을 내세우는 건 자유지만, 그렇다면 검찰이나 언론, 그리고 수많은 국민들이 모두 '뻘소리'를 하는 것이냐, 묻고 싶기도 하다.

김명수 현 대법원장이 사법농단사건에 대해 사과했지만, 그보다 시급한 건 사법부 개혁이다. '탐사기획 스트레이트'에 따르면 사법농단 가담판사가 103명에 이르고, 그중 8명만 경징계를 당했다. 4명중 3명이 지금도 재판을 담당하고 있다. 국정농단 핵심 관련자들을 사법농단 가담 판사들이 재판하고 있어 줄줄이 풀려났다는 내용도 있다. 사법정의란 말이 무색할 지경이다.

가장 큰 문제는 '법과 양심에 따른 판결'을 하지 못한 판사들이 득시글거리는 사법부 불신이다. 성추행 판사는 언론에 보도되지 않았단 이유로 불문에 붙이고, 대법원장 권위에 도전하거나 비판적 '튀는 판결' 판사는 인사조치 등 징계하는 그런 판결이라면 어느 국민이 자신의 재판 결과에 승복할 수 있을지 그것이 더 큰 문제다.

우리는 이미 현직 대통령이 탄핵되어 임기중 청와대를 나오고, 구속·수감되는 국정농단사건을 경험한 바 있다. 성립이 되어선 안될, 그래서 용어 자체가 말 안 되는 사법농단사건은 오히려 그것보다 더 심각한 문제다. 사법부야말로 민주주의를 지켜내는 심장부고, 애먼 국민들이 마지막 희망을 품을 수 있는 최후의 보루여야 하기 때문이다.

〈전북연합신문, 2019.3.11.〉

# 상금도 주는 지자체 상이라야

"상금이 없어 아쉽네요. 조례 제(개)정 등 전주시와 의회가 적극 나서 상금 주는 전주시 예술상이 되어야 합니다."

구랍 21일 오후 5시 열린 '제29회 전주시 예술상 시상식'(전주 르윈호텔)에서 축사에 나선 선기현 전북예총 회장이 한 말이다. 전북 예술계 수장이 공개 석상에서 한 이 말은 그 무게감 때문인지 식장을 가득 메운 예술인들로부터 우레와 같은 박수를 받았다. 시상식에 참가한 교원문학회 회원들 역시 지지의 박수를 보냈다.

하긴 회원 수 30명 미만인 교원문학회가 수여하는 교원문학상도 상금이 200만 원이다. 그렇게 거의 모든 문학상은 소정의 상금 수여와 함께 시상을 하고 있다. 유독 '전주시 예술상'과 '자랑스러운 전북인대상' 같은 지자체 상들만 상금이 없다. 달랑 상패나 메달만 주는 무늬뿐인 상인 전주시 예술상, 자랑스러운 전북인대상인 것이다.

전주시 예술상이 상금없는 상이 된 것은 2008년부터다. 1999년부터 이전의 풍남문학상이 전주시 예술상으로 확대 개편되었고, 2007년까지 1인당 300만 원의 상금이 상패와 함께 주어졌다. 자랑스러운 전북인대상 역시 분야별 수상자에게 각 500만 원씩 주어졌으나 2006년부터 상금이 없는 무늬뿐인 상으로 전락했다.

각 시·군이 수여하는 '시민의 장'이나 '군민의 장' 역시 상금 없는 무늬뿐인 상으로 전락한지 오래다. 무늬뿐인 상에 대해 공직선거법 타령을 하는 모양인데, 변명에 불과하다. 조례 제정을 통해 얼마든지 상금도 줄 수 있는 걸로 알고 있어서다. 실제로 군산시 예산을 지원받는 '채만식문학상'은 매년 소설가 1명에게 1천만 원의 상금 수여와 함께 시상식을 진행하고 있다.

또한 지자체로부터 예산 지원을 받는 전국의 많은 문학상과 백일장, 각종 공모전이 상금을 수여하고 있다. 공무원들이 모르거나 게을러 그리된 일이라 생각할 수밖에 없는 이유다. 지방의회도 거기서 자유로울 수 없다. 조례 제정이야말로 지방의회의 소임중 하나이기 때문이다. 공무원들이나 지방의회의 무지 내지 게으름으로 인해 무늬뿐인 상이 더 이상 계속되어선 안될 것이다.

말할 나위 없이 각종 상은 소정의 상금이 있어 수상자들의 기쁨을 배가시킨다. 너무 돈을 밝히는 것 같지만, 그렇지 않다. 상금이 있어야 제대로 된 상이다. 상 본연의 기능을 충실히 하는 것이라 할 수 있다. 사정이 이런데도 유독 지자체만 수상의 기쁨을 반감시켜서야 되겠는가? 말할 나위 없이 그것은 좋은 정치가 아니다.

지자체나 지방의회들은 지금이라도 서둘러 조례를 제정하여 상다운 상이 되게 해야 한다. 상패나 메달만 달랑 주는 일이 없게 해야 맞다. 더 이상 상을 받고도 썩 기쁘지 않은 수상자가 되게 해서는 안된다. 전주시 예술상, 자랑스러운 전북인대상, 각 시·군의 '시민의 장'이나 '군민의 장' 등이 모두 그렇다.

한편 상금도 없는 '시시한' 상으로 전락해서 그럴까. 특히 자랑스러운 전북인대상의 경우 2006년부터 2018년까지 13년 동안 문화예술 분야에서 문인 수상자는 2007년과 2016년 딱 두 번뿐이다. '전북문화상'이 '자랑스런 전북인대상'(2007년 어문 규정에 맞는 조례 개정으로 '자랑스러운 전북인대상'이 되었다)으로 변경된 1996년부터 2005

년까지 11년 동안을 살펴봐도 문인 수상자는 단 2명에 불과하다.

  과연 전라북도에는 24년에 걸쳐 자랑스러운 전북인대상을 받을 만큼 왕성한 활동을 펼친 문인이 그렇게 없었는지 의아한 대목이다. 참고로 지금 전북문인협회 회원 수는 901명(4월 1일 카페가입 기준)이다. 거기에 전북작가회의 소속 문인들까지 더하면 1천 명이 넘을 것으로 생각된다. 물론 상금없는 시시한 상이라 문인들이 지원서를 내지 않아 그런지도 모를 일이긴 하다.

〈전북연합신문, 2019.4.3.〉

## 학교 축제는 봄에 열어야 제격

 이미 10여 년 전 '학교 축제 봄에 열어야'(세계일보, 2008.5.2.)라는 칼럼을 쓴 적이 있다. 고등학교에서 학교신문과 교지제작을 지도하고 있는 국어교사로서 학생기자들을 데리고 이웃에 있는 여고의 축제를 다녀와서 쓴 글이다. 교지에 '문화현장탐방' 기사로 싣기 위해 취재차 갔는데, 축제의 의미가 반감되는 듯했다. 장마철인 한여름의 축제였기 때문이다.
 마침 장맛비가 그쳐 신명나는 여고생들의 한판 열기를 접할 수 있었지만, 먹거리나 전시물을 빼곤 거의 모든 행사가 학교 밖 학생회관에서 펼쳐져 다소 아쉬웠다. 이와 달리 딸아이가 다니던 고등학교의 축제는 11월 말에 열렸다. 아니나다를까 그 날은 쌀쌀하고 바람도 불었다. 그 외 많은 일반계 고교의 축제가 수학능력시험이 끝난 11월 말경에 열리고 있는 실정이다.
 내가 근무했던 어느 여고도 겨울 축제였다. 재임 내내 봄에 열 것을 강력히 주장했지만, 끝내 이루지 못한 채 정기 인사에 따라 학교를 떠나야 했다. 막내딸이 다녔던 중학교는 아예 한 술 더 뜬다. 세상에 겨울방학 종업식날(12월 28일) 축제를 했으니 말이다. 강산도 변한다는 10년이 지난 지금 그 학교들 축제는 어떻게 되었을까?
 홈페이지를 방문해보니 장마철 한여름의 축제였던 학교는 2014~2015년엔 12월 20일 이후, 그러니까 한겨울에 열렸다. 그나마 2018학년도엔 축제 자체가 폐지되었는지 '이달의 행사'에서 찾아볼 수 없다. 딸아이가 다니던 고등학교의 축제는 12월 20일, 내가 근무했던 어느 여고에선 12월 24일 축제가 진행되었다.

그러나 다행이랄까. 막내딸이 다녔던 중학교는 11월 6일 비교적 덜 추운 시기로 축제일이 조정되었음을 알 수 있다. 교장을 비롯한 교사들도 그렇고, 그걸 심의한 학교운영위원들이 어떤 의식을 가진 사람들인지 진짜로 궁금하다. 학교 나름의 이유야 있을테지만, 하자는 것인지 하지 말자는 속셈인지 알 수가 없다.

'산천어축제'니 '얼음꽃축제'니 겨울이라야 할 수 있는 잔치 한마당이 있지만, 학교 축제를 왜 겨울에 하는지 이해할 수 없다. 무엇보다도 11월 하순이나 12월에 치르는 축제의 가장 큰 적은 추위와 바람 등 악천후다. 추위와 바람에 쫓겨 몸을 움츠리다보면 축제고 뭐고 제 정신이 아닐 정도이다. 그런 와중의 축제가 진정한 잔치이겠는가?

학교측에선 수능을 끝낸 3학년의 적극적 참여를 유도하기 위함이라고 말하지만, 그것은 말잔치일 뿐이다. 수능을 끝낸 3학년들은 원서접수, 캠퍼스 견학 등 사실상 학교에 정상 등교하는 일이 드물다. 축제에 출연하는 극소수 3학년 학생을 제외하곤 대부분 축제에 참여하지 못한다. 이를테면 반쪽짜리 학교 축제인 셈이다.

왜 엄연히 학교 구성원인 3학년이 빠진 채 축제를 열어야 하나? 학교 나름대로 이런저런 사정이야 있겠지만, 축제는 봄철에 열어야 제격이다. 잠시나마 모든 학생들이 공부나 취업 부담으로 인한 스트레스를 확 털어내는 축제여야 한다. 다시 정진하기 위한 재충전의 기회로 삼되 크나큰 기쁨으로 즐겨야 진정한 축제일 수 있다.

실제로 많은 학교들이 봄에 축제 한마당을 펼치고 있다. 운동장 등에서 화창한 날씨와 함께 맘껏 즐기는 학생들 모습을 보노라면 그 젊음의 역동성이 너무 좋다. 또한 미술 및 시화작품들을 실외에 전시해놓아 공연이나 관람 틈틈이 혹은 점심시간때 오가며 살펴볼 수 있어 좋다. 준비한 학생들과 지도교사들의 애씀이 오롯이 드러나 더 없이 축제의 의미를 살릴 수 있다.

  다시 힘주어 말한다. 학교 축제는 봄에 열어야 제격이다. 교사들이 조금만 더 신경쓰고 움직여준다면 가능한 일이다. 교육감들은 학생 인권을 강조하면서도 학교 자율이라며 발뺌하지만 말고 학교 축제가 봄에 열리도록 적극 지도·감독해야 한다. 축제, 그때만이라도 입시지옥과 열악한 학교현실에 시달리는 우리 학생들을 맘껏 즐기게 해주자.

〈전북연합신문, 2019.4.17.〉

## 신문사의 편파적 책소개 없어져야

지난 5월 우리 교원문학회는 '교원문학' 제4호 출판기념을 겸한 제3회교원문학상과 제3회전북고교생문학대전 수상 학생에 대한 시상식을 거행했다. 몇 군데 지방일간지에 시상식 초대장을 보냈지만, 뜻밖에도 유교신문사 전주 주재기자가 직접와 취재했을 뿐이다. 시상식 내용은 사진 여러 장과 함께 바로 유교신문 기사가 되었다. 이후 A신문은 '교원문학' 제4호 발간 기사를 내보내기도 했다.

모두 고마운 일이지만, 차제에 생각해볼 것이 있다. 신문사의 은연중 갑질에 대해서다. 전라북도 수도 전주는 유난히 일간지가 많이 나오는 도시다. 인구가 고작 65만 남짓인 중소도시에서 대한민국의 수도 서울보다 더 많은 경제지나 스포츠지를 뺀 종합일간지가 발행되고 있다. 아마 인구 수 대비 전국에서 가장 많은 일간지 발행이 아닐까 한다.

다다익선이란 말이 있지만, 중소도시의 전국에서 가장 많은 일간지 발행을 두고 그렇게 받아들이긴 어렵다. 전북도내 14개 시·군의 재정자립도나 경제규모를 감안해보면 도무지 이해 안 되는 지방일간지 난립이라 할 수 있다. 자본주의 시장경제마저도 오불관언인, 완전 신기하면서도 의아스러운 지방일간지 난립이기도 하다.

여러 폐해도 드러나고 있다. 잊을만하면 광고 수주나 기사를 빌미로 한 금품갈취 따위 각종 비리에 연루된 지방일간지 대표, 기자들의 구속·기소 소식이 그것이다. 모든 신문이 쉬는 일요일자 말고도 툭하면 신문발행을 하지 않는 것도 폐해에 속한다. 토요일과 모든 국경일을 무슨 관공서나 학교도 아닌 신문사가 쉰다는 게 말이 되나.

심지어 어느 신문은 임직원들이 해외연수를 떠난다며 한 주일을 통째로 쉬기도 한다. 같은 언론인데도 연중 무휴인 방송과 너무 다른 신문이지 싶다. 그러고도 속보가 생명인 신문이라 할 수 있는지 의문이지만, 괴이한 문화면도 그중 하나다. 예컨대 모든 신문 지면의 기본적 구성이라 할 책소개 기사가 없는 걸 어찌 봐야할지 난감하다.

그렇다고 100% 책소개가 없는 것도 아니다. 무슨 그런 신문이 있냐며 탄식하는데, 어느 날 보니 대문짝만한 어느 저자의 신간 소개가 되어 있는 게 아닌가! 그렇게 편파적인 기사가 신문사, 좁게는 기자의 은연중 갑질임을 스스로는 모르는 모양이다. 하긴 그 정도는 책소개 면이 고정되어 있는 신문에 비하면 새 발의 피다.

중앙일간지와 달리 지방지 책소개는 대부분 신문에서 1명이 전담을 하고 있다. 독점에 따른 폐해라 할까, 일부 신문에선 신간을 보내줘도 아예 싣지를 않는다. 담당 기자와 알거나 그의 마음에 들면 기사로서의 가치가 있다는 것인지 묻고 싶다. 도대체 무엇을 기준으로 책소개를 하는지, 그야말로 엿장수 마음대로라면 제대로 된 신문인지 의심할 수밖에 없다.

더 어이가 없는 건 좀 아는 기자의 경우다. 신문사의 은연중 갑질이 더 심하게 느껴져서다. 아는 처지라고 매번 신간 소개 기사 등을 써줘 늘 고맙게 생각하고 있지만, 그렇지 않은 기자들도 있다. 똥구멍 가려운 속 모른다고 아는 기자들이 예년처럼 책소개를 왜 해주지 않는지 우리는 알 수가 없다. 확인할 길은 없지만, 혹 촌지 따위를 주지않아 그러는 것인가?

현장 취재후 기사를 쓰는 것이 원칙이지만, 지방신문의 경우 그렇지 못한 실정이다. 가령 시상식 등에서 기자를 본 바 없는데, 다음날 기사로 잘만 실리고 있어서다. 조금 늦게라도 발행일이나 보내온 순서 등 일정한 기준에 따라 책소개 기사로 모두 소화해내는 신문이 되어야 한다. 편파적 기사로 인한 신문사의 은연중 갑질을 더 이상 안보길 기대한다.

〈교원문학신문, 2019.7.2.〉

## 수모당하는 손학규대표를 보며

좀 수그러든 모양새지만, 지난 4·3 보궐선거 직후 불거진 바른미래당의 계파 갈등이 계속되고 있다. 후보를 낸 경남 통영·고성지역에서의 득표율이 3.57%로 나타나자 바른정당계가 "현 대표 체제로는 내년 총선에서 살아남기 어렵다"며 손학규 대표 퇴진을 촉구했다. 패스트트랙(신속처리안건 지정) 정국을 거치면서는 안철수계 의원들도 손대표 퇴진에 가세했다.

그러나 손대표의 퇴진 거부 뜻은 완강하다. "추석까지 당 지지율이 10%가 안되면 사퇴하겠다"고 밝히면서 "천길 낭떠러지 앞에서 죽기를 각오한다"고까지 했다. "찌질하다"(이언주 의원), "독단과 독선으로 혼자 당을 운영한다"(오신환 원내대표), "나이가 들면 정신이 퇴락한다"(하태경 최고위원) 등 금도를 벗어난 당내 의원들의 비판이 이어졌다.

심지어 "험한 꼴 다 당하고 있다. 빨리 나와서 새집을 짓자"는 민주평화당 박지원 의원의 권유가 공개적으로 나왔을 정도다. 손대표로선 '내가 이러려고 강진 토굴을 나와 정치판으로 다시 돌아온건가' 따위 탄식이 절로 나올 법하다. 1993년 민자당 국회의원 당선부터 2007년 3월 한나라당 탈당에 이은 대통합민주신당 입당 등 지난 날 역정(歷程)이 파노라마처럼 스쳐갔을지도 모른다.

어쨌든 바른미래당의 그런 모습은 국민 또는 유권자의 한 사람으로서 안타깝고도 괴이한 일이다. 당선이 확실시된 지역도 아닌 보궐선거에서 패했다고 당 대표를 물러나라는 것이 과연 온당한 일인가 해서다. 책임을 지고 자진사퇴한다면 모를까, 무엇보다도 당원 등 그들 스스로 선출하여 모신 당 대표 아닌가!

거기서 자연스레 악수(惡手)라 할 손대표의 운신을 떠올리게 된다. 내가 바른미래당 손대표를 직접 만난 것은 2011년 9월 24일 오후 2시 열린 '2012 총선·대선 필승결의대회'(전주영생고등학교 대강당)에서였다. '2012 총선·대선 필승결의대회'는 민주당 전주 완산을 지역위원회(위원장 장세환) 주최 행사였다.

당시 행사에는 손학규 민주당 대표를 비롯 많은 국회의원들이 대거 참석했다. 박지원·박주선·강창일·조배숙·강봉균(2017년 작고)·최규성·김춘진·이종걸·이강래·신건(2015년 작고) 국회의원 등 내가 이름을 아는 경우만 해도 10명이 넘었다. 그외 김재균·이윤석·안규백 국회의원도 참석했다. 김완주 도지사, 송하진 전주시장도 자리를 함께했다.

고교 교사로서 당원도 아닌 내가 거기에 간 것은 행사 주최자인 장세환 국회의원이 형이라서다. 초선 국회의원인 점을 감안해보면 그야말로 대단한 세 과시가 된 셈의 행사였는데, 축사에서 손대표는 장세환을 거침없는 국회의원이라 전제했다. 이어서 장세환이 거침없이 행동하는 국회의원일 수 있는 것은 바로 정의로운 사람이기 때문이라고 웅변했다.

무릇 행사에서의 축사야 다 좋은 얘기만 하는 게 예사지만, 동생인 내가 듣기에 백번 정확하고 옳은 소리였다. 그냥 겉치레가 아닌 뭐랄까 신뢰와 진심이 느껴지는 말이었다. 이후 장세환의원의 19대 총선 불출마와 함께 손대표에 대한 관심도 자연스럽게 멀어져갔다. 손학규 대표에 대한 관심이 되살아난 것은 2014년 7월 경기 수원병 국회의원

보궐선거에 출마하면서다.

아니 더 정확하게 말하면 '그깟' 보궐선거에서 패하자마자 정계 은퇴를 선언하면서다. 잘 알려져있듯 손대표는 이후 전남 강진 백련사 뒷산 토굴에 둥지를 틀고 2년여 칩거생활에 들어갔다. 사실 나로선 그때 너무 의아스러웠다. 당 대표나 선거대책본부장도 아닌, 그냥 일개 국회의원 후보자중 한 명이었을 뿐인데 패배의 책임을 진다며 정계 은퇴까지 선언했기 때문이다.

물론 이미 2012년 9월 민주통합당 대선후보 경선에서 문재인 후보에 밀려난 이후 독일로 출국, 8개월여 간 연수 생활을 하고 나서의 고배(苦杯)라 나름 쪽팔렸을 수도 있긴 하다. 그럴망정 그렇게 '신사연하거나 싱겁기까지 해가지고' 어떻게 이전투구(泥田鬪狗) 정치판에서 살아남을 수 있겠느냐, 뭐 그런 실망감이랄까 하는 생각이 떠나질 않았다.

손학규 대표가 정치판으로 다시 돌아온 것은 2016년 10월이다. 더불어민주당을 탈당해 안철수 전 의원이 내민 손을 잡고 국민의당에 합류했다. 2017년 국민의당 대선후보 경선에서 안 전 의원에게 패배했지만, 2018년 9월 2일 열린 바른미래당 당대표 및 최고위원 및 전국청년위원장 선출대회에서 신임 당대표로 선출, 오늘에 이르고 있다.

그런 손대표가 일종의 하극상으로 보이는 퇴진 요구에 시달리고 있다. 되게 안타까운 일이다. 이유는 딱 하나다. 탈당을 한나라당 나온 한 번으로 끝내고, 당내 반목 따위 역학관계 등 우리가 모를 뭔가가 있을지 모르지만 더불어민주당에 계속 남았더라면 손대표는 지금 어떻게 되어 있을까. 차기 대선 후보까지는 아니더라도 최소한 그렇게 수모당하는 일은 없지 않았을까?

〈전북연합신문, 2019.7.3.〉

뭐 저런 검찰총장이 다 있나

## 제2부

민주평화당 왜 이러나

이참에 단교(斷交)는 어떤가

전북문화관광재단 대표이사는 전북 사람이 해야

개탄스러운 돈 주고 상 받기

촉법소년, 이대로 안된다

상금이 있어야 제대로 된 상

아르코문학창작기금 독소조항 정비해야

코로나19보다 더 무서운 광신도

21대 총선 결과의 의미

문학 홀대 유독 심한 전주문화재단

민생당 0석과 안철수 원죄론

세월호 참사가 더 비극적인 이유

5 · 18민주화운동 40주년을 보내며

애먼 교사 죽게 한 학생인권교육센터

이른바 검 · 언유착 의혹사건

교권침해 일삼는 전북교육청

불륜사건 이후에도 왕짜증 김제시의회

## 민주평화당 왜 이러나

'평화당 세력 다툼, 분당으로 이어지나', '내분 심화 평화당, 사실상 분당 위기', '평화당 분당 초읽기', '민주평화당, 내홍에 지지율 바닥', '민주평화당, 당 진로 분수령', '분당? 봉합?…평화당, 16일 운명의 날', '평화당 분당 초읽기?, 신당 창당 공식화'.

이미 짐작했겠지만, 이것들은 최근 보도된 민주평화당 관련 기사 제목들이다. 첫번째는 중앙지, 나머지 6개는 지방신문 기사 제목들이다. 마지막 것은 방송 기사 제목이다. 현역의원이라야 고작 16명(바른미래당 비례대표 2명 포함)에 불과한 미니 정당인데도 하나로 똘똘 뭉친 내년 총선 전략은커녕 그런 보도들을 앞다퉈 나오게 하니 너무 한심스럽고 되게 어이가 없다.

기사들을 요약해보면 정의당과 합쳐 노회찬 의원이 작고하기 전처럼 공동교섭단체가 되자는 당권파와 바른미래당 일부 의원 등과 함께 제3지대 정당으로 거듭나자는 비당권파의 대립이 핵심이다. "당내 힘을 키운 뒤 다른 정당의 이탈세력을 합류시켜야 한다"는 자강론과 "제3지대에서 새롭게 정당을 창당한 뒤 규모를 키우자"는 '제3지대 창당론'의 충돌이기도 하다.

더 놀라운 것은 한 팀으로 팀워크를 이루어야 할 정동영 당 대표와 유성엽 원내 대표가 당권파와 비당권파 선두에 있는 점이다. 심지어 유성엽 원내 대표는 국회 비교섭단체 연설에서 "오로지 민생과 경제만 생각할 새로운 정치세력의 태동과 구축에 힘을 보태 주십시오"라 말해

신당 창당을 사실상 공식화하고 나섰다.

민주평화당의 티격태격하는 그런 모습은 자연스럽게 2년 남짓만에 사라져버린 국민의당을 생각나게 한다. 국민의당은 민주당을 탈당한 안철수 대표와 호남의 반문(反文)계가 주축이 돼 2016년 2월 2일 창당했다. 그해 4·13총선에서 국민의당은 호남 28석중 23석 당선의 돌풍을 일으키며 제3당으로 우뚝 섰다. 전북의 경우 10석중 7석을 국민의당이 차지했다.

한편 2017년 1월 24일 박근혜 탄핵정국에서 새누리당을 탈당한 일군의 의원들이 바른정당을 창당했다. 그런데 4개월이 채 되지 못한 5·10 조기대선 직전 13명이 바른정당을 탈당, 한국당으로 돌아갔다. 그리고 11월 9일 다시 9명이 바른정당을 탈당, 역시 한국당으로 돌아갔다. 애들 장난도 아닌 그런 일이 벌어지는 바람에 바른정당은 교섭단체 지위를 상실했다.

'내가 이러려고 새누리당을 탈당했나' 후회했을지도 모르지만, 특히 바른정당 대표로 선출된 유승민 의원이 다소 짠하게 된 모양새가 연출됐다. 그런 것이 국민의당 안철수 대표의 구미를 당겼는지 그들은 의기투합했고, 2018년 2월 13일 마침내 바른미래당을 창당했다. 이보다 앞선 2월 6일 정체성이 다르다며 바른정당과 합치길 거부한 국민의당 의원 14명도 민주평화당을 창당, 오늘에 이르고 있다.

속된 말로 이혼했어도 서로 잘 살면 할 말이 없지만, 그게 아니라 문제다. 개인도 아니고 국민 내지 대중의 뜻을 대변하는 정당의 경우라 더 말할 나위 없다. 그렇게 정체성이 다른 당과 합치고, 또 쪼개지라고 지난 총선에서 국민의당에 표를 준 것이 아니다. 제3당으로서 기존 양당의 기득권 세력을 힘껏 견제해보라는 표심이었다.

그런데 호남의 반문재인 정서는, 조기 대선을 거치며 언제 그런 게 있었냐 싶을 만큼 확 돌아서버렸다. 사실 총선때 국민의당을 밀어준 호남 민심이 민주당 지지와 함께 문재인 후보 대통령 당선으로 나타난 것은 이상한 일이다. 여러 분석이 나올 수 있겠지만, 중도를 표방하면서도 우클릭에 방점을 찍은 안대표의 정체성이 가장 큰 이유였지 않나 싶다.

안대표의 바른정당과의 통합은 우클릭 행보에 다름 아니다. 다음 대통령선거를 염두에 둔 장기 포석으로 읽히기도 한다. 정치가 생물인 만큼 언제든 변할 가능성은 있지만, 죽을 쑤고 있는 한국당 지지층과 부동층을 내 편으로 만들어야 대선에서 승산이 있다는 계산이었을지도 모른다. 이를테면 안대표의 그런 셈법에 휘둘리거나 놀아나기를 거부한 민주평화당인 셈이다.

나는 2년 전 '시끄러운 국민의당을 보며'라는 칼럼에서 말한 바 있다. "국민은 안중에도 없는 쌈질로 서로 내분을 일으키지 말고 국민의당은 이참에 깨끗이 갈라서는 게 어떤가?"라고. 아니나다를까 그들은 갈라서서 바른미래당과 민주평화당이 되었는데, 두 당 모두 당내 이전투구로 날밤 새는 줄 모르고 있다. 정녕 이 땅에서 제3당은 신기루일 뿐인가?

특히 현역 의원이 단 2명뿐인 우리공화당보다 뒤진 지지율에 이어 또 쪼개지려 하니 20대 총선에서 국민의당 후보를 찍은 유권자의 한 사람으로서 속 상하고 부아가 치민다. 16일 열릴 의원총회가 중대 고비가 될 것을 예고한 상태인데, 어떤 결론이 나든 분명한 사실이 있다. 지금도 표가 멀리멀리 달아나고 있다는 점이다.

〈전북연합신문, 2019.7.15.〉

## 이참에 단교(斷交)는 어떤가

 2011년 3월 11일 진도 9.0의 대지진과 함께 쓰나미 참사가 일본을 덮쳤을 때 대한민국은 너무 다정한 이웃 국가였다. 사상 처음으로 대통령이 일본 대사관을 찾아 조문했을 뿐아니라 길거리 모금까지 벌이며 해외재난성금 모금사상 최고액인 수백 억 원을 모아 일본에 전달하기도 했다. 그야말로 과거는 말끔히 지운 '통 큰' 민족, 오지랖 넓은 국민의 모습이었다.
 그러나 2012년 8월 이명박 대통령의 독도 방문 이후 일본은 그야말로 점입가경의 행태를 보였다. 독도가 일본 땅이란 억지 주장은 기본이고, 자국의 침략 및 전쟁 역사마저 부인하기 일쑤였다. 예컨대 "위안부를 강제로 동원한 적이 없다" 따위가 그것이다. 2012년 12월 아베 총리 취임후 부쩍 심해진 모습이 이어졌다. 급기야 수출 규제의 경제보복에 이르게 되었다.
 방귀 뀐 놈이 성낸다는 속담이 저절로 떠오른 후 냉큼 사라지지 않는 이유다. 우리 대법원의 강제징용 배상 판결에 대해 화이트리스트(전략물자 수출심사 우대국 명단) 제외 등 경제보복을 자행한 일본을 보며 떠오른 속담이다. 과거 조선을 식민 지배한 가해자 일본제국주의는 온데간데 없고 경제대국 일본이 대한민국을 압박하고 있는 형국이다.
 일제(日製)에 대한 각종 불매운동과 시위가 벌어지고, 문재인 대통령마저 "다시는 일본에 지지 않을 것입니다"는 의지를 표명하는 등 일본과의 수교 이후 역대급 나쁜 관계가 이어지고 있다. 심지어 국민 70%

가 2020 도쿄올림픽 보이콧에 찬성한다는 여론조사가 발표되기도 했다. 독도라든가 위안부 문제 등 그동안 있어왔던 반일과는 차원이 전혀 다른 'NO재팬'이 벌어지고 있는 것이다.

'NO재팬'이 아니라 'NO아베'여야 한다는 의견도 있지만, 따로 분리할 것은 아니라고 본다. 식민 조선에 대해 사과하고 용서를 구한다는 일본인들이 분명 있지만, 일본 국민들 지지 없이는 아베의 평화헌법 개정을 통한 과거 제국주의적 국가로 거듭나기가 불가능할 것이기 때문이다. 2012년 이래 8년째 아베가 수상을 계속하고 있는 것도 그 점을 뒷받침한다.

한일간의 역대급 나쁜 관계가 계속되고 있는 그런 와중에 "아베 수상님께 사죄한다"커니 "식민지배기간 강제노역, 성노예 없었다"고 주장하는 과거 을사 5적 쯤 쪄먹는 '또라이'들까지 설쳐대고 있다. 아무리 표현의 자유가 만개한 대한민국이라지만, 땡볕에 짜증을 부채질하는 망동(妄動)이 아닐 수 없다. 그렇듯 민족혼 없는 이들이 식민지 조선의 같은 후예들이라니 믿기지 않는다.

어쨌든 일본의 수출 규제로 국내 기업이 막대한 타격을 입는다는 보도에 대해선 의문이 든다. 일본이 튕기면 다른 나라에서 사면 되는 그런 자유 시장경제가 아닌 모양이다. 여러 제품중에서 맘에 드는 물건을 사는 것이 거래의 원칙 아닌가. 장사라는 게 파는 사람이 아쉬운 입장인 줄 알고 있는데 사는 우리가 보복을 당한다니, 나로선 이해가 안 된다.

심지어 100% 일본제품에 의존하는 품목도 있다고 하니 그동안 뭐 했나 하는 한심함이 절로 솟구쳐 오른다. 1965년 한일청구권협정으로 조선 침략이란 범죄 사실을 일단락했다지만, 일본이 어떤 나라인지 역사적으로 유념했어야 했다. 뒤떨어진 기술력은 따라 잡으려 애쓰면 되지만, 수입 다변화란 말이 무색하게 일본에 전적으로 의지해왔다는게 놀랍다.

내가 생각하기에 한일간의 역대급 나쁜 관계의 본질은 따로 있다. 저들이 스스로 저지른 이 땅에 대한 침략의 식민 지배와 태평양전쟁 따위 전범 자체를 부정하고 있어 생긴, '전범국가 미청산'이 그것이다. 새삼스럽게 제국주의 일본의 극악한 만행을 재론할 필요는 없을 것이다. 지난 14일 1400회를 맞은 수요 집회와, 이제 20명만 남은 위안부 피해 할머니들의 절규만으로도 저들이 저지른 만행의 증거는 충분하니까.

이때 독일을 떠올리는 것은 자연스러운 일이다. 똑같이 2차세계대전을 일으킨 전범국가이지만, 독일은 '역사적 책임'을 진다며 사과도 했다. 독일은 나치 독일의 전쟁 범죄를 훌훌 털었기에 주변 나라들과 티격태격하지 않는다. 일본이 독일처럼 역사적 책임을 지고 사과하거나 행동하지 않는 한 앞으로도 한일간 마찰은 계속될 것이다.

일본은 자신들의 침략 및 전쟁의 역사마저 부정하고 있다. 이미 인정한 사실조차 번복하는, 기본이 안된 나라이다. 가령 1993년 고노 관방장관은 종군위안부(정신대) 강제 동원 사실을 인정했다. 1995년 8월엔 무라야마 총리가 "식민지 지배와 침략으로 인해 손해와 고통을 준 것에 통절한 반성의 뜻을 표한다"고 밝힌 바 있기도 하다.

일본은 과거 군국주의, 제국주의의 망령에서 벗어나지 못하고 있는 '원시 국가'이다. 일본이 과거사 반성과 사과는 하지 않은 채 오히려 방귀 뀐 놈 성내는 행태를 이어간다면 이참에 그들과의 단교(斷交)는 어떤가? 현실적으로 쉬운 일이 아니라면 이제부터라도 최악의 경우 일본과 단교할 수 있는 뭔가 근본적이면서도 획기적인 체질 개선의 대책이 절실해 보인다.

〈전북연합신문, 2019.8.21.〉

## 전북문화관광재단 대표이사는
## 전북 사람이 해야

사실 나는 전라북도문화관광재단(재단) 대표이사 공모에 지원해볼 생각이었다. 적합한 깜냥이냐의 여부를 떠나 서류 제출할 일이 심란하고 면접해낼 것도 번거로워 이내 지원을 포기해버렸지만, 이제 보니 잘한 결정이라는 생각이 절로 든다. 이미 이루어졌어야 할 선임은커녕 신문 보도 등 구설에 오른 채 표류하는 재단 대표이사 공모가 되어버렸기 때문이다.

먼저 일반 독자들의 이해를 돕기 위해 재단 대표이사 공모에 대한 구설을 요약해보자. 재단 대표이사 공모에는 모두 8명이 응모했다. 그중 4명이 면접 심사를 통과했다. 그 4명중 2명을 임원추천위원회(임추위)가 복수 후보로 추천했지만, 재단 이사회에서 부결시켰다. 면접 심사 당일 임추위원 7명중 5명만 참석하는 등 절차상 하자가 있다는 이유에서다.

또한 "심사 내용에 지역문화발전에 대한 심사 기준이나 지표가 없다는 점"도 부결 이유다. 임추위원들은 "엄격한 심사를 통해 복수 후보를 추천했는데 뜬금없는 이유로 이사회가 부결시킨 것에 대해 이해하기 어렵다"는 반응을 보인 것으로 전해졌다. 임추위 일부 위원들은 매끄럽지 못한 채용 절차에 대해 불만의 목소리를 내기도 했다.

예컨대 임추위 어느 위원은 "지역 문화예술인들이 재단에 거는 기대가 컸다. 그러나 실망했다"며 "대표이사는 제대로 일할 수 있는 역량

있는 인물을 뽑아야 한다"고 말했다. 또 다른 인사는 "재단의 변혁이 급하다. 이를 위해서는 2년 만이라도 공정하고 냉정하게 재단을 이끌어갈 타지역 인물이 필요하다"고 강조했다.

반면 재단 이사회 어느 이사는 "전북 문화예술계에는 인물이 그렇게도 없어서 외부에서 끌어와야 하느냐"며 이는 "자존심의 문제"라고 지적한다. 또 다른 인사는 "안방을 내어주는 꼴"이라며 단호한 모습을 보이기도 했다. 이러려고 공모를 진행했는지, 한심스럽고 쪽팔릴 지경이다. 측근 챙기기라는 비난이 있어도 차라리 대표이사를 임명하는 게 낫지 않나 싶을 정도다.

그런데 없어도 될 이런 논란은 재단이 자초한 것으로 보인다. 일견 의아한 점이기도 한데, 8명 응모자중 4명은 전북, 나머지 4명은 타지 인사여서다. 복수 후보로 추천된 2명 모두 타지 출신으로 알려지기도 했다. 전라북도문화관광재단의 대표이사를 뽑는데, 왜 타지 인사들이 유력 후보가 되었는지 선뜻 이해되지 않는 대목이다.

결국 절차상 하자 운운은 그냥 하는 말이고 전북 출신이 복수 후보자에 없어 이사회가 부결시킨 것이란 합리적 의심을 갖게 한다. 일부 임추위원들이 제기한 '특정인물 밀어주기 의혹'에 대해 "지역인사가 1명이라도 추천돼야 한다고 생각했다"고 해명하는 걸 보더라도 자충수로 인해 야기된 논란임을 알게 된다.

자충수란 다름이 아니다. 대표이사 모집 공고에는 응모자격이 전북 출신으로 한정되어 있지 않다. 전라북도문화관광재단의 대표이사인데, 기본적으로 타지 인사는 자격 없음이 상식 아닌가! 단적인 예로 전라북도를 발전시킬 역량이 있다면 서울 등 타지 사람이 도지사를 해도 되는지 묻고 싶다. 그러니까 일반의 상식을 뒤엎는 의아스럽고, 잘못된 공모인 것이다.

더구나 대표이사는 전북도의회의 인사 검증을 거치고, 재단 이사장인 전라북도 도지사가 최종 임명한다. 그런 대표이사 공모에 타지 인사들이 응모할 수 있도록 문호를 활짝 개방한 것부터 잘못이란 얘기다. 전국 나아가 외국을 대상으로 하는 전주국제영화제나 세계소리축제 집행위원장 선임과 다른, 달라야 하는 넌센스의 대표이사 공모의 문호 개방이라 할 수 있다.

"전북 인물이 대표이사를 맡게될 경우 폭넓은 소통이 가능하지만, 친소 관계에 따라 사업 추진의 어려움을 겪을 수도 있다"는 지적이 있지만, 그렇지 않다. 설사 그렇다해도 전북의 문화관광을 발전시켜 활성화하는데, 지역 사정을 전혀 모르는, 심지어 서울 등지에서 전 가족이 이사해오지 않고 원거리 통근이 우려되는 타지 인사가 재단의 대표이사를 하는 게 말이 되나?

최근 수도권 지역 전북도민회 창립이 잇따르고 있다. 기존 호남 향우회 소속에서 '탈 호남'의 기치를 드높이고 있는 전북몫 찾기 운동의 일환이다. 이렇듯 도외(道外)에서의 전북 몫 찾기가 한창인데, 정작 재단 대표이사 공모에선 타지 사람들이 유력 후보로 거론되니 되게 얼떨떨하다. 전라북도문화관광재단의 대표이사는 전북 사람이 해야 맞다.

〈전북도민일보, 2019.12.10.〉

# 개탄스러운 돈 주고 상 받기

서울신문이 11월 4일부터 3주 연속 보도한 기획 기사 '상을 팔고 스펙을 삽니다' 시리즈는 충격과 함께 상에 대한 깊은 불신을 안겨준다. 시리즈 기사는 (1)혈세로 상을 사는 지자체, (2)돈과 바꾼 신뢰, (3)돈으로 사면 안 되는 것들이란 제목으로 이루어져 있다. 시리즈는 2개 면 전체에 걸쳐 있는 등 방대한 분량이다. 그만큼 할 말이 많다는 얘기다.

먼저 "신문사가 주최한 시상식이 '돈 주고 상 받기' 병폐의 온상인 건 언론의 부끄러운 민낯"임을 밝히며 시리즈 기사를 내보낸 서울신문의 용기에 박수부터 보낸다. 시리즈 기사 (1)의 요지는 지자체들이 각종 수상 대가(代價)로 시상 단체에 돈을 준다는 사실이다. 물론 지자체장 사비(私費)가 아니라 자치단체 예산이다. 대개는 광고비·홍보비 명목이다.

그런데 돈 받고 상을 주는 시상 단체는 주로 서울 소재 언론(신문)사다. 서울신문과 경제정의실천시민연합이 각 지자체에 정보공개 청구를 한 결과 국내 주요 언론사가 해마다 10~30개의 시상식을 주최하며 지자체에 상을 주는 것으로 확인됐다. 이들 언론사는 시상식 장소로 서울 고급 호텔을 빌리고, 가수를 초청해 축하공연을 벌이기도 한다.

그 기사를 좀 자세히 살펴보면 "2014년 이후 지자체가 돈 주고 상 받기로 쓴 예산은 정보공개 청구로 확인된 것만 49억 3,700만 원이다. 이 중 84.7%인 41억 8,000만 원이 언론사가 주최한 시상식으로 흘러들어 갔다. 특히 종합일간지 3곳과 경제지 2곳 등 5개 사가 주최한 시상식에 40억 5,700만 원이 집중됐다"(서울신문, 2019.11.4.)는 내용이다.

서울신문은 익명을 요구한 지자체 관계자가 털어놓은 말도 전하고 있다. "언론사가 자체적으로 수상자를 선정하고서 광고비를 내야 수상 자격이 있다고 통보한다"며 "언론사와의 관계 유지를 외면할 수 없는 데다 상을 받았다는 광고가 실리면 지역 홍보에 도움이 되는 측면도 있어 예산을 집행했다"가 그것이다.

시리즈 기사 (2)에선 국회의원들도 단골 수상자로 드러나는데, '얼굴마담' 같은 역할이라는 게 충격적이다. 요컨대 다른 일반인을 끌어들이기 위해서 국회의원을 수상자로 내세운다는 것이다. "국회의원 등 유명인이 아닌 일반인이 상을 타려면 대부분 소정의 참가비나 광고비 등을 내야 한다. 예컨대 ○○○○○어워드는 심사·상장제작·시상행사 운영 등의 비용을 지원자들에게 대놓고 요구"한다.

시리즈 (3)에선 상이 봉사 의미인 스웨덴의 경우를 소개한 메인 기사보다 눈에 띄는 게 있다. 대기업, 심지어 중소기업들까지 언론사의 돈 주고 상받기에 노출되어 있다는 점이다. 중소기업 52곳을 대상으로 설문조사한 결과 57.7%가 "응모하지도 않은 상을 주겠다는 연락을 받은 적이 있다"고 답했다니 기가 찰 노릇이다. 더욱이 73.3%가 그런 연락을 받은 적이 여러 번이라니 할 말을 잃는다.

이쯤 되면 받는 상이 아니다. 사는 상이다. 돈벌이 도구로 전락해버린 상이다. 돈 주고 받은 상에 대한 충격은 가시면 그만이지만, 상에 대한 불신이 쉽게 해소될지는 미지수다. 단적인 예로 어디 지자체가, 어느 국회의원이 무슨 상을 받았다고 하면 박수를 치며 상찬하긴커녕 자동적으로 '저거 얼마 주고 받은거야?'라는 의문부터 생기지 않겠는가!

특히 어느 종합일간지와 계열사가 2014년부터 시상식을 주최해 118개 지자체가 263차례에 걸쳐 상을 탔다는 ○○브랜드대상·소비자 ○○○○브랜드대상·한국을 ○○○○경영대상·○○○○경제리더대상·대한민국CEO ○○○대상 등의 상을 앞으로 수상한다면 '돈 주고 산 상'이라는 일종의 주홍글씨가 따라 붙지 않을까 싶다.

또한 직원 7명을 두고 교육사업을 하는 시민이 "요즘 같은 연말엔 정확히 이틀에 한 번꼴로 전화를 받는다. '브랜드대상', '경영대상', '인물대상', '글로벌대상' 등 각종 시상식 수상자로 선정됐는데 상을 받겠느냐는 내용"(서울신문, 2019.11.18.)이라고 말한 그 이름이 들어간 상들도 돈 주고 산 것이란 선입견으로부터 자유로울 수 없을 듯하다.

그러고보면, 아직도 등단 운운하며 금품을 요구하는 같잖은 잡지들이 있는 모양이지만 문학상의 경우는 양호한 편으로 보인다. 여러 지자체가 상금 없이 달랑 상패만 수여하는 무늬뿐인 상마저 돈 주고 사는 것은 아니기에 그보다 낫지 하는 생각이 들 정도다. 깜 안 되는 사람이 받을지언정 돈 주고 사는 것은 아닌 무릇 문학상도 그보다 양반인 셈인가?

바야흐로 수(시)상의 계절이다. 시상식 초대장이 우편으로 오는 경우 참석을 원칙으로 하고 있지만, 나는 부러 불참하기도 한다. 상 받을만한 사람이 아닌데, 수상자인 경우 악수하는 등 억지춘향이 노릇을 해야 해서다. 영화배우나 탤런트는 물론 정치인이거나 사업가도 아닌 일개 문인이 그런 억지 놀음을 해가며 살아갈 이유가 없어서다.

〈전북연합신문, 2019.12.20.〉

## 촉법소년, 이대로 안된다

KBS가 9월 29일부터 두 달간 방송한 'KBS드라마스페셜2019' 마지막 작품은 제10화 '히든'이다. '히든'은 이른바 촉법소년 문제를 소재와 주제로 삼은 드라마다. 주인공 건은 초등학생때 옥상에서 돌을 던져 보행자를 죽게 했지만, 과실치사죄로 처벌받지 않는다. 어떤 처벌도 받지 않는 만 9살의 범죄소년이어서다.

이에 비해 만 10세부터 만 14세 미만의 촉법소년은 소년법에 따라 형사처벌 대신 보호처분을 받는다. 드라마는 촉법소년에도 해당되지 않는 만 9살에 범죄자가 된 주인공의 중학교 2학년 시점에서 겪는 죄책감을 부각하고 있다. 어린 범죄자에게 면죄부를 주는 게 상책이 아니란 인상을 강하게 풍긴다. 어릴망정 범행 당시 합당한 처벌이 필요하단 메시지도 읽힌다.

드라마가 사회현실을 일정 부분 반영하는 점을 감안하면 '히든'의 등장은 그만큼 의미가 있다. 그렇다. 소년범죄가 도를 넘고 있다. 가령 전북중앙(2019.12.4.)이 보도한 경찰청 자료에 따르면 2018년 전북에서 검거된 범죄소년(만 14~19세)은 2,399명이다. 촉법소년(만 10~14세 미만)은 204명이다. 이 중 4대(살인·강도·절도·폭력) 강력범죄가 60% 이상을 차지한다.

전라일보(2019.12.3.)가 보도한 경찰청 자료에 따르면 전북의 경우 촉법소년은 2015년 199명, 2016년 177명, 2017년 189명으로 나타났다. 증감이 있긴 하지만, 꾸준히 촉법소년 범죄가 벌어지고 있음을 알 수 있다. 범죄 유형도 아주 다양하다. 그중엔 과연 어린 애들이 저지른 범죄인지 의문이 들 정도의 것들도 있다.

예컨대 지난 11월 A군은 전주에서 주차된 제네시스 차량을 훔친 뒤 인천까지 250여 km를 무면허 운전한 혐의로 경찰에 붙잡혔다. 4대 강력범죄인 절도죄이지만, A군은 13세의 촉법소년이라 형사 처벌이 불가능하다. "너무 어린 나이고 충분히 반성하고 교육을 받는다면 개전의 정이 현저하다고 보아 만들어"진 소년법 덕분이다.

지난 9월엔 경기도 수원에서 여중생 7명이 여자초등학생을 폭행하는 사건이 벌어졌다. 조선일보(2019.9.24.)에 따르면 폭행 장면 영상이 인터넷에서 확산, 공분(公憤)을 자아냈다. 남자 친구 교제 문제를 두고 소셜미디어 메신저를 통해 말싸움을 벌이다 집단폭행으로 이어졌다니, 이게 과연 애들 범행인지 기가 막힐 지경이다.

그런데 경찰 조사 결과 가해자 7명은 모두 촉법소년이다. 경찰은 가해자 7명에 대한 법원 동행영장을 발부받아 비행(非行) 청소년 수용 기관인 소년심사분류원에 넘겼다. 소년심사분류원은 무거운 죄를 저질렀거나 반복해서 범행을 저지를 우려가 있는 청소년을 법원 판단에 따라 임시로 수용하는 시설이다. 가해자 7명은 형벌 대신 보호처분을 받는다.

역시 9월 A(13)양이 "동급생 3명에게 두 달 넘게 성폭행과 성추행을 당했다"고 학교 측에 알리면서 불거진 전주 여중생 성폭행 사건의 가해자도 촉법소년이다. 가해자에 대한 형사 처벌 불가 사실이 알려지자 형법상 미성년자 연령을 낮춰야 한다는 지적이 빗발쳤고, 소년법 폐지를 요구하는 의견도 제기됐다.

특히 "사회적 파문을 일으킬 수 있는 중대한 강력범죄를 저지른 청소년은 성인과 같은 수준의 처벌을 받아야 한다"는 목소리가 높았다. 한 누리꾼은 "성범죄에 대해서는 미성년자와 성인 구분 없이 처벌해야 한다. 성범죄를 저지를 수 있다는 것은 이미 성인과 같은 신체적 조건을 갖췄다는 의미"라며 관련법 개정을 촉구했다.

지난 8월에도 강원도에서 10대 남학생들이 초등학생을 성폭행한 사건이 보도되었다. 한국일보(2019.8.28.)에 따르면 강원도내 중학교와 고등학교에 다니거나 자퇴한 선·후배 11명이 범행에 가담했다. 경찰은 4명을 구속·기소, 또 다른 4명은 불구속기소 의견으로 검찰에 송치했다. 나머지 3명은 소년부로 사건을 넘겼다.

가해자 3명을 소년부로 넘겼다는 건 촉법소년이라는 얘기다. 같은 범행을 저지르고도 만 14세 미만이란 이유로 형사 입건된 공범들과 다르게 형사 처벌되지 않는 형평성 문제가 제기되는 대목이다. 따라서 촉법소년의 문제를 해결키 위해 만 14세에서 13세로 늦추는 것으로 알려진 정부의 방안은 온전한 대책이 아니다. 죄를 지었으면 상응하는 벌을 받아야 마땅하다.

군군신신 부부자자(君君臣臣 父父子子)라는 말이 있다. '논어-안연편'에 나오는 말로 임금이 임금다워야 신하가 따르고 아버지가 아버지다워야 자식이 따른다는 뜻으로 쓰이기도 한다. 역으로 말하면 애들이 애들다워야 보호를 받을 수 있다는 해석도 가능하다. 촉법소년 제도를 아예 없애야 하는 분명한 이유다.

미국 등 다른 나라 얘기는 참고할 필요도 없다. 성인 찜쪄먹을 온갖 범죄를 저지르는 촉법소년은 이미 국가가 보호의무를 다해야 할 어린 애들이 아니다. 특히 어린 애들로 하여금 죄를 짓고도 죗값을 치르지 않고 넘어갈 수 있구나 하는 잘못된 생각을 심어줄 수 있다는 점에서 단순히 그 나이를 1살 낮추는데 그쳐선 안된다. 촉법소년 제도 자체를 없애는 게 맞다.

〈전북연합신문, 2019.12.26.〉

## 상금이 있어야 제대로 된 상

지난 해 12월 23일 꽃밭정이수필문학상을 끝으로 한 해 시상식이 마무리된 듯하다. 지난 11월부터 우리 지역에서 진행된 문학상 시상식은 전북시인상·김환태평론문학상·가람시조문학상·부안문학상·전주문학상·신무군산문학상·전북아동문학상·전북문예문학상·두리문학상·아름다운문학상·행촌수필문학상·임실문학상·고창문학상·꽃밭정이수필문학상 등이다.

문학 포함 다른 예술 장르를 아우르는 목정문화상·전북예총하림예술상·한국미래문화상·전라북도예술대상·전주시예술상 시상식도 있었다. 그중 전북문예문학상·두리문학상·행촌수필문학상·꽃밭정이수필문학상·전주시예술상 수상자는 교원문학회원들이다. 학술·교육·산업·예술·체육·봉사 6개 부문에 걸친 전북대상 수상자중에도 우리 교원문학회원이 있다.

먼저 수상 회원들에게 축하의 박수를 보낸다. 연전에 남강교육상을 받아봐서 아는데, 특히 송일섭 구이중 교장의 제35회전북대상 교육부문 본상 수상은 큰 의미가 있다. 교원문인으로서 받는 교육상은 문학상을 받았을 때와 다른 기쁨을 안겨준다. 거의 평생 봉직한 '참선생'을 인정받은 뿌듯함이 가슴 벅차게 솟아올라서다. 교원으로서의 자긍심을 확실히 실감나게 해주어서다.

김계식 교원문학회장이 전북대상을 비롯 교원문학회원들이 수상하는 문학상 시상식에 빠짐없이 직접 참석, 축하한 것도 그런 맥락에서 더욱 값지고 아름다운 일로 보인다. 무엇보다도 이들 상에는 소정의 상금 내지 출판권이 부상으로 주어져 수상자로선 아마 기쁨이 더 클 것이라 생각한다. 말할 나위 없이 제대로 된 상을 받은데 따른 기쁨이다.

그런데 유감스럽게도 상금 없는 무늬뿐인 상들이 있다. 지난 12월 5일 전라북도문화관광재단은 제1회전라북도예술대상 시상식을 진행했다. 문학·미술·음악·국악·공예 분야에서 총 5명이 수상의 영예를 안았다. 문외한인 다른 분야는 그만두더라도 문학분야 수상자는 부언 설명이 필요 없을 정도로 명망 높은 원로 문인이다.

'전라북도 문화예술인의 밤'과 함께 진행된 시상식에는 도내 주요 언론사 대표를 비롯한 문화·예술단체 관련자들과 예술인·도민 1,000여 명이 참석해 자리를 빛낸 것으로 알려졌다. 최근 대표이사 선임을 둘러싼 신문 보도 등 구설에 오른 전라북도문화관광재단이 '전라북도예술대상'을 출범시킨 건 매우 늦은 감이 있지만, 일단 잘한 일로 보인다.

다만, 추천공고에서 보듯 수상자에 대한 상금이 없는 건 아쉬운 부분이다. 설마 예산이 없어 그리 한 것 같지는 않고, 아마 기부 행위 등 공직선거법 때문인 듯하다. 전라북도 출연기관인데도 시상자가 이사장인 도지사면 해당되는지 구체적으로 알 수 없지만, 이건 좀 아니지 싶다. 좀 나쁘게 말하면 수상자들 불러놓고 말잔치로 생색만 내는 전라북도 예술대상인 셈이어서다.

전주시예술상도 전라북도가 도민의 날(10월 25일) 시상하는 자랑스러운 전북인대상과 함께 상금이 없는 무늬뿐인 상이긴 마찬가지다. 전주시예술상의 경우 지난 해 시상식에서 전북 예술계 수장인 전북예총 회장이 "상금이 없어 아쉽다. 조례 제(개)정 등 전주시와 의회가 적극 나서 상금 주는 전주시예술상이 되어야 한다"고 축사에서 말했는데도

1년이 흐른 지금까지 그 모양이다.

  너무 돈을 밝히는 것 같지만, 그렇지 않다. 말할 나위 없이 각종 상은 소정의 상금과 함께 주어져야 수상자들의 기쁨을 배가시킨다. 나아가 사기진작은 물론 창작 의욕을 고무시킨다. 상금이 있어야 상 본연의 기능을 충실히 하는 것이라 할 수 있다. 그러라고 주는 상 아닌가? 누가 봐도 상금이 있어야 제대로 된 상이다.

  전라북도와 전주시 등 시상식을 거행하는 모든 지자체들은 제발 공직선거법 타령만 하지말기 바란다. 수상자 기쁨이 반감되는 상금 없는 상을 더 이상 안봤으면 한다.

〈전북도민일보, 2020.1.3.〉

# 아르코문학창작기금 독소조항 정비해야

구랍 20일 아르코문학창작기금 지원이 마감되었다. 부족한 컴퓨터 실력인 나도 더듬더듬해가며 가까스로 지원신청서를 접수했다. 진인사대천명이라 했으니 이제 결과를 기다려야 하지만, 지원신청서를 접수하는 과정에서 발견한 아르코문학창작기금의 독소조항은, 설사 이 글로 인해 블랙리스트가 될지라도 반드시 짚고 넘어가야겠다.

한국문화예술위원회는 "2020년 공모부터 1차심사(미발표원고 심사)에서 선정한 2차심사 대상자(최종 지원대상 수의 2배수 내외 선정 예정)를 발표"하는 게 2019년과 달라진 변경사항인 점을 알리고 있다. 그러니까 미발표원고 심사로 예선 통과자를 2배수 추리고, 2차심사에서 최종 선정한다는 것이다. 그만큼 당락(當落) 사실이 빨라지거나 두 차례로 나눠진 변경사항이다.

오히려 2019년 공모와 확 달라진 것은 따로 있다. 2차심사에 포함된 기발표원고의 기준이랄까 범위가 그것이다. 이번 공모엔 "기발표는 문예지, 발간집 원고료 등을 받고 게재한 경우에 한해 인정함"으로 되어 있다. 이전에 없던 대표적 독소조항이다. 과연 전국의 수많은 문인들 가운데 원고료를 받고 문예지에 작품 발표하는 이들이 얼마나 있는지, 그걸 알고 그런 단서를 달았는지 의문이다.

글쎄, 정확한 통계를 알진 못하지만 원고료를 받고 문예지에 작품 발표하는 문인은 전체의 1%쯤 될까. 그들은 일간신문에 출간이나 수상 소식 등이 수시로 보도되는 베스트셀러 작가 등 이른바 잘나가는 이들이다. 그런 극소수 인기작가들에게만 국민 세금인 아르코문학창작기금을 다 퍼주겠다는 것인지 의구심이 떠나지 않는다.

"동호회, 동인지 발표, 개인 홈페이지 또는 블로그 발표 등은 기발표 작품으로 인정하지 않음"도 대표적 독소조항이다. 2019년 공모의 "과거에 발간되었던 작품집에 수록되었던 작품은 불가능"에서 확대된 것임을 알 수 있는데, 특히 동인지 발표를 기발표 작품으로 인정하지 않는 건 아르코문학창작기금을 무슨 신춘문예쯤으로 착각하는 듯한 작태라 할만하다.

99%를 차지하는 지역의 많은 문인들이 작품 활동을 하는 주요 공간은 다름 아닌 동인지다. 서점이나 온라인 등에서 판매되는 문예지 자체도 얼마 되지 않지만, 그나마 그들은 그런 잡지들로부터 청탁을 받지 못한다. 그래도 그들은 좌절하지 않고 스스로 회비를 내가며 문학에 대한 열정을 불태우고 있다. 동인지 발표 불인정은, 이를테면 대다수 문인들의 현실을 간과한 독소조항인 셈이다.

고단한 독립영화들이 밑거름되어 천만클럽의 상업영화들을 만들어내듯 문학도 마찬가지다. 동인 활동을 격려하고 육성해주진 못할망정 아예 작품을 발표한 게 아니라 묵살하며 문인 취급도 하지 않는 건 문제다. 문인 대다수가 아예 응모조차 해보지 못하는 '그들만의 리그'에 다름 아니어서다. 아르코문학창작기금 독소조항과 관련, 한국문화예술위원회는 누구를 위한 기관인지, 왜 있어야 하는지 묻게 된다.

독소조항까지는 아니더라도 개선되었으면 하는 내용도 있다. 우선 1인당 지원금액 1천만 원이다. 집행 정산이 불필요하단 조항은 선정 문인들의 부담을 덜어준다는 점에서 반길 일이지만, 가령 시집과 평론집을 비교해보자. 물론 장르 막론하고 영혼을 불사르며 뼛속까지 겪는

창작의 고통은 같지만, 출판비 등 현실적 측면에서 동일한 지원액이 합리적인지는 의문이다.

지금처럼 모든 장르 같은 금액을 유지하려면 차라리 지원금을 절반으로 줄이는 게 낫다. 그리하여 지금보다 두 배 많은 문인들에게 혜택이 돌아가게 하는 것이다. 이는 탈락자들의 상대적 박탈감 내지 상실감을 덜어주는 상책이 될 수 있다. 무엇보다도 아르코문학창작기금 선정이 마치 로또 당첨처럼 여겨지는 풍토는 바람직하지 않다.

향후 2년 동안 주어지는 집필 기간도 너무 길다. 거기에 맞춰진 조항인 듯한데, "집필 예정인 원고를 위해 수행할 소재 개발 노력, 연구 활동, 자료조사 활동 계획 및 집필 일정 등"도 불필요해 보인다. 지원자 전부가 무슨 대하소설이나 대서사시를 쓰는 것도 아닌데 창작 기간이 왜 그렇게 길어야 하는지, 도대체 무슨 자료조사가 필요한지 의아하다.

창작 기간을 1년으로 줄이고 불필요한 것들도 없애는 등 앞의 독소조항과 함께 아르코문학창작기금 정비가 시급하다. 지난 정권에서 이른바 블랙리스트가 작동해 적폐가 되어 청산 절차를 거친 것은 다 아는 일이다. 한국문화예술위원회가 의도했든 안했든 위에서 지적한 것들은 블랙리스트 못지 않은 독소조항이다. 비단 나만 그런 생각이 아닐 것이다.

〈한겨레, 2020.1.28.〉

## 코로나19보다 더 무서운 광신도

　박근혜 전 대통령 탄핵때처럼 연일 사상 처음인 일들이 벌어지고 있다. 가령 4월 6일로 또다시 연기된 각급 학교 개학일도 사상 처음 일이다. 그렇게 코로나19 확산세가 꺾이지 않는 위중한 요즘이다. 전 세계적으로 보면 발원지라 할 만큼 초창기 극심했던 중국말고는 유럽과 미국 등 코로나19가 확산일로에 있는 모습이다.
　개인적으론 사상 처음인 손녀의 백일을 전화로만 축하하고 넘어가는 아쉬움이 있지만, 코로나19로 말미암아 생계 위협을 받는 수많은 이들에 비하면 그깟것은 배부른 소리밖에 안될 터이다. 2월 15일로 예정되었던 문학회 임시총회 무기한 연기에 이어 불투명해진 5월 중순 교원문학상 시상식 개최도 마찬가지다.
　그렇게 코로나19는 많은 사람들이 모이는 것을 경계하고 있다. 사회적 거리두기를 강조하는 것도 그래서다. 그러고보면 나는 코로나19 예방에 맞춤형이거나 특화된 유형의 시민이 아닌가 싶다. 매일 운동삼아 하는 걷기외 풀방구리에 쥐 드나들 듯 나가는 일이 별로 없는 일상생활이어서다. 코로나19 예방 수칙을 충실히 따르는 착한 시민이라 할까.
　그런데 코로나19라는 이 엄중한 와중에도 한사코 떼로 모이는 사람들이 있다. 정부와 각 지자체에서 긴박하게 자제를 명령 내지 호소해도 아랑곳하지 않는 일군의 무리들이다. 일례로 그들은 광화문광장 집회를 강행하는가 하면 리더가 구속되자 교회에 모여 예배하고 기도하는 등 코로나19 예방 및 종식을 위한 사회적 거리두기와 반하는 행태를 보이고 있다.

더구나 그들이 교회에 모여 예배하고 기도하는 게 '전광훈 목사 석방'이라니 박근혜를 연호하던 태극기부대 저리가라 할 정도다. 오해가 없게 하기 위해 미리 말해두지만, 나는 어떤 종교나 이념에 의해 움직이지 않는다. 내가 유일하게 믿는 건 인간이 만물의 영장(靈長)이란 말이다. 그렇다. 나는 보수나 진보도 아닌 무신론자다.

무신론자인 나로선 만물의 영장인 인간 위에 누가 또 있다는 것은 기분 나쁘고 자존심 상하는 일이다. 태풍이라든가 지진·홍수 같은 재해의 대자연 앞에서 사람은 때로 나약하거나 미미한 존재가 되고 말지만, 기본적으로 무언가 또는 누군가에 조종당하는 인간은 나로선 생각해볼 수 없는 끔찍한 일이다.

그러나 예배하고 기도하는 사람들을 지적하는 것은, 내가 무신론자여서가 아니다. 그들의 행태가 이성을 잃고 특정 대상을 맹목적으로 따르는 광신도(狂信徒)에 다름 아니어서다. 영국 심리학자 맥스웰 테일러의 저서 '광신도들'을 인용한 강준만 전북대 교수의 '교양영어사전'을 보면, 광신도에겐 10가지 특징이 있다. 그중 몇 가지를 보면 다음과 같다.

광신도는 다른 모든 일을 배제한 채 하나에만 집중하고, 세상을 오직 자신의 관점에서만 본다. 정상적 수준의 사회적 압력에 무감각해 그 표준에서 많이 벗어나고, 어떤 일을 하거나 하지 말아야 하는지 기본적인 분별력이 없다. 자신이 하는 일의 적합성에 추호의 의심도 없으며, 다른 사람의 삶을 고려하지 않는다. 한마디로 그들은 '민폐쟁이'인 것이다.

목사들은 말도 안 되는 설교를 늘어놓기까지 한다. 가령 당국의 종교

집회 자제 요청에도 주일 예배를 강행한 익산의 어느 대형교회 아무개 목사는 "백성을 위해 기도하는 다윗왕 같은 대통령이 없어서 코로나19라는 위기를 맞았다"고 말한 것으로 알려졌다. 말인지 막걸리인지, 낮술을 먹어서 그런지 얼이 잠깐 빠져서인지 알 수가 없다.

"하나님이 명령하시면 그날부로 코로나는 소멸할 것"이라고 강조도 했는데, 당장 기도하여 그렇게 되도록 하지 왜 이렇듯 사상 처음인 일들이 계속 벌어지게 하는지 진짜 궁금하다. 그것 못지않게 더 큰 문제는 말도 안 되는 목사 설교에 '아멘'으로 환호하고, 마침내 한통속이 되고마는 열혈 신자들이다. 코로나19보다 더 무서운 광신도 말이다.

그 수습에 대한 책임은 있을지언정 코로나19가 목사의 말처럼 대통령의 잘못은 아니다. 코로나19는, 굳이 말하면 동물에 대한 무차별적 살상과 환경 파괴를 일삼아온 인류에 대한 대자연의 경고성 재앙이라 할 수 있다. 인류라면 그 책임으로부터 아무도 예외일 수 없다. 무엇보다도 코로나19는 야당 주장처럼 누구의 잘잘못을 따질 만큼 한가로운 재앙이 아니다.

코로나19가 국내뿐 아니라 세계를 황폐화시키고 있는 지경이다. 문재인 대통령은 "2008년 글로벌 금융위기 때보다 양상이 더 심각한 미증유의 비상경제시국"이라 선언했다. 정세균 국무총리도 "1998년 아이엠에프 사태 때보다 더 심각하다"고 진단했다. 정부와 지자체의 예방 및 종식 노력에 어깃장을 놓는 광신도들의 부적절한 행태가 더 리얼하게 다가오는 이유다.

〈전북연합신문, 2020.4.14.〉

# 21대 총선 결과의 의미

4·15 국회의원 총선거가 코로나19 와중에도 별 탈 없이 끝났다. 별 탈 없이 끝난 것 뿐아니라 투표율까지 66.2%를 기록했다. 이는 2,912만 8,040명이 투표에 참여한 수치다. 1992년 총선때 71.9%를 기록한 이래 28년 만에 가장 높은 것으로 알려진 투표율이다. 직전(2016년) 총선 최종 투표율 58%보다 훨씬 높은 수치이기도 하다.

코로나19 와중에 치르는 선거인데다가 높은 투표율까지, 21대 총선은 세계의 주목을 받았다. "한국의 코로나19 방역을 모범사례로 꼽아온 외신들은 한국이 민주주의와 선거에서도 전 세계가 부러워하는 모범국가로 우뚝 섰다고 평가했다"(한국일보, 2020.4.16.)는 것인데, 가령 미국 UPI통신은 "이번 총선의 높은 투표율은 코로나19 확산 곡선을 평평하게 만든 한국의 강력한 대응이 반영된 것"이라 보도했다.

아무튼 21대 총선 결과 집권여당 더불어민주당은 위성정당인 더불어시민당 의석까지 합쳐 180명 당선인을 냈다. 더불어민주당은 개헌만 빼고 모든 걸 단독으로 할 수 있는 슈퍼 여당이 되었다. 여당이 의석의 60% 이상을 차지한 총선은 4·19 혁명과 5·16 군사쿠데타 직후 경쟁 정당이 붕괴한 상황에서 치러진 5·6대, 대통령이 국회의원의 3분의 1을 임명하던 유신 독재 시절의 9·10대 총선을 제외하면 처음이라고 한다.

이런 21대 총선 결과는 또 다른 해석으로 이어지기도 한다. "지금까지 주류는 분단 기득권 세력, 자본 기득권 세력, 그리고 영남 패권 기득권 세력이 결합한 카르텔이었다. 박정희-전두환-노태우-김영삼-이명박-박근혜 정권은 기득권 세력의 정치적 현신이었다. 황교안 대표는 박정희 체제의 마지막 계승자였다. 그런 의미에서 21대 총선 결과를 박정희 체제 청산으로 해석해볼 수 있다"(한겨레, 2020.4.17.)가 그것이다.

'대한민국 정치에서 이른바 주류가 바뀌고 있다는 신호일 수 있다'는 얘기인데, 더불어민주당이 2016년 총선, 2017년 대선, 2018년 지방선거, 2020년 총선까지 연거푸 네 번 승리한 것은 맞다. 특히 민주화 이후 선거에서 특정 정파에 한 번도 4연승을 허락하지 않던 표심이기에 21대 총선 결과에 대한 또 다른 해석은 그럴 듯해 보인다.

한편 제1야당 미래통합당은 위성정당인 미래한국당 의석 포함 103명 당선에 그쳤다. 그 외 정의당 6, 열린민주당 3, 국민의당 3, 무소속 5석 등 총 300명의 제21대 국회의원이 뽑혔다. 여당 압승, 야당 참패의 제21대 국회의원 총선거 결과지만, 찝찝함이 남는다. 거대 양당이 벌인 꼼수의 위성정당에 대한 심판이 없는 결과로 나타나서다.

4+1의 패스트트랙으로 이루어진 선거법 개정 취지가 무색하게도 거대 양당 비례 위성정당의 가장 큰 수혜자는 지역구에서 압도적으로 이기고도 추가 비례의석까지 확보한 더불어민주당인 것으로 나타났다. 꼼수를 부리지 않았다면 더불어민주당 비례 의석은 6석이어야 하는데 17석이나 가져갔다. 미래통합당의 경우 13석인데 19석을 챙겼다.

꼼수의 위성정당 때문 가장 큰 손해를 본 정당은 정의당인 것으로 나타났다. 정의당은 9.67%의 정당득표율을 기록해, 원래대로라면 보정된 연동배분 의석수에서 10석, 병립형 비례 의석수에서 2석 등 모두 12석을 가져갔어야 했지만, 5석에 불과했다. 국민의당 9, 열린민주당

7석도 각각 3석에 그쳤다. 거대 양당의 위성정당이 가져간 몫만큼 소수 정당의 몫이 줄어든 것이다.

비례 의석의 경우 미래통합당이 더 많지만, 결과적으로 벼룩이 간을 빼먹은 집권여당의 승리라는 꼬리표가 붙는 이유다. 그 외 태극기부대를 자처한 국회의원들이나 세월호라든가 대통령 해외순방을 천렵질로 비하한 막말 후보, 당적을 수도 없이 옮겨다닌 철새 정치인들을 솎아낸, 매서운데다가 날카롭고, 정확하기까지 한 민심임을 보여준 21대 총선 결과라 할 수 있다.

어쨌든 참패한 미래통합당의 황교안 대표는 15일 밤 자정이 되기도 전, 그러니까 한창 개표가 진행중인 시간에 일찌감치 사의 표명과 함께 당을 떠났다. 지도부 공백 등 박근혜 탄핵 직후의 멘붕 상태 못지 않은 당혹감이 미래통합당을 지배하고 있는 분위기라 할까. 당장 대패한 선거의 사령탑을 비대위원장에 추대하려는 문제로 시끌벅적하니, 참 딱한 일이다.

미래통합당은 과연 이 위기를 잘 극복해 새로운 보수로 거듭날 수 있을지 궁금해진다. 그나저나 동아일보가 접촉한 미래통합당 낙선 후보들이 "이런 야당이라면 2022 대선도 필패"라고 말했다는데, 대한민국의 주류가 완전히 교체된 것일까. 진짜로 그런지 다가올 2022 대선 등을 지켜봐야겠지만, 민심이 더불어민주당의 내리 4연승에 있긴 하다.

〈전북연합신문, 2020.4.23.〉

## 문학 홀대 유독 심한 전주문화재단

 최근 완주문화재단이 공모한 '2020예술인창작지원사업'에서 자격미달이란 연락을 받았다. 완주의 2개 고교에서 8년 6개월 근무한 경력이 있어 재단측이 제시한 '완주 연고기준'에 부합하냐 문의한 후 된다고 해 사무실로 직접 가서 접수한 서류인데, 그리 된 것이다. 그 황당함이나 분통 터짐이야 이루 다 말할 수 없지만, 엉뚱한 생각이 몰려온다. 완주로의 이사가 그것이다.
 나는 초등학교 5학년인 1966년 봄부터 전주에서 살았다. 무려 54년간 살아온 고향이나 다름없는 곳이지만, 전주를 떠나 완주로 이사할 생각이 불쑥불쑥 솟구치곤 한다. 내가 전주를 떠나 완주로 이사할 생각에 시달리는 것은 그 때문만이 아니다. 전주문화재단, 나아가 전주시의 유독 심한 문인 홀대 때문이다.
 돌이켜보면 1983년 글쟁이로 데뷔하여 총 46권의 저서를 펴내는 동안 전주시나 전주문화재단 지원을 받아 펴낸 책이 한 권도 없다. 2001년 전주시예술상을 받긴 했지만, 최근 전주문화재단이 밝힌 "전주시민의 문화활동 진흥과 지역문화예술인 및 단체의 다양한 창작활동을 지원한다"와 전혀 동떨어진 전주에서의 저술 인생이라 할 수 있다.
 전주문화재단이 최근 발표한 '2020년 예술지원사업공고'를 보면 '신진예술가지원사업'·'백인의 자화상 추천공모' 등 13개 사업이 진행된다. '예술하기 좋은 곳, 문화로 행복한 전주'를 만드는 지원사업들이다. 그런데 13개 어느 곳에도 문인창작집 지원사업은 없다. 이는 군산·익산·완주 등 여느 지역 예술인지원사업에서도 볼 수 없는 문인 홀대다.

'신진예술가지원사업'의 경우 문화예술 전 장르를 대상으로 하고, '백인의 자화상 추천공모'에 문인들이 더러 포함되긴 하지만, 군산·익산·완주 등 문화재단에서 시행하고 있는 문인창작집 지원사업과는 거리가 멀다. 37년차 문인으로 전주에서 살아왔지만, 이런 홀대를 받으면서 굳이 살아야 할 이유가 있나 회의에 빠져드는 이유다.

내가 알기로 전주시의 문학분야 지원은 전주문인협회에 대한 3천만 원이 전부다. 전주문인협회는 이 돈으로 '전주시민문학제'를 2018, 2019년 두 차례 진행했다. 일반 시민에게 돌아가는 상금 등 공모전이란 점에서 사실상 문인창작집 지원사업은 하나도 없는 셈이다. "다양한 창작활동을 지원한다"면서 왜 문학이 열외되었는지 모를 일이다.

되돌아보면 전주시는 2000년부터 문화예술창작 활동지원사업을 한 바 있다. 문학의 경우 저서를 구입, 공공도서관과 기관단체 등에 배포했다. 문인 개인의 기발간 작품집을 구입해줌으로써 열악한 현실의 출판사와 작가들에게 실질적 도움이 되게 한 사업이었다. 작가들이 크게 반가워하고, 창작의욕을 불태우는 등 크게 고무되었음은 물론이다.

4년 정도 계속되던 전주시의 문예창작활동지원사업이 중단된 것은 과별 풀예산제 도입 때문으로 알려졌었다. 예산편성시 우선순위 밖으로 밀리면서 문예창작활동지원사업이 자연스레 퇴출되어 버린 것이다. 이후 전주시의 문화예술지원은 전주문화재단을 통한 '전주문화예술마케팅지원사업'뿐이었다. 그나마 전주를 주제로 한 내용이라야 선정될 수 있었다.

그런 경직된 기준과 편협한 지원이 또 어디에 있는지 묻고 싶은 그것마저도 지금은 아예 없어져버렸다. 아예 작정하고 문학을 블랙리스트 삼은 듯한 홀대요 배척이다. 매년 수억 원에서 10억 넘는 돈을 쏟아붓는 전주국제영화제 등 전주시의 영화 지원과 비교해보면 문인에 대한 엄청난 차별임도 알 수 있다.

유독 문학 홀대하는 전주시에서 총 54년, 평론가로 37년을 살고 있다는 사실이 너무 싫을 정도다. 다 알다시피 시나 수필을 써서 한 권의 책을 펴내는 일이 쉬운 일은 아니다. 어쩌다 기획출판의 저자가 되는 경우도 있지만, 대부분은 자비출판 하는 것이 지역문인의 부인할 수 없는 현실이다. 지자체의 문인창작집 발간 지원이 절실한 이유다.

전주문화재단은 '문인창작집 지원사업'에 적극 나서기 바란다. 매년 1인당 200만 원씩 20명 정도만 저서 발간비 지원을 해도 전주 문인들 입장에선 가뭄에 단비를 만난 일이 될 것이다. 그야말로 '껌값' 수준의 적은 돈으로도 문학 활성화는 물론 전주문인으로서의 자긍심 고취가 이루어질텐데, 왜 그걸 마다하는지 전주문화재단은 답하기 바란다.

〈전북도민일보(2020.4.28.)에 실린 글의 원본임〉

# 민생당 0석과 안철수 원죄론

제21대 국회의원 총선거일인 4월 15일 일간신문들은 '지난 총선 잘 찍으셨나요, 나의 한 표가 미래입니다'(한국일보), '내 손에 달린 내일의 정치'(한겨레), '오늘 선택의 날…내 한 표가 전북의 미래 바꾼다'(전북일보) 같은 제목의 기사를 1면 톱으로 내보냈다. 그런 독려성 신문기사가 아니라도 나는 투표할 생각이었고, 실제로 그렇게 했다.

그런데 300명 당선인이 확정되자 '나의 한 표가 미래'라는 일련의 기사가 꼭 그런 것만도 아님을 깨닫는다. 특히 '내 한 표가 전북의 미래 바꾼다'에 짙은 회의가 생긴다. 요컨대 4년 전 내가 찍은 국민의당이 미래를 바꾸긴커녕 당 자체가 공중분해되는 등 볼썽사나운 모습만 보이다가 0석을 기록한 참패의 결과로 나타나서다. 바로 민생당 이야기다.

민심의 엄중한 심판이라는데 이론의 여지가 없게 하는 결과지만, 그 연원은 4년 전 국민의당 돌풍으로 거슬러 올라가야 찾을 수 있다. 국민의당은 민주당을 탈당한 안철수 의원과 호남의 반문(反文)계가 주축이 돼 2016년 2월 2일 창당했다. 국민의당은 그해 4·13총선에서 호남 28석중 23석 당선 등 총 38석의 제3당 돌풍을 일으켰다.

이를테면 안철수 대표가 거대 양당에 맞설 확실한 제3당의 맹주 역할을 국민들로부터 부여받은 셈이었다. 거대 양당제에 피로감이 쌓인 유권자들의 신선한 선택이었고, 그로 인해 안철수 대표의 대권가도에도 탄력이 붙는 듯했지만, 그러나 2017년 5월 이른바 장미대선으로 문재인 후보가 당선되면서 국민의당은 시끄러워지기 시작했다.

2017년 1월 24일 박근혜 탄핵정국에서 새누리당을 탈당한 일군의 의원들이 창당한 바른정당과의 합당 문제가 표면적 이유였다. 결국 2018년 2월 13일 국민의당과 바른정당이 합친 바른미래당이 출범했다. 당시 안대표의 바른정당과의 통합은 우클릭 행보로 해석됐다. 다음 대통령선거를 염두에 둔 장기 포석으로 읽히기도 했다.

이보다 앞선 2월 6일 정체성이 다르다며 바른정당과 합치길 거부한 국민의당 의원 14명이 먼저 민주평화당을 창당했다. 그런데 그들은 당권파의 민주평화당과 비당권파의 대안신당으로 다시 쪼개졌다. 나는 '시끄러운 국민의당을 보며'(전북연합신문, 2017.11.30.)와 '민주평화당 왜 이러나'(전북연합신문, 2019.7.15.)란 칼럼을 통해 그런 국민의당 행태를 이미 지적한 바 있다.

더불어민주당이나 미래통합당은 놔두고 그런 행태에 대해 두 번이나 비판의 글을 쓴 것은 20대 총선에서 국민의당 후보를 찍은 유권자의 한 사람으로서 속 상하고 부아가 치밀어서다. 아무튼 창당 주역인 유승민·안철수 대주주가 떠난 손학규 대표의 바른미래당·민주평화당·대안신당이 다시 합쳐 민생당으로 이번 선거에 나섰지만, 결과는 민망하게도 0석이다.

내가 '민주평화당 왜 이러나'에서 "지금도 표가 멀리멀리 달아나고 있다는 점"을 지적한 대로 유권자 외면의 참담한 결과로 이어진 것이다. 손학규 대표가 책임진다며 즉각 당을 떠났지만, 민생당 몰락의 원인(遠因)은 안철수 국민의당 대표에게 있지 싶다. 안 대표 입장에선 무슨 소리냐며 펄쩍 뛸지 모르지만, 이른바 안철수 원죄론이다.

안철수 원죄론은 다른 게 아니다. 그가 만든 당으로 확실한 제3당의 위치를 확보, 도약할 수 있는 발판이 마련됐는데도 그걸 걷어차버린 그의 실패한 정치적 승부수를 말함이다. 결국 민생당 0석이란 총선 결과도 그와 무관치 않다. 박지원·정동영·천정배·박주선 등 소속 호남 중진의원들은, 이를테면 안철수 대표의 실패한 정치적 승부수에 놀아난 희생양이 되고만 셈이다.

거기서 갖는 생각 하나는 그런 원죄를 짊어지게된 안철수 대표가 과연 2022 대선에 나설 수 있겠는가 하는 점이다. 당장 4년 전 열광적 지지를 보내준 호남 민심도 든든한 지원군으로 안착시키지 못하고, 이미 유승민 의원이 떠난 손학규 대표의 바른미래당도 걷어차버린 그는 도대체 누구, 어느 세력을 등에 업고 2022 대선에 나서려는 것일까.

새로운 국민의당을 창당한 안철수 대표는 이번 총선에서 비례대표단 3석을 얻는데 그쳤다. 지역구 후보를 내지 않아 시간이 남아돌아서 그런지 난데없는 국토 종주 마라톤에만 열중한 모습이었다. 프랑스 마크롱 대통령을 롤모델로 말하는 모양이지만, 내 사람 또는 내 편 만들기 실패를 거듭하는 그의 대선주자로서의 앞날이 어떨지 민생당 0석이 보여주는 듯하다.

〈전북연합신문, 2020.5.6.〉

# 세월호 참사가 더 비극적인 이유

 세월이 참 빠르다. 세월호 참사 6주기를 맞은 지 어느새 4주째로 접어들었으니 말이다. 코로나19 확산과 4·15 총선 등이 겹치면서 팽목항과 세월호가 3년째 거치된 목포신항 등을 찾은 추모 인파가 현저히 줄어든 것으로 알려졌지만, '진실을 향해 달리는 노란 차량 행진'과 선상 추모식, 그리고 '세월호 참사 6주기 기억식' 등이 열렸다.
 정세균 국무총리는 4월 16일 열린 세월호 참사 6주기 기억식에서 영상 추도사를 통해 "세월호 참사의 진실을 끝까지 규명하겠다. 세월호 참사 관련 사업을 차질없이 지원 관리하겠다"고 약속했지만, 세월호 참사 6주기 추모 및 기억식을 대하는 마음은 착잡하기만 하다. 왜 6년이 지나도록 사고가 아닌 사건으로 정쟁의 대상이 되는지 답답하고 울화까지 치민다.
 애먼 생목숨 304명이 죽은 세월호 참사라는 팩트가 엄연한데도 왜 그 똑같은 사안에 대해 보수와 진보의 생각이 천양지차(天壤之差)로 다른지 이해되지 않는다. 원래 민주주의 사회가 좀 시끄러운 것이 특징이긴 하지만, 5·18광주민중항쟁 망언의 폄훼가 그렇듯 이건 아니다. 그 자체로도 버거운 비극적 사고인 세월호 참사를 더 비극적인 사건으로 만들고 있어서다.
 가령 차명진 총선 후보의 막말 파문이라든가 김진태 의원 선거운동원의 세월호 추모 현수막 훼손 사건이 그렇다. 그들은 4·15 총선에서 모두 낙선, 나름 심판을 받은 셈이 됐지만, 당선자도 크게 다르지 않다. 대구 수성을에 무소속으로 출마해 당선된 홍준표 전 자유한국당 대표이자 19대 대선 후보가 세월호 참사 6주기 당일 "세월호는 해난사고에 불과하다"고 말한 것. 그는 "(세월호 사고를) 아직도 정치에 이용하려고 하는 극히 일부 정치인들은 참 나쁜 사람"이라고 말하며 "관련 경찰 등 공무원들을 처벌하고 이 사건의 억울한 학생들에 대한 위령비도 세우고 학교에 지원하고 그런 해난 사고로 끝났어야 한다"며 "근데 그걸 갖고 수사하고 재판하고 또 수사하고 또 특검하고 특별조사를 또 하고 하는 것은 과도하다"라고 말했다.

또 홍 당선자는 1993년 292명이 사망한 서해 훼리호 침몰 사고를 언급하며 "그 사건을 정치권에서 이용하지 않았다"고 강조하고 있지만, 세월호 참사는 방탄소년단 팬클럽 '아미'의 외국 회원중 한 명인 안젤라 풀비렌티가 말한 대로 "강자를 보호하기 위해 약자를 희생시킨 비극이었"(한겨레, 2020.4.16.)기에 단순 비교할 일이 아니다.

세월호 참사와 서해 훼리호 침몰은 모두 온 국민을 슬픔에 잠기게 한 비극적 재난·재해가 맞지만, 인명구조 작업 등 결이 다른 해난사고라 그렇게 끌어들일 일이 아니다. 비근한 예로 서해 훼리호 침몰사고에서 선장은 승객 구조에 최선을 다하다가 끝내 돌아오지 못했다. 당시 김영삼정부 역시 박근혜정권에서처럼 미적거리거나 뭘 숨기고 방해하고 그런 일은 하지 않았다.

홍 당선자의 그런 발언은 그런 점에서 '징하게도 해쳐먹는다'는 막말과 하등 다를 게 없는 인식이다. 홍 당선자의 그런 발언은 6년이 되도록 유족들의 절규가 왜 계속되는지 간과한 태도라 할 수 있다. 나아가 박근혜정권과 함께 집권 여당이었던 새누리당(지금의 미래통합당)의 원죄임을 부정하거나 무시하려는 잠재의식의 발로로도 보인다.

이미 알려졌듯 있어선 안될 세월호 침몰인데도 제대로 된 신속한 구조작업이 이루어지지 않았다. 그뿐이 아니다. 이후 유가족을 불법사찰한 정황이 속속 드러나고 있다. 세월호 특조위 조사마저도 조직적으로 방해한 증거가 발견돼 수사에 들어갔다. 꼭 그 때문만은 아니지만, 세월호 참사 당시 수습 최고 책임자였던 박근혜 대통령은 지금 감옥에 가 있다.

일종의 책임을 진 것이라 할 수 있는 수감 생활이다. 내가 보기엔 세월호 침몰을 비극적 참사로 대하지 않는 건 보수라서가 아니다. 박근혜라는 강자를 보호하기 위해 엄연한 팩트인 세월호 참사에도 경기를 일으킨 것이다. 그 태극기부대와 거기에 편승하려는 일부 정치인들 모두 이번 총선에서 '그만 사라지라'는 심판을 받은 셈이 되었다.

그렇게 총선이 끝났다. 이제 진실 규명과 책임자 처벌 등 세월호 참사 유가족들의 요구사항 해결에 터덕거릴 하등의 이유가 없다. 지난해 11월 11일 출범한 '세월호 참사 특별수사단'은 "이번 수사가 마지막이 될 수 있도록 백서를 쓰는 심정으로 모든 의혹을 철저히 조사하겠습니다"라 밝힌 그대로 해야 한다. 세월호 참사를 비극적 사고가 아닌 비극적인 사건으로 더 이상 만들어선 안된다.

마침 더불어민주당은 이번 총선에서 개헌만 빼고 다할 수 있는 180석의 슈퍼 여당이 되었다. 하루속히 세월호 참사 유가족들이 늦었지만, 이제라도 아이들을 훌훌 떠나 보내고 보통 사람들처럼 평범하게 일상생활을 해나가도록 해주어야 한다. 갤럽 기준 지지율 71%의 문대통령과 180석의 집권여당이 시급히 해야 할 일이다.

〈전북연합신문, 2020.5.14.〉

# 5·18민주화운동 40주년을 보내며

 2017년 8월 2일 개봉한 '택시운전사'의 최종 관객 수는 1,218만 9,654명이다. '택시운전사'의 천만영화는 남다른 의미가 있다. 5·18민주화운동을 조명한 영화여서다. 5·18민주화운동이 잊혀지기는커녕 오히려 더 현재화된 역사인 걸 확인시켜준 셈이라 할까. 조기 대선의 정권교체후 문재인 대통령, 이낙연 국무총리를 비롯한 정치권 관람도 천만영화에 한몫했지 싶다.
 '택시운전사'가 여느 5·18민주화운동을 다룬 영화와 다른 것은 피해자나 가해자가 아닌 제3자를 주인공으로 내세운 점이다. 광주와 전혀 상관없는 서울 사람과 외국인의 3인칭 관찰자 시점인 셈이다. 그 점에서도 '택시운전사'의 천만영화는 각별한 의미를 지닌다. 광주라는 한 지역의 비극적 참사가 아니라는 역사인식이 방증된 셈이어서다.
 그러나 5·18민주화운동 40주년을 맞는 현실로 돌아오면 사정이 다르다. 5·18민주화운동 40주년 기념식은 사상 처음으로 옛 전남도청 광장에서 열렸다. 거기서 문재인 대통령이 말한 "발포 명령자 규명과 계엄군이 자행한 민간인 학살, 헬기 사격의 진실과 은폐·조작 의혹과 같은 국가폭력의 진상은 반드시 밝혀내야 할 것들"이 단적으로 그걸 알려준다.
 이어서 문대통령은 "처벌이 목적이 아닙니다. 역사를 올바로 기록하는 일입니다. 이제라도 용기를 내어 진실을 고백한다면 오히려 용서와 화해의 길이 열릴 것입니다"라고 말했다. 말을 뒤집어 보면 밝혀야 할 것이 많고, 전두환 등 가해자들이 이제라도 진실을 털어 놓으면 용서하고 비로소 마무리 지을 수 있다는 것으로 들린다.

새삼스러운 얘기지만, 5·18민주화운동은 12·12 쿠데타를 일으킨 전두환 보안사령관 등 신군부세력이 거세게 저항하는 광주 시민들을 무장 병력을 투입해 제압한, 벌어져선 안될 비극적 참사다. 이후 이어진 제5공화국만 보더라도 전두환 등 신군부세력이 정권을 잡기 위해 자행한 천인공노할 만행이라는 게 엄연한 팩트다.

5·18 민주화운동 진상규명조사위원회 송선태 위원장에 따르면 "1980년 5월 18일부터 27일까지 10일간 광주에 투입된 병력은 25개 대대 2만 53명"(한국일보, 2020.5.16.)이다. '화려한 휴가'에 투입된 무장군인들로 인해 생긴 피해자 규모는 사망자 165명, 행방불명자 65명, 부상 후 사망 추정자 376명(5·18기념재단이 2005년 기준으로 집계한 것. 앞의 한국일보.)이다.

역시 같은 한국일보에 따르면 5·18을 현장에서 경험했던 선교사 피터슨 목사는 사망자 수를 800여 명이라고 추정하기도 했다. 40년이 지나도록 정확한 피해자 집계조차 안된 것을 알 수 있는데, 수많은 애먼 시민들이 희생된 건 분명한 팩트다. 발포 명령자가 누구인지 명확하게 밝혀지지 않았어도 5·18 민주화운동이라는 팩트엔 변함이 없다.

그뿐이 아니다. 5·18 당시 부모 자식을 잃고 흔적조차 찾지 못한 행불자 가족들은 아직도 피눈물을 흘리고 있다. 5·18 당시 연행·구금자 5,500여 명은 살아 남았어도 장기간 통증에 시달리며 진통제·알코올 등 약물에 의존하는 삶을 살고 있다는 것이 이미 오래 전 저술(2000년 변주나 전북대 간호학과 교수와 박원순 변호사 공저 '치유되지 않은 5월')로 드러난 바 있다.

한겨레(2020.5.12.)에 따르면 지난 해 김명희 경상대 교수가 5·18 39주년 기념 학술대회에서 발표한 '5·18 자살과 트라우마의 계보학'에서는 "1980년부터 지난 해까지 모두 46명(추정)이 극단적 선택을 했다"고 밝혔다. 분통이 터지는 것은 바로 그 지점이다. 그렇듯 막대하면서도 극심한 피해자들이 있는 5·18인데도 40년이 되도록 왜 이 모양인가?

그보다 더 분통이 터지고 어이가 없는 것은 5·18을 "간첩의 폭동이고 시민군 다수가 북한 특수군", "5·18 유공자라는 괴물집단", "폭동인데, 민주화운동으로 변질됐다" 따위 망언을 일삼는 일부 '또라이'들의 작태다. 심지어 '전두환'을 연호해대기까지 하는 그들의 뇌 속은 어떻게 되어 있는지 한 번 들여다 보고 싶을 지경이다.

한겨레 사설(2020.5.18.)에서 보듯 그들의 그런 망언이 "5·18에서 싹튼 민주주의를 한껏 누리는" 것인 셈이니 참 아이러니한 씁쓸함이라 할까. 어찌 보면 그들은 광주 학살을 자행하고, 40년이 지난 지금까지도 시민단체들의 '사죄하라'는 시위를 당하는 전두환 일당보다 더 나쁜 대한민국 국민이라는 생각마저 든다.

의아한 것은 그렇게 수많은 군인들이 가담했는데도, 40년이 되도록 진실이 밝혀지긴커녕 왜 전두환의 '모르쇠'가 계속 먹히는가 하는 점이다. '화려한 휴가'에 투입된 2만 53명 군인중 "4,700명의 장교들, 특히 명단이 공개되지 않은 1만 4,000명의 사병들이 진실 규명의 열쇠"라는 송선태 위원장의 말에 희망 섞인 기대를 가져본다.

그나마 다행은 미래통합당 주호영 원내대표가 원내 지도부와 함께 광주를 방문해 "5·18민주화운동을 둘러싼 갈등과 상처를 모두 치유하고 5·18 정신으로 하나 된 대한민국으로 나가야 한다"고 밝힌 점이다. 주 원내대표는 지난 해 5·18민주화운동을 폄훼해 물의를 빚은 의원들의 발언에 대해서도 "잘못됐던 것"이라며 사과의 뜻을 비쳤다. 부디 5·18민주화운동 40주년에 즈음한 이벤트성 제스처로 그치지 않길 바란다.

〈전북연합신문, 2020.5.28.〉

# 애먼 교사 죽게 한 학생인권교육센터

지난 7일 오전 한국교원단체총연합회(한국교총)를 비롯한 80여 개 교육·시민·사회단체들이 전북교육청 정문 앞에서 기자회견을 열었다. 이들은 기자회견에서 고(故) 송경진 교사의 공무상 순직 인정 판결에 대해 "인사혁신처가 항소에 우호적이다"는 거짓 발언을 하는 등 사자명예 훼손을 했다는 이유로 김승환 교육감 사퇴를 촉구했다.

송 교사 유족을 포함한 이들 단체는 김승환 교육감의 즉각 사퇴와 함께 법원의 순직 인정 판결 즉각 수용, 학생인권옹호관 철폐 등을 촉구했다. 미망인 강하정 씨는 기자회견에서 "3년간 지옥이었으며 가슴에 대못이 박히는 기분으로 살았다. 제 남편이 이미 죽음으로 징계를 받았지만 교육청이 다시 징계를 해야 한다는 주장에 저까지 죽이려 하는 모양이다"고 말했다.

이보다 앞선 지난 달 16일 서울행정법원 행정3부(유환우 부장판사)는 유족들이 인사혁신처장을 상대로 낸 '유족급여부지급 처분취소소송'에서 "업무 수행 과정중 발생한 학생들과의 신체접촉에 대한 조사를 받으며 극심한 스트레스로 불안과 우울 증상이 유발됐고, 결국 사망에 이른 것으로 보인다"며 송 교사의 공무상 사망(순직)을 인정했다.

또한 재판부는 "망인의 사망은 죄책감이나 징계의 두려움 등 비위행위에서 직접 유래했다기보다는 수업 지도를 위해 한 행동이 성희롱 등 인권침해 행위로 평가됨에 따라 30년간 쌓은 교육자로서 자긍심이 부정되고, 더는 소명 기회를 갖지 못할 것이라는 상실감과 좌절감으로 인한 것으로 보인다"고 판단했다. 경찰의 내사 종결과 아귀가 맞는 판결이라 할 수 있다.

이 판결에 대해 김 교육감은 송교사 죽음 및 유족들에 대한 진심어린 사과는커녕 항소 운운하는 태도를 보였다. 지난 2일 취임 10주년 기자회견에서 3년 전 송 교사가 유명을 달리 했을 때 밝혔던 "기존의 입장과 달라진 것이 없다. 인간적인 아픔과 법적인 책임은 구별돼야 한다"며 인사혁신처가 "항소할 경우 보조참가인으로 소송에 참여할 계획이다"라고 말한 것이다.

김 교육감의 이 같은 발언에 교육단체 규탄 성명이 이어졌는데, 정작 인사혁신처는 "유족의 손을 들어준 1심 법원의 판결을 존중한다"며 "내부 전문가 등이 논의한 결과 항소하지 않기로 했다"고 밝혔다. 사실상 송 교사의 순직이 확정된 것이다. 유족들은 전북교육청 등을 상대로 손해배상 청구소송을 내기도 했다.

지난 8일 전주지법 정읍지원에서 첫 공판이 열렸다. 강하정씨 등 2명의 유족이 전라북도(김승환 교육감)와 당시 염규홍 학생인권센터장을 상대로 낸 4억 4,000여 만 원 손해배상 청구소송에서 원고측은 "피고들이 사실을 왜곡하고 불법적으로 조사를 해 고인이 죽음에 이르게 됐고 이를 통해 물질, 정신적 피해를 입었다"고 주장했다. "또 고인이 생존했을 경우 받을 수 있는 급여 부분까지 포함한 금액을 피해보상액으로 산정했다"고 주장했다.

이에 피고 측은 "적법한 조사과정이었고, 원고들에게 피해보상액을 지급할 이유나 책임이 없다"고 반박했다. "향후 재판 진행시 원고측이 주장하는 내용에 따라 이를 반박하고 증명할 만한 자료들을 제시하겠다"고도 했다. "고인의 사망과 교육청의 업무처리 과정에는 인과관계가 없다"고 주장한 것도 알려졌다.

한편 이날 재판부에 사전 제출한 답변서에는 송 교사 순직 인정에 따른 피고들의 유감이나 사과 표현은 없었던 것으로 전해졌다. 취임 10주년 기자회견에서 "인간적인 아픔과 법적인 책임은 구별돼야 한다"면서도 '인간적인 아픔'마저 외면해버린 것이다. 이런 처신은 사람 사는 일반 상식에 비춰볼 때 참으로 어이 없는 일이다.

수사받던 피의자라 하더라도 숨질 경우 '공소권 없음'으로 사실상 끝내는 법적 처리과정을 생각해봐도 역시 납득이 안 된다. 송 교사는 수사 피의자도 아니다. 경찰 수사에서 내사 종결 처분을 받은 학생인권교육센터의 직권조사 대상자였을 뿐이다. 유명을 달리한 그를 3년이 되도록 편히 가게 보내주지 않는 것은 산 자들의 도리가 아니다.

3년 전 송 교사 죽음에 대해 사과가 없었더라도 그의 순직이 확정된 지금은 그래선 안 된다. 추미애 법무부장관 버전대로 말하면 경찰의 내사 종결을 따랐으면 될 일을 직권조사랍시고 벌여 애먼 교사를 죽게 한 학생인권교육센터가 된 셈이어서다. 검찰 같은 수사기관도 아니면서 왜 경찰의 내사 종결에 따르지 않고 조사를 계속 벌였는지, 법으로 가려지게된 현실이 너무 답답하다.

〈전북연합신문, 2020.7.15.〉

## 이른바 검·언유착 의혹사건

이른바 검·언유착 의혹사건은 3월 31일 MBC 보도를 통해 처음 알려졌다. 채널A 이 기자가 신라젠 의혹을 취재하던 중 검찰 간부와의 친분을 이용해 "유시민 노무현 재단 이사장의 비리 의혹을 제보하라"며 취재를 했다는 것이다. 제보자 지씨 등은 이 기자가 윤 검찰총장의 핵심 측근 A 검사장과 통화 녹음을 들려주며 협박성 취재를 하려고 했다는 주장도 했다.

민주언론시민연합은 4월 6일 채널A 이 기자와 '성명 불상의 검사'를 협박 등 혐의로 검찰에 고발했다. 서울중앙지검은 "민주언론시민연합 고발사건과 최경환 전 부총리 명예훼손 고소사건의 진상을 철저하고도 공정하게 규명하기 위해 최선을 다하고 있다"며 4월 28일 종합편성방송사 채널A 본사에 대해 압수수색을 실시했다.

언론사 압수수색은 1989년 서경원 평화민주당 의원 방북 건을 취재한 한겨레 신문사 이후 31년 만이다. 채널A 지회는 "검찰이 31년 만에 언론사 보도본부를 압수수색하는 전대미문의 일이 발생했다"며 "기자가 취재 자료를 취합하고 공유하는 공간에 검찰 수사 인력이 들이닥쳐 취재 업무를 방해하는 행위는 어떤 설명으로도 납득할 수 없다"고 항의했다.

31년 만에 이루어진 언론사 압수수색 등 검찰이 논란을 무릅쓴 강경한 태도를 보인지라 검·언유착 의혹사건 수사는 가일층 속도가 붙을 것으로 보였지만, 그게 아니다. 윤 검찰총장 최측근 A 검사장이 한동훈 검사라는 게 밝혀지고, 신속한 수사는커녕 엉뚱한 논란으로 이어졌다. 추미애 법무부장관과 윤석열 검찰총장의 대립과 갈등, 나아가 힘겨루기 양상이 그것이다.

잠깐 정리해보면 윤 검찰총장은 언론이 처음 의혹을 제기했을 때 대검 감찰부의 진상조사를 막고, 수사를 인권부에 배당했다. 수사가 시작된 뒤에는 수사지휘에서 손을 떼겠다고 해놓고 전문수사자문단 소집을 지시하기도 했다. 또한 추 법무부장관이 수사지휘권을 발동하자 전국 검사장 회의를 소집, 항명으로 비칠 수 있는 메시지를 냈다.

검사장들의 입을 통해 "독립적인 특임검사를 도입해야 하며, 검찰총장 지휘감독 배제 부분은 사실상 직무를 정지하는 것이므로 위법 또는 부당하다"고 한 것. 그게 통하지 않자 대검은 7월 9일 윤 검찰총장이 추 법무부장관의 수사지휘를 수용한다고 밝힌 입장문을 냈다. 이로써 추 장관 지휘대로 서울중앙지검에서 검·언유착 의혹사건 수사를 독립적으로 하게 되었다.

이를테면 검·언유착 의혹사건 수사를 어디서 할 것이냐 하는 문제는 윤 총장 판정패로 일단락된 셈이다. 아무 쓸모 없는 논란으로 시간만 허비한 셈인데, 의아한 일이 또 있다. 윤 총장이 2013년 '국가정보원 댓글 사건' 수사팀장에서 물러났던 일이 입장문에 담겨진 것으로 알려져서다.

"윤 총장이 당시 박근혜 정권을 겨냥하다 직무배제를 당한 것처럼 지금도 정권과 맞서다 부당하게 '검·언유착' 의혹 수사에서 손을 떼게 됐다"고 주장한 듯하지만, 이번은 전혀 사안이 다르다. 좌고우면하지 않고 정권에 맞서는 결기가 아니라 측근 감싸기가 명백해 보이는 수사 개입을 하려 한 데서 비롯된 장관의 수사지휘권 발동이기 때문이다.

이번 검·언유착 의혹사건 수사를 둘러싼 잡음은 검찰이 여전히 없는 죄도 만들어내는가 하는 합리적 의심을 갖게 한다. 또 제 식구 감싸기의 폐습에서 헤어나지 못하고 있는 게 아닌가 하는 의구심을 떨쳐낼 수 없게 하고 있다. 올곧은 대쪽 이미지의 검사라고 검찰총장으로 발탁해 그런 검찰을 쇄신하라는 게 문 대통령의 임명 배경이 아니었나?

희한한 일이 또 있다. 문 대통령이 임명한 윤 검찰총장이 더불어민주당 공격받는 것을 넘어 난데 없이 야권의 차기 대선 주자 지지율 1위에 올라 있는 여론조사가 그것이다. 그런 윤 검찰총장에 대해 김종인 미래통합당 비상대책위원장은 "퇴임 뒤 지지율 오르면 (대권 주자) 가능성이 있다"고 말하기까지 했으니 그야말로 오래 살고 볼 일이라 할까.

아무튼 문 대통령의 검찰 쇄신 의지와 국민적 열망을 산산조각나게 한 윤 총장의 그간 행보에 대해 "'측근 보호'를 위한 것이겠지만 그것만으론 온전히 이해하기 어렵다. 아마도 '보호 결의안'까지 내며 자신을 밀어준 두 보수야당, 특히 보수언론들을 믿지 않았다면 그렇게 대놓고 저항하지는 못했을 것"(한겨레, 2020.7.14.)이란 김이택 대기자의 지적은 음미해둘만하다.

〈전북연합신문, 2020.7.23.〉

# 교권침해 일삼는 전북교육청

지난 5월 14일, 그러니까 20대 국회에서 김도읍 의원이 교육부로부터 제출받은 자료를 분석한 내용에 따르면 최근 5년(2015~2019년)간 전국에서 발생한 교권침해 건수는 1만 3756건이나 된다. 전북의 경우 같은 기간 509건의 교권침해가 이뤄진 것으로 집계됐다. 일단 스승의 날 그런 기사를 보게돼 교원들 마음이 편치 않았을 것으로 보인다.

교권 침해 유형별로 살펴보면 학생에 의한 폭행 및 성범죄 사건이 급증했다. 전국적으로 학생에 의한 폭행사건은 2015년 83건에서 2019년 240건으로 5년 새 3배 가까이 급증했다. 성희롱·성폭행 등 성범죄 사건도 2015년 107건에서 2019년 229건으로 5년 새 2배 이상 증가했다. 또 초등학생들이 교사를 폭행하거나 성희롱하는 등 초등학생에 의한 교권침해가 급증했다.

학부모가 선생님을 폭행하거나 성희롱·성추행하는 등 학부모에 의한 교권침해도 2015년 112건에서 지난해 227건으로 증가했다. 김 의원은 교권이 끝없이 추락한 이유에 대해 "학생과 학부모 문제 뿐만 아닌 교원 비위건수가 같은 기간 25% 증가하면서 권위를 스스로 실추시킨 측면도 있다"고 지적했다. 이 역시 속 편하게 대할 내용은 아니다.

이미 다른 글에서 말한 바 있어 여기선 생략하지만, 학생과 학부모들이 아니라 교사들의 권리를 보호하고 사기 진작에 힘써야 할 도교육청이 저지른 교권침해에 대해선 좀 짚고 넘어가야겠다. 가령 비근한 예로 송경진 교사가 성추행범으로 몰려 전북교육청 산하 학생인권교육센터의 직권조사를 받다가 자살한 경우가 그렇다.

2017년 4월 전교생이 19명인 부안 상서중학교에서 근무하던 수학과 송경진 교사는 제자 성추행이 의심된다는 동료 체육교사의 고지에 이어 학교장의 신고로 경찰 조사를 받았다. 이 과정에서 성추행 당했다던 학생들은 "선생님은 죄가 없다"며 탄원서를 냈고, 경찰도 이렇다 할 혐의점을 찾지 못해 내사 종결했다.

경찰이 혐의가 없다며 내사 종결했는데도 전북교육청 산하 학생인권교육센터는 직권조사를 벌였다. 그 결과 "송 교사가 학생들의 인격권과 자기 결정권을 침해했다"며 신분상 처분을 권고했다. 전북교육청은 징계 절차에 착수했고, 8월 5일 송 교사는 억울함을 호소하며 자택에서 극단적 선택을 하고 말았다. 스스로 목숨을 끊은 것이다.

일단 송 교사로선 이미 직위해제를 당한 터라 죽어버릴 만큼 억울했겠지만, 배우 최진실, 노무현 전 대통령, 노회찬 국회의원의 극단적 선택을 다룬 칼럼에서 이미 말한 바 있듯 그렇다고 자살이 잘한 일은 아니라 생각한다. 당장 사모님 소릴 듣던 송 교사 부인은 무슨 잘못이 있다고 허구한날 저렇듯 투사가 되어 언론에 오르내리는지, 보기가 너무 안타까워서다.

가장 안타까운 것은 교육당국의 직권조사로 말미암아 그런 비극적일이 벌어졌다는 점이다. 지금까지 학부모나 학생들에 의한 교권침해로 인해 직방 자살한 교사 소식은 들어보지 못한 것 같다. 교권침해의 원흉이라 할 그들에 의해서도 없던 교사의 자살을 있게 한 전북교육청인 셈이다. 이쯤 되면 도대체 뭘 하자는 도교육청인지 알 수가 없다.

더 어이가 없는 것은 3년 만에 송 교사의 억울한 죽음이 법원에서 명예회복됐는데도 유족들의 피맺힌 한(恨)은 여전하다는 점이다. 지난

7일 한국교총 등에 이어 전북학부모연대 등 42개 단체 관계자 20여 명이 7월 23일 오전 도교육청 브리핑 룸에서 기자회견을 열고 "고 송 교사 사건의 진실을 왜곡하고 유족을 욕보이는 일체의 행위를 중단하라"고 주장한 것도 그래서다.

  학생들 인권만 소중한 게 아니다. 전북교육청이 교사들 교권도 소중하단 기본적 인식을 갖고 있었다면 송 교사를 자살로 내몰진 않았을 것이다. 명백한 교권침해에 대해 반성이나 사과는커녕 법정 다툼을 벌이게 되었으니, 뭐 이런 교육청이 다 있나 싶다. 모든 교사들이 교육감을 어떻게 생각할지, 과연 전북 특정 지역만의 일일지 너무 씁쓸한 교육계 현실이다.

〈한교닷컴, 2020.7.29.〉

## 불륜사건 이후에도 왕짜증 김제시의회

 지난 달 28일자 여러 지방신문에 김제시의회 관련 기사가 실렸다. '김제시의회 불협화음 삐걱'(전북도민일보), '온주현 김제시의장 의장단 선거, 밀실야합 없었다'(전북일보), '김제시의원 폭언·막말 파문'(전북연합신문), '온주현 김제시의장 허위보도 법적 대응'(새전북신문) 등이다. 기사들을 읽어보니 한 가지 사안에 대한 보도가 아니다.
 전북도민일보 기사의 경우 김제시의회가 7월 17일 임시회에서 의장단을 구성하고 후반기 운영에 들어갔지만, 의원 간 불협화음으로 시작부터 진흙탕 싸움에 멍들고 있다는 얘기다. 김제시의회 앞 거리에서는 시민·사회단체가 의원 전원사퇴를 요구하며 벌이는 시위 내용도 있다. 알고 보니 의원간 불륜 파동으로 전국을 들썩이게 한 문제만 있는 게 아닌 김제시의회다.
 불륜 문제로 전국에 김제시의 명예를 실추시킨 것도 모자라 그들 의원과 야합해 구성된 후반기 김제시의회이니 모두 물러나라는 것이다. 후반기 원구성 후에도 주류와 비주류측 갈등으로 불협화음이 지속되고 있는 김제시의회다. 같은 날 비주류 의원 5명이 '김제시의원 총사퇴'를 요구하는 기자회견을 했지만, 시민들의 시의원들 불신이 극에 달한 느낌이다.
 전북연합신문 기사는 전혀 다른 내용이다. 김제시의회 A의원이 자신의 신분을 망각한 채 일선 기자에게 폭언을 퍼붓는 행동을 취해 큰 물의를 빚고 있다는 것이다. 김제시의회 A의원은 7월 22일 임시회의 본회의장에서 불륜 논란을 일으킨 고미정 의원의 제명안 처리 과정을 취재 중인 기자들을 향해 '찌라시 언론들'이라며 막말을 쏟아냈다.

　일부 기자들이 강하게 항의하자 A의원은 7월 25일 김제지역 B 주재기자에게 "조심해! 나 우습게 보면 안돼. 어이 당신이 나를 우습게 보니까 이따위 기사를 쓰는 거 아냐"라고 거칠게 항의했다. 특히 A의원은 아무런 근거도 없이 B 주재기자와 김제시의회 C의원과의 관계를 따져 물으며 싸잡아 비난하고, 30여 분 동안 고성을 지르는 등 상식 밖 언행을 했다.

　전북일보와 새전북신문은 비슷한 내용의 기사다. 김제시의회 온주현 의장이 한 인터넷 언론매체가 보도한 '김제시의장단의 수상한 밀실회합…제명대상 女의원과 만찬파티' 제하 기사가 사실과 다르다며 7월 27일 유감을 표명했다. 한 인터넷 언론매체는 7월 19일 온주현 의장 등이 의장단 선거 직전 선거담합을 위한 밀실회합을 가졌다고 보도했다.

　또한 이 매체는 "선거가 끝난 후에는 윤리특위에서 제명된 여성의원도 참석해 승리를 자축하는 '만찬파티'를 즐긴 것으로도 확인됐다. 밀실회합과 만찬파티에는 일반인이 음식값을 모두 지불한 것으로 알려졌다"고 보도했다. 이와 관련 일부 지역 사회단체들은 '의장단 사퇴, 만찬접대 고발, 김영란법 수사'를 촉구하는 현수막을 김제시의회 청사 진입로에 걸고 시위를 벌였다.

　한 시민이 '밀실담합' 등을 수사해 달라는 진정서를 전주지방검찰청에 접수했다는데, 이쯤되면 주민을 대표할 자격은 이미 상실된 시의원들이라 봐도 무방하다. 일거수일투족이 언론을 통해 알려지는 선출직 공인(公人)임에도 그에 걸맞은 품위 유지나 올바른 처신은 아랑곳하지 않는 그들의 행태가 그야말로 왕짜증이다.

〈전북도민일보, 2020.8.4.〉

## 제3부

대한민국은 너무 살기 좋은 나라

교사 몰카범 일벌백계해야

뒤끝 쩌는 극단적 선택

민폐쟁이

다시 대한민국은 너무 살기 좋은 나라

호부견자

기소된 4명의 전북 국회의원들

부러운 정철원 회장의 상금 후원

자랑스러운 전북현대와 전설 이동국

전직 대통령 재수감을 보며

너무 살기 좋은 나라1

너무 살기 좋은 나라2

'미국영화 톺아보기' 발간에 부쳐

세월호 참사 6주기를 보내며

미국이라는 나라1

미국이라는 나라2

공모전 서체 유념해야

# 대한민국은 너무 살기 좋은 나라

아무래도 대한민국은 너무 살기 좋은 나라인 것 같다. 일례로 '내란 수괴 전두환'(5·18서울기념사업회 한상혁 고문의 주장이다. 맞는 말이라고 생각해 이렇게 쓴다)이 5·18광주민중항쟁으로 피붙이를 잃은 수많은 유족들의 피눈물 맺힌 한(恨)과 오불관언(吾不關焉)인 채 골프도 치고 회식도 하는 등 활개치며 살 수 있는 나라여서다.

또한 5·18을 "간첩의 폭동이고 시민군 다수가 북한 특수군", "5·18 유공자라는 괴물집단", "폭동인데, 민주화운동으로 변질됐다" 따위 망언을 일삼는 자들이나 전두환을 연호해대기까지 하는 '내란 추종세력'(한 고문은 전두환이 내란 수괴라면 광주 금남로에 몰려와 5·18 왜곡하는 세력도 '극우' 등으로 부르지 말고 이렇게 부르자고 주장한다)이 설쳐대는 나라여서다.

대한민국이 너무 살기 좋은 나라라고 느낀 건 그뿐이 아니다. 가령 박근혜 전 대통령 탄핵을 결정한 8대 0 헌법재판소 판결에 대해 "북한이야. 김정은이야"라고 거침없이 말하거나 "공산당과 손잡은 좌파 빨갱이들이 기획한 탄핵"이라 외쳐댄 소위 태극기 부대가 기승을 부려도 되는 나라이니 절로 그런 생각이 든다. 소름이 돋을 만큼 놀랍고 끔찍한 일이다.

좀 거슬러 올라가봐도 그런 일은 있다. 예컨대 2005년 12월 '참으로 희한한 일'이 벌어졌을 때도 대한민국은 너무 살기 좋은 나라라는 느낌을 가진 사람이 많았을 것이다. 잠시 개요를 살펴보면 같은 해 11

월 전국의 농민 등이 서울로 올라와 대규모 수입쌀 비준 반대 시위를 했다. 경찰의 진압과정에서 농민 2명이 사망하는 일이 벌어졌다.

당시 노무현 대통령은 시위농민 사망과 관련한 대국민 사과문을 통해 "국민 여러 분께 머리 숙여 사죄드린다. 정부는 국가인권위원회의 권고에 따라 책임자를 가려내 응분의 책임을 지우고 피해자도 적절한 절차를 거쳐 국가가 배상하도록 하겠다"고 밝혔다. 그런 사과와 함께 임명권자인 노무현 대통령은 경찰청장 거취에 대해서 "본인이 판단할 수밖에 없다"고 말했다.

그런데 허준영 경찰청장은 "거취 문제는 내가 결정한다"며 사실상 항명하는 태도를 보였다. 이틀만에 태도를 바꿔 자진사퇴로 물러나긴 했지만, 허 경찰청장의 항명 파동은 일찍이 없던, 지금까지도 참 희한한 일로 남아 있다. 이후 그는 이명박 정부 코레일 사장을 거쳐 19대 총선과 재보선에 새누리당 후보로 출마했으나 두 번 다 낙선했다.

검·언 유착 사건을 둘러싼 추미애 법무부장관과 윤석열 검찰총장의 대립과 갈등, 나아가 힘겨루기를 보면서도 대한민국은 너무 살기 좋은 나라라는 생각이 스쳐간다. 결국 윤 검찰총장이 추 장관의 수사지휘를 따르기로 해 일단락되긴 했지만, 국민들은 볼썽사나운 모습을 한동안 지켜봐야 했다. 당연히 안봐도 될 참으로 희한한 일이다.

그런 희한한 일의 공통점은 노무현·문재인 대통령 시절에 벌어졌다는 사실이다. 대통령이 경찰·검찰·국정원 3대 권력기관을 장악하거나 휘하로 두지 않는 등 그만큼 민주주의를 한참 숙성시킨 때 벌어진 일인 것이다. 박정희·전두환 등 군사독재시절은 그만두고 이명박·박근혜정부에서 과연 그런 일이 벌어질 수 있었을까?

전직 보좌관과 조카딸이 각각 회고록을 낸 현직 대통령 공격에 나서는 희한한 일이 아무렇지 않게 벌어지는 미국 같은 나라가 있긴 하지만, 대한민국에선 낯선 장면이다. 앞으로는 더 이상 '내란 수괴'나 '내란 추종세력'들이 그렇듯 활개치고, 권력기관장들이 임명권자인 대통령에게 항명하는 그런 살기 좋은 민주공화국 대한민국이 아니었으면 한다.

〈전북연합신문, 2020.8.5.〉

## 교사 몰카범 일벌백계해야

　박찬대 더불어민주당 의원이 7월 12일 경찰청으로부터 제출받은 '최근 4년간 학교 내 카메라 등 이용 촬영 범죄 발생현황' 자료를 보도한 한국교육신문(2020.7.13.)에 따르면 2015년부터 2018년까지 4년간 총 451건의 범죄가 발생한 것으로 조사됐다. 연도별로는 2015년 77건, 2016년 86건, 2017년 115건, 2018년 173건으로 매년 증가 추세였다. 지역별로는 학교가 많은 경기(136건)와 서울(73건)에서 발생한 사건이 가장 많았다.
　"촬영기기의 상용 보급화에 따라 학교 내 몰카 촬영범죄도 늘어가는 것"이란 해석이 있는데, 지난 7월 10일자 동아일보에 실린 경남의 중·고등학교 2곳에서 현직 교사들이 여성 화장실에 몰래카메라를 설치했다는 내용의 기사는 또 다른 문제다. 벌어진 입이 다물어지지 않을 정도의 역대급 충격적인 사건인데다 32년 교단 재직기간중 들어본 적 없는 '듣보잡' 범죄여서다.
　좀 자세히 들여다 보자. 6월 24일 경남의 한 고등학교 1층 여자 화장실에서 변기 앞 커버에 설치된 불법 카메라를 청소 직원이 발견했다. 신고 받은 경찰이 학교 폐쇄회로(CC) TV를 확인한 결과 범인은 이 학교 40대 A 교사였다. A 교사는 처음에는 사실을 부인하다 경찰이 확보한 CCTV 화면을 확인하고 나서야 혐의를 인정했다.
　화장실에 설치된 카메라는 방수 기능이 있는 고화질의 액션캠(고프로)인 것으로 알려졌는데, 경찰은 A 교사의 휴대전화 등에서 또 다른 불법 동영상을 추가 확보했다. A 교사가 이 학교로 오기 전인 2018년 3월부터 2년간 일했던 수련원의 샤워실과 화장실 등에서 찍은 영상들이다. 법원은 9일 성폭력범죄의 처벌 등에 관한 특례법 위반 혐의로 구속영장을 발부했다.

6월 26일에도 경남의 한 중학교 2층 여성 화장실에서 교직원이 변기 앞부분에 설치된 불법 카메라 2개를 발견했다. 신고를 받은 경찰이 수사에 나서자 3일 뒤 이 학교 30대 B 교사가 자수했다. 경찰은 B 교사가 근무했던 전 학교에 대해서도 피해 사례가 없는지 확인 중이다. B 교사는 경찰 조사에서 "호기심에 카메라를 설치했다"고 진술했다.

사건이 알려지자 교사노동조합연맹은 "어떠한 변명으로도 용서받을 수 없는 흉악범죄"라며 교육당국에 전국 모든 학교 불법촬영 카메라 설치 여부 전수조사를 요구한 바 있다. 이에 호응이라도 하듯 교육부가 전국 초·중·고 학교 화장실에 대해 불법촬영 카메라 설치 여부 전수조사를 추진하고 있다는 보도가 이어지기도 했다.

7월 14일치 한겨레 보도에 따르면 "전국 초·중·고 학교 화장실 불법촬영 카메라 설치 여부 전수조사를 추진하고 있다"며 "구체적인 조사 방법과 시기 등은 시·도 교육청과 협의를 진행하는 중"이라고 교육부 관계자가 밝혔다. 이 관계자는 "사안의 시급성을 인지하고 있어 최대한 빨리 조사를 시행하려고 한다"고 덧붙였다. 지난 해 기준 전국 초등학교는 6,087곳, 중학교는 3,214곳, 고등학교는 2,356곳이다.

두 교사 모두 지금까지 성비위 관련 징계를 받은 적이 없는 것으로 알려졌다. 경남교육청은 이들 교사 2명을 직위해제하고 학교에는 대체강사를 투입했다. 또 경남지역 모든 학교 화장실 등에 불법 카메라가 설치돼 있는지 확인할 예정이라고 밝혔다. 교직원 성인지 교육과 디지털 성폭력대책반 운영, 피해자 상담도 병행하기로 했다.

　이 사건과 관련해 전국교직원노동조합(전교조) 경남지부도 "결코 용서받을 수 없는 흉악범죄"라며 가해자 엄벌과 재발 방지 대책 마련 등을 요구하고 나섰다. 7월 12일 전교조 경남지부는 성명을 내고 "텔레그램 엔(N)번방 성착취 사건의 충격에서 미처 헤어나오기도 전에 다른 곳도 아닌 학교에서 이러한 범죄가 발생한 것에 참담함을 느낀다"고 말했다.

　적어도 교육의 전당인 학교만큼은 몰카범죄가 생기지 않는 청정지대가 되도록 정부 및 정치권이 지혜를 모아야 할 때이지만, 간과해선 안 될 게 있다. 교원단체들 주장처럼 교사들이 저지른 몰카범죄는 절대 용서되어선 안 된다는 점이다. 가령 "호기심에 카메라를 설치했다"고 진술했는데, 그게 교사로서 말이 되지 않는 넋빠진 소리여서다.

　무엇보다도 몰카범은 대면의 수업 등 교육활동중 벌어지는 교사의 학생 성추행과 또 다른 범죄라는 점이 크게 고려되어야 한다. 교사의 학생 성추행 범죄를 두둔할 생각은 추호도 없지만, 몰카범은 그것의 무의도성·즉흥성 등이 끼어들 여지가 전혀 없는 작심하고 벌인 계획적인 범죄라 봐도 무방하다. 교사 몰카범을 엄벌해야 하는 이유다.

　교사를 비롯한 교원도 사람이니 범죄에 노출될 수 있다는 일반론을 무시하려는 건 아니지만, 추후 집행유예 따위 판결이 나온다면 그들의 천인공노할 범죄에 면죄부를 주는 꼴이 될 것이다. 혹 형평성 운운하며 역차별이라 할지 몰라도 성직(聖職)인 교사로서 일정 부분 사회가 요구하는 것들은 스스로 감수해야 하리라 본다.

　교원 모두가 그런 마음가짐을 간직한 채로 봉직하고 있다는 점에서, 아니 설령 그렇지않다 하더라도 교사 몰카범이 다시는 교단에 설 수 없도록 일벌백계해야 한다. 그런 일벌백계만이 그나마 교사의 몰카범죄를 미연에 방지할 수 있다.

〈전북연합신문, 2020.8.27.〉

## 뒤끝 쩌는 극단적 선택

박원순 전 서울시장 죽음이 뒤끝 쩌는 극단적 선택이란 생각은 우리 사회에 미친 선한 영향력 등 마지막 길을 가는 그에 대한 추모말고 성추행 의혹 관련 기사들 때문이다. 장례절차나 과정의 논란도 마찬가지다. 지금은 많이 잦아든 걸로 보이지만, 지난 한 달을 돌이켜보면 온통 박원순 전 서울시장 성추행 의혹 관련 뉴스가 지면을 메웠다.

가령 피해자와 공동 대응하고 있는 한국성폭력상담소, 한국여성의전화가 '서울시 진상규명 조사단 발표에 대한 입장'을 내고 서울시장 비서실에서 만연한 성희롱·성차별 정황을 공개한 걸 들 수 있다. '이게 실화냐?' 하는 의문이 생길 정도로 선뜻 믿기지 않는 내용들이다. 느닷없는 박원순 서울시장 자살보다 더 역대급 충격으로 다가오는 성범죄 내용이기도 한다.

보도 내용을 보면 박 시장은 매일 아침·저녁 혈압을 재는데, 항상 피해자를 포함한 비서실 여성 비서가 그 업무를 맡아야 했다. 피해자가 "가족이나 의료진이 혈압을 재는 게 맞다"는 의견을 냈지만 박 시장은 이를 거부했고, 오히려 "자기(피해자 지칭)가 재면 내가 혈압이 높게 나와서 기록에 안 좋아"라고 성희롱 발언을 했다고 여성단체는 밝혔다.

또한 변호사가 포함된 한국성폭력상담소, 한국여성의전화 측은 4년간 피해자의 고충 호소를 듣고도 묵살한 서울시 관계자들이 20여 명에 이른다고 밝혔다. 자신이 아니더라도 누군가 도움을 주겠지 하는 심리적 요인 때문에 책임을 회피하게 되는 현상을 '제노비스 신드롬'이라 하는데, 그들의 성범죄 방조 혐의를 폭로한 것이다.

그 20여 명 중에는 '6층 사람들'로 불리는 정무직 참모와 인사담당자도 포함돼 있다. 이들은 "네가 예뻐서 그랬겠지"라는 식으로 외면하거나, "남은 30년 공무원 생활을 편하게 해줄 테니 다시 비서로 와 달라"고 회유하기도 했다고 한다. 이들 20여 명은 시민단체에 의해 성추행 방조 등 혐의로 고발된 상태다.

망자(亡者)에 대한 예의가 아닐지 몰라도 박원순 전 서울시장이 1차로 잘못한 것은 응당 극단적 선택이다. 이른바 위력에 의한 성범죄가 일어나는 사회가 아니어야 하지만, 피해자 고소 내용이 사실이라면 안희정 전 충남도지사나 오거돈 전 부산시장처럼 살아서 '떳떳이' 대가(代價)를 치러야 했다. 그게 미처 깨닫지 못한 실수나 잘못에 대한 공인(公人)으로서의 책임지는 모습이다.

박원순 서울시장이 2차로 잘못한 것은 기왕 남긴 유서라면 "내가 했다"고 명백히 밝히지 않은 채 두루뭉술하게 "모든 분에게 죄송하다"고 한 점이다. 만약 "내가 그랬다. 피해자에게 미안하다"고 밝혔다면 그의 자살이 그렇듯 뒤끝 쩨는 극단적 선택으로 남진 않았을 것이다. 뿐아니라 '공소권 없음'과 함께 죽음으로 죗값을 치른 셈이 되기도 했을 것이다.

국가인권위원회는 "박 전 시장에 의한 성희롱 등 행위, 서울시의 피해 묵인·방조와 그것이 가능했던 구조, 성희롱 등 관련 제도 전반, 선출직 공무원에 의한 성희롱사건 처리 절차를 종합적으로 조사하고 개선 방안을 검토하겠다"고 밝힌 상태지만, 그러나 인권위의 직권조사로 박원순 성추행 의혹이 낱낱이 밝혀질지는 의문이다.

설사 밝혀진다 해도 박원순 전 서울시장의 극단적 선택 이후 벌어진 모든 일들은 없어도 될 불필요한 것들이란 생각엔 변함이 없다. 민폐일 뿐 아니라 국력 낭비란 생각이 가시지 않는다. 죽음은 모든 게 끝난 걸 의미하는데, 그러지 못한 박원순 전 서울시장의 극단적 선택이 안타까울 뿐이다. 어쨌든 고인의 명복을 빈다.

〈전북도민일보(2020.8.28.)에 실린 글의 원본임.〉

# 민폐쟁이

8·15 광복절 이후 코로나19 확산세가 가파르게 변하고 있다. 사회적 거리두기 2.5단계가 시행될 만큼 많은 국민들이 고통을 겪고 있는 와중에 단연 톱으로 떠오르는 이가 있으니, '민폐쟁이' 전씨다. 이 엄중한 와중에도 한사코 떼로 모여 기도를 합네, 집회에 가네 하더니 그예 일을 내고 말아서다. 지금 수감된 신천지 이만희 교주와 또 다른 '국민 밉상'이라 할까.

주춤했던 코로나19 재확산은 극우단체가 주도한 8·15 광화문 집회와 서울 성북구에 위치한 사랑제일교회발이다. 오죽했으면 8·15 광화문 집회를 허가한 판사를 해임해달라는 청와대 국민청원에 27만 명 넘는 시민이 동참했을까! 8월 25일 정세균 국무총리도 "잘못된 집회 허가로 방역조치가 다 무너졌다"고 강도 높게 비판했다.

이에 대해 문재인 대통령까지 나서 단호한 입장을 보였다. 8월 27일 개신교 지도자들을 만난 자리에서 "특히 특정 교회에서는 정부의 방역 방침을 거부하고 오히려 방해를 하면서 지금까지 확진자가 1천 명에 육박하고, 그 교회 교민들이 참가한 집회로 인한 확진자도 300여 명에 달하고 있다"며 전씨의 사랑제일교회를 비판한 것이다.

나아가 문 대통령은 "적어도 국민들에게 미안해하고 사과라도 해야 할텐데 오히려 지금까지 적반하장으로 음모설을 주장하면서 큰소리를 치고 있고, 여전히 정부 방역 조치를 거부하고 있다"는 말도 했다. 이어 문 대통령은 "예배나 기도가 마음의 평화를 줄 수는 있지만, 바이러스로부터 지켜주지는 못한다"며 교회의 고통 감수 및 방역 협조를 당부했다.

언론보도를 정리해보면 전씨는 8월 15일 서울시의 자가격리 명령을 어기고 광화문 집회에 참석한 뒤 8월 17일 확진 판정을 받았다. 코로나19 재유행의 진원지가 된 사랑제일교회는 신도들에게 광화문 집회 참석도 독려했다. 심지어 의심 증상을 보이는 신도에게 "집회 이후에 검사를 받으라" 권유하는 등 명백한 방역 방해 행위를 한 사실이 속속 드러났다.

결국 사랑제일교회 관련 코로나19 누적 확진자가 1천명을 넘어섰다. 중앙방역대책본부가 매일 하는 브리핑을 보면 신규 확진자는 사랑제일교회와 광화문 집회를 고리로 가장 많이 나오고 있다. 사랑제일교회 관련 누적 확진자는 모두 1,035명(30일 0시 기준)으로 집계됐다. 교인과 교회 방문자 590명, 2차 이상의 추가 전파 366명 등이다.

특히 이 교회와 관련해 추가 전파가 일어난 곳은 전국의 교회·기도원(9곳), 요양시설(6곳), 병원(2곳), 직장(6곳) 등 25곳에 이른다. 광복절 광화문 집회와 관련해선 전국 10곳에서 코로나19 환자가 발생했는데, 이 가운데 9곳이 교회인 것으로 조사됐다. 1일 밤 MBC뉴스데스크를 보니 사랑제일교회 관련 누적 확진자는 모두 1,083명이다.

문제는 이게 확정된 숫자가 아니라는데 있다. 미검사자 등 사랑제일교회발 확진자가 계속 늘어날 것이 확실시되고 있다는 얘기다. 민폐쟁이의 끝판왕이라 할까. 더 큰 문제는 국민 상식에 반해도 너무 반하는 그런 전씨가 전혀 구애 받음 없이 구속되었다 풀려나는 등 자유를 누리는 대한민국이 너무 살기 좋은 나라라는 점이다.

아니나다를까 2일 퇴원한 전씨는 "저와 저희 교회를 통해서 여러분

민폐쟁이 137

께 많은 근심을 끼쳐드린 데 대해 죄송하다"고 말문을 연 뒤 "'우한 바이러스' 전체를 우리(교회)에게 뒤집어씌워서 사기극을 펼치려 했으나 국민의 현명한 판단 덕분에 실패한 것"이라고 주장했다. 도대체 무슨 말인지 모를 소릴 해대는 것인지 알 수가 없다.

하긴 전씨는 이런 행태 등으로 인해 이미 30개 회원 교단연합체인 한국교회총연합으로부터 "전 목사의 사랑제일교회는 본연의 종교활동을 넘어 정치집단화되었다"는 판정을 받은 바 있다. 한국기독교목회자협의회도 "거룩한 복음을 이념에 종속시키고 교회를 정치집단으로 전락시킨 전씨에 대해" 이단 지정을 촉구하고 나섰다.

전씨가 이단으로 교계에서 추방당할지 주의 깊게 지켜 보겠지만, 당장 괴로운 건 박근혜 전 대통령 탄핵 정국에서 흔하게 보던 '또라이'들이 잊을만하면 혜성처럼 다시 나타나는 걸 봐야 하는 일이다. 코로나19도 벅찬데, 무엇보다도 괴로운 건 교회들이 헌법 운운하며 종교의 자유를 시도 때도 없이 외쳐대는 걸 보는 일이다.

응당 종교의 자유가 있어야 하지만, 지금은 삼척동자들도 다 아는 감염병 위기상황을 극복하고 해결하는 것이 먼저다. 똥인지 된장인지 구분 못한 채 대면 예배 강행 등 설쳐대고 있는 교회들을 보면 무신론자인 것이 천만다행이라는 생각까지 든다. 또 하나 분명한 사실은 종교의 자유란 것도 영화 '반도'처럼 바이러스가 휩쓸어버린 세상에선 아무 소용없다는 점이다.

〈전북연합신문, 2020.9.4.〉

## 다시 대한민국은 너무 살기 좋은 나라

얼마 전 칼럼 '대한민국은 너무 살기 좋은 나라'(전북연합신문, 2020.8.5.)를 썼다. '내란 수괴 전두환'이 5·18광주민중항쟁으로 피붙이를 잃은 수많은 유족들의 피눈물 맺힌 한(恨)을 나 몰라라 한 채 골프를 치는가 하면 12·12 쿠데타 주역들과 회식도 하는 등 활개치며 살 수 있는 대한민국이 너무 살기 좋은 나라라는 것이 칼럼의 요지다.

또한 박근혜 전 대통령 탄핵을 "공산당과 손잡은 좌파 빨갱이들이 기획한 탄핵"이라 외쳐댄 소위 태극기 부대가 기승을 부려도 되는 나라임을 적시하기도 한 칼럼이다. 이제 보니 다시 대한민국은 너무 살기 좋은 나라이다. 교회 목사라는 사람(전광훈, 이하 전씨)이 세상을 혼란에 빠뜨리고 국민을 화나게 해도 무사한 나라여서다.

많은 교회들이 종교의 자유를 내세우며 대면 예배 강행 등 정부의 방역 지침을 따르지 않고 있지만, 전씨는 그것과 다른 짓거리로 왕짜증이다. 전씨가 쏟아내는 말들이 그렇다. 가령 대통령을 그냥 '문재인'도 아니고 '이 x', '저 x'하는 건 기본이고, "하나님 까불면 나한테 죽어" 따위 말도 서슴지 않고 있다.

그뿐이 아니다. 그는 지난 해 "문재인 대통령이 간첩으로 의심된다"는 막말에 이어 야당에서나 주장할 법한 '정권 퇴진', '대통령 하야'를 외쳐댔다. 누구나 표현의 자유가 있는 대한민국이지만, 그리스도의 복음(福音)을 전하는 목사가 할 말은 아닌 걸로 보인다. 일반인들로 하여

금 기독교를 더 멀리하게 하는 악재(惡材)라 할 수 있다.

교인들의 경우도 예외가 아니다. 한국기독교사회문제연구원이 2019년 7월 8~10일 개신교인 1,000명과 비개신교인 1,000명 등 전국 성인남녀 2,000명을 대상으로 실시하여 10월 30일 발표한 '2019 주요 사회 현안에 대한 개신교인 인식조사'(한국일보, 2019.10.31.)가 그걸 말해준다. 결론부터 말하면 전씨의 언행에 사실상 동의를 나타낸 교인은 13.4%에 그쳤다.

이 조사에 따르면 '문재인 대통령 하야'를 주장한 전씨의 언행에 대해 개신교인 64.2%는 '전광훈 목사는 한국교회를 대표하지도 않고 기독교의 위상을 심각하게 훼손하고 있다'고 응답한 것으로 나타났다. 이어 '한국교회와 기독교가 폐쇄적이고 일부 독단적으로 비칠 것 같아서 우려된다'(22.2%), '전광훈 목사의 주장에 동의한다'(10.1%), '한국사회가 좌경화하는 것을 저지하는 것은 교회의 사명이기에 적극 지지한다'(3.3%) 순으로 답했다.

또한 '2019 주요 사회 현안에 대한 개신교인 인식조사'에 따르면 개신교인의 79.5%는 '교회 목회자와 교인들이 기독교를 표방하는 정당을 창당하여 정치에 참여하는 것'에 대해 반대하는 것으로 나타났다. 반면 찬성률은 5.2%에 그쳤다. '태극기부대 집회에 기독교인이 참여하는 것'에 대해서는 74.4%가 부정적이라는 의견을 냈고, 7.5%만 긍정적이라고 응답했다.

설문분석에 참여한 이상철 한신대학교 교수는 "대다수의 개신교인들은 사회적 이슈에 대해 공공장의 의견을 기울이며 개신교 목회자들의 극단적 극우 행보에 반감을 보인다"며 "하지만 사회가 양극화할수록 일부 극우성향의 교인들이 운신할 폭이 넓어지고 득세할 수 있는 잠재적 위험이 있다"고 우려했다.

또한 전씨는 지난 해 12월 21일 집회에선 "5·16으로 나라 바로 세운 군대가 문재인을 체포하라"는 등 그야말로 귀신 씻나락 까먹는 소릴 해댔다. "집회 나오면 걸렸던 병도 낫는다"고 궤변을 늘어놓더니 심지어 자신의 "교회가 바이러스 테러를 당했다"며 말인지 막걸리인지 모를 소릴 지껄여대기도 했다.

전씨는 입원한 지 일주일만인 8월 24일, 역시 코로나19 확진 판정을 받고 입원해있는 주옥순 엄마부대 대표가 진행한 유튜브 실시간 방송에서 전화 통화로 "문재인 대통령과 주사파들이 한국을 사회주의 국가로 만들기 위해 교회를 제거하려는 것"이라 주장했다. 그야말로 자다 봉창 두드리는 소리로밖에 들리지 않는다.

또 "이들은 건국 후 70년 동안 낮은 단계의 연방제를 통해 1국가 2체제를 거쳐서 결국 북한으로 가려는 목적으로 살아왔다"며 "최대 저항 세력이 교회인데, 한국 교회를 이대로 둬서는 목적지에 가지 못한다는 걸 알고 핍박하려는 것이다"라고 말하는 등 상식이 있는 국민으로선 무슨 말인지 도대체 모를 말을 내뱉기도 했다.

2일 퇴원해서도 "저는 정치가·사회운동가가 아니라 한국 교회를 이끄는 선지자 중 하나"라며 "한 달은 지켜보겠지만, 문 대통령이 국가 부정, 거짓 평화통일로 국민을 속이는 행위를 계속하면 한 달 뒤부터는 목숨을 던지겠다. 저는 순교할 각오가 돼 있다"고 주장했다. 성스러운 '순교'라는 말을 함부로 하는 게 볼썽사납지만, 7일 전씨는 보석취소로 다시 구속·수감되었다.

마침 전씨는 이미 교계로부터 이단으로 내몰려 있는 처지다. 이단 지정은 개신교계에서 완전히 퇴출시키는 최고의 징벌로 알려졌는데, 그만큼 목사인 전씨의 일탈이 도를 넘었다는 얘기다. 아무래도 대한민국은 국민의 품격이나 삶의 질과 상관없이 민주주의가 너무 잘된 나라인 것 같다. 다시는 전씨 같은 이들이 설쳐대는, 너무 살기 좋은 대한민국이 아니었으면 한다.

〈전북연합신문, 2020.9.17.〉

## 호부견자

 더불어민주당이 9월 18일 당소속 김홍걸 비례대표 의원을 제명했다. 이낙연 대표가 새로 만든 당 윤리감찰단에 김 의원을 1호 조사 대상으로 회부한 지 이틀 만의 징계 조치다. 통상 국회의원을 제명하려면 윤리심판원의 심의·의결 외에도 의원총회에서 재적의원 과반수의 찬성 의결이 있어야 한다. 그만큼 김 의원 제명은 전격적이다.
 김 의원 제명 조치는 민주당 당규에 따른 것이다. "당대표가 비상한 시기에 중대하고 현저한 징계 사유가 있거나 처리를 긴급히 하지 않으면 당에 중대한 문제가 발생할 우려가 있다고 판단하면 최고위원회의 의결로 징계 처분을 할 수 있다"는 규정을 십이분 활용해 전광석화(電光石火)식으로 '비상 징계'한 것이다.
 민주당 당규에 따른 '중대하고 현저한 징계 사유'는 김 의원의 재산신고 누락과 부동산 투기 의혹이다. 가령 김 의원은 2016년 6월부터 12월 사이에 강남 아파트 세 채를 사들여 '아파트 쇼핑'이란 소리까지 들었다. 그나마 한 채를 처분했다더니 아들에게 증여한 것으로 나타났다. 또한 새 세입자에게 전세금을 4억 원이나 올려 받은 것으로 알려져 공분(公憤)을 샀다.
 엄밀히 말하면 김 의원 제명은 조사에 성실하게 협조하지 않을 걸로 본 윤리감찰단 보고에 의해 이루어진 것이라 할 수 있다. 김 의원은 "물의를 일으켜 국민들께 심려를 끼치고 당에 부담을 드린 것을 매우 송구스럽게 생각한다"고 사과하면서도 "소명자료를 제출하라는 요구에 승낙하고 대면조사 일정까지 협의를 마친 상태였다"며 감찰 조사 비협조를 부인했다.

그런 걸 보면 특히 부동산 정책으로 지지율 하락 등 홍역을 심하게 앓은 민주당이어서 솥뚜껑 보고 놀란 가슴 자라 보고도 놀란다는 속담이 떠오르는 속전속결 징계로 보인다. 아무튼 이로써 비례대표인 김 의원은 정치적으론 치명상을 입게 됐지만, 그러나 자진 사퇴하지 않는 한 국회의원 신분은 유지하게 됐다.

2016년 소중한 사람이라며 당 대표 시절 김 의원을 정치판에 끌어들인 문재인 대통령도 할 말이 없게 되어버렸는데, 설사 김 의원이 자진 사퇴하여 정계를 떠난다 해도 대한민국 민주화의 상징이며 노벨평화상까지 수상한 김대중 전 대통령과 그렇게 되도록 내조한 여성운동가 이희호 여사의 아들이란 사실이 믿기지 않을 정도의 모습이 만천하에 드러난 셈이다.

이런 김 의원 행태에 대해 정의당은 호부견자(虎父犬子)라며 강력히 비판했다. 아버지는 호랑이인데, 그 자식은 개라는 뜻의 말이니 이보다 더한 치욕이 있을 수 없다. 나아가 정의당은 "김 의원은 더 이상 추한 모습으로 부친의 명예에 누를 끼치지 말고 의원직에서 스스로 물러나야 할 것"이라고 주장했다.

그뿐이 아니다. 청와대 제1부속비서관 출신으로 DJ의 측근이었던 민주당 김한정 의원도 이날 "집을 여러 채 구입했는데 납득할 만한 설명을 못 하고 있다. (김 의원이) 결단을 내리길 바란다"며 사실상 의원직 사퇴를 촉구했다. 그리고 보면 김 의원의 '정치 인지 감수성'은 현저하게 떨어지는 게 아닌가 하는 의구심마저 생기는 일련의 행태다.

한 동교동계 인사는 "김 의원이 DJ의 동교동 자택과 노벨평화상 상금을 두고 형인 김홍업 전 의원과 법적 다툼을 벌이면서 완전히 돌아올 수 없는 강을 건넜다"고도 했다. 이는 김 의원의 배다른 형 김홍업 김대중평화센터 이사장과의 32억 원 상당의 동교동 사저(김대중 전 대통령과 이희호 여사가 살던 집)를 둘러싼 법정 분쟁을 말한 것이다.

지난 해 12월 김홍업 이사장은 "김 의원이 동교동 사저를 마음대로 사용하지 못하도록 부동산 처분을 금지해달라"는 가처분신청을 법원에 냈다. 재판부가 김 이사장의 가처분신청을 받아들이자 김 의원이 이의신청했지만, 9월 10일 서울 중앙지법 51부(부장판사 한경환)는 "김 의원이 혼자 사저를 처분해선 안 된다"며 김 이사장의 손을 들어주는 판결을 했다.

오래된 얘기지만 김 의원의 정치 인지 감수성이 낮은 듯한 일화가 또 있다. 김대중 전 대통령의 아들 셋이 잇따라 연루된 이른바 '홍삼트리오' 사건 때 김 의원은 36억 원 넘는 뇌물 수수 혐의로 구속된 바 있다. 집행유예를 선고받았지만, 뇌물액에 견줘 형량이 너무 낮아 논란과 함께 대통령 아버지를 곤궁에 빠뜨리고 결국 국민 사과까지 하게 만든 아들이었다.

자식 이기는 부모가 없다고 하지만, 김 의원의 그런 행태는 김대중 전 대통령 내외가 그렇게밖에 자식을 가르치고 키우지 못했나 하는 탄식을 갖게 한다. 자식의 도리를 다하는 게 쉬운 일이 아니긴 하지만, 장삼이사도 아버지 얼굴에 먹칠하지 않으며 살려 노력하는 것이 인지상정이다. 김 의원 행태가 다른 국회의원들의 장사꾼 같은 일탈처럼 다가오지 않는 이유다.

〈전북연합신문, 2020.9.25.〉

## 기소된 4명의 전북 국회의원들

10월 18일 대검찰청 공공수사부는 지난 4월 21대 국회의원 선거와 관련, 총 2,874명(구속 36명)이 입건되고, 당선인 27명 등 1,154명을 기소했다고 밝혔다. 대검찰청 발표에 따르면 2016년 20대 총선 대비 전체 입건 인원은 3,176명에서 2,874명으로 9.5% 줄었다. 구속 인원은 114명에서 36명으로 68.4% 감소했다.

검찰은 "신종 코로나바이러스 감염증(코로나19) 영향으로 오프라인 선거운동이 줄고 후보자와 유권자의 대면 접촉이 감소한 데 기인한 것으로 보인다"고 분석했다. 이런 분석은, 그러나 씁쓸함을 안긴다. 민주주의에 대한 유권자의 인식 고양보다 코로나19라는 감염병 재난·재해로 인해 선거사범이 감소했다는 것이어서다.

또 검찰은 '불구속 수사원칙 준수' 방침에 따라 증거인멸·도주우려가 있거나, 공직선거제도를 심각하게 훼손하는 중대 범죄에 한해 구속영장을 청구했기 때문 구속 인원이 대폭 감소했다고 설명했다. 유형별로는 흑색·불법선거사범이 1,245명에서 892명, 금품선거사범이 649명에서 481명으로 각각 감소했다.

반면 당내 경선 관련 선거사범(45명→131명)과 선거폭력·방해사범(111명→244명)은 증가했다. 당내경선 관련 선거사범 증가는 지역별로 정당 지지도가 편중되어 있는 국내 정치현실의 특성상 특정 정당의 후보자로 추천되면 당선이 보장된다는 인식이 팽배하기 때문인 것으로 분석됐다. 또 경선은 선거운동에 비해 비용과 적발 위험이 적은 반면 확실한 효과를 기대할 수 있다는 점이 영향을 미친 것으로 파악됐다.

기소된 27명의 현역 국회의원들 소속은 더불어민주당 9명, 국민의힘 11명, 정의당 1명, 열린민주당 1명, 무소속 5명으로 집계됐다. 더불어민주당 소속 3명이 탈당해 무소속이 된 걸 감안하면 사실상 집권 여당이 기소된 선거사범 1위임을 알 수 있다. 국민의힘의 경우 103명 중 11명이 기소돼 재판 결과에 따라 개헌저지선(100석)이 무너질 수도 있는 위협을 받게 됐다.

그런데 쪽팔리게도 이 가운데 전북 국회의원이 4명(15%)이나 들어 있다. 전국적으로 가장 많은 지역구 의원 수다. 무소속 이상직 의원(전주을)과 더불어민주당 이원택 의원(김제·부안)은 각각 사전선거운동 혐의로 기소됐다. 무소속 이용호 의원(남원·임실·순창)은 총선 당시 이낙연 상임선거대책위원장의 선거운동을 방해한 혐의를 받고 있다.

민주당 윤준병 의원(정읍·고창)은 이미 1심 재판에서 검찰이 당선무효형을 구형한 상태다. 특히 이상직 의원은 공직선거법상 허위사실공표 등 4가지 혐의를 받고 있으며, 자신을 도왔던 선거운동원 등 모두 10명이 기소됐다. 기소된 의원들은 벌금 100만 원 이상의 형이 확정되면 당선 무효로 국회의원직을 잃게 된다.

우선 평생 쓰지 않던 마스크까지 쓰고 가서 투표한 유권자의 한 사람으로서 개탄을 금할 수 없다. 선거를 하다보면 그럴 수 있으려니 하면서도 전북 국회의원이 4명이나 기소된데 이어 전국 1위라는 사실에 도민의 한 사람으로서 고개를 들 수 없을 지경이다. 그들이 무죄를 선고받는다 하더라도 일단 도민에게 안긴 상처가 온전히 치유되진 않을 것이다.

만약 당선무효가 나와 보궐선거를 치르게 된다면 그 낭비는 또 얼마나 막심하겠는가 생각하니 더 울화가 치민다. 후보들을 뼛속까지 알고 찍는 유권자가 얼마나 있을까만, 당선 무효 국회의원을 만든 건 결국 유권자들이라는 점에서 그 잘못도 간과할 수 없다. 가끔 투표를 하지 않으려는 유혹에 빠져드는 이유다.

아무튼 45명에서 131명으로 거의 3배쯤 늘어난 당내 경선 관련 선거사범에 대해선 좀 생각해볼 필요가 있다. 당내 경선 승리가 곧 당선이란 현실인식 때문 같은 편끼리 더 박 터지게 싸우는 건 물론 고소·고발이 봇물을 이루기 때문이다. 축제 분위기는커녕 견원지간(犬猿之間)을 만들어내는 이런 당내 경선에 대한 개선책이 시급해 보인다.

〈전북연합신문, 2020.10.28.〉

# 부러운 정철원 회장의 상금 후원

얼마 전 동아일보(2020.10.17.)에 실린 '영랑시문학상 박라연 시인' 제하 기사를 읽었다. 지금은 퇴직했지만, 전남 강진에서 교단생활을 시작한 터라 더 눈에 들어온 기사다. 고향인 전북으로 와서 근무하던 고교 교사 시절 학생들을 인솔하여 영랑백일장에 해마다 참가했던 추억을 오롯이 살아나게한 기사이기도 하다.

그러나 이 기사에서 정작 나의 관심을 끈 건 수상자가 받은 상금 3,000만 원을 후원한, 부산에 본사를 둔 협성종합건업의 정철원 회장이다. 정철원 회장은 이날 "영랑 선생의 시문학정신을 기리는 데 써 달라"며 강진군에 9,000만 원을 기탁했다. 그러니까 3년치 영랑시문학상 수상자 상금을 쾌척한 것이다.

그의 이런 메세나 활동은 비단 이뿐만이 아니다. 아예 사재 100억 원을 출연해 2010년 설립한 협성문화재단을 통해 여러 사업도 하고 있다. 가령 '협성독서왕'이란 이름의 전국 초·중·고 학생 및 대학생·일반인을 대상으로 한 독후감공모전이라든가 'NEW BOOK 프로젝트'를 통해선 예비 작가들의 책도 출판해주고 있다.

특히 '협성독서왕'의 경우 총 상금이 무려 6,510만 원에 이른다. 내가 알기로 독후감 공모전 상금으론 최고·최다의 역대급 규모다. 특히 작년부터는 입선자 100명에게도 각각 도서상품권 30만 원씩을 수여하고 있는데, 놀라운 일이다. 이전 300명 각 10만 원씩에서 변경한 것이지만, 대부분 상장만 달랑 주기 일쑤인 장려상 상금을 자그마치 100

명에게 각 30만 원씩 주는 것 역시 역대급이라 할 수 있다.

2011년엔 동아일보와 토지문화재단, 강원도 등이 제정한 '박경리문학상'에도 2년간 1억 원을 후원한 것으로 알려졌다. 경남 거제에서 태어나 마산상고를 다니고, 부산을 거점으로 사업하고 있는 정 회장이 이렇다 할 연고가 없는 전남 강진군이나 강원도 토지문화재단에 거금을 기탁한 것은 아름답고 흐뭇하고 부러운 일이다.

앞의 동아일보에 따르면 특히 정 회장의 '영랑 사랑'은 남다르다. 영랑 생가가 있는 강진을 10여 차례 찾았고 직접 지은 아파트 단지 3곳의 벽면과 돌담에 영랑의 시 '돌담에 속삭이는 햇발'을 쓴 조형물을 설치했다. 그는 "주옥 같은 영랑의 시를 읽으면 마음이 정화되는 것 같다"며 "영랑시문학상 수상자 가운데 노벨 문학상 수상자가 나왔으면 좋겠다"고 바랐다.

'개같이 벌어서 정승같이 쓴다'는 속담을 떠올리게 하는, 이른바 기업 이익의 사회 환원을 실천하고 있는 정 회장의 상금 후원이라 할 수 있다. 협성종합건업이 6개 계열사를 거느리고 있고, 올해 시공능력 평가액 5,965억 원, 전국 도급 순위 56위(부산 2위)의 중견기업이라지만, 이런 기업의 후원이 말처럼 그리 쉬운 일은 아니다. 내가 직접 경험한 바로도 어김없는 사실이다.

나는 2016년 교원문학회 창립과 함께 교원문학상과 전북고교생문학대전 상금 협찬 공문을 도내 지역 금융기관, 대학교, 중견기업들에 보낸 적이 있다. 두 개 합쳐 500만 원 정도에 불과한 소액인데도 다 퇴짜를 맞았다. 결국 교원문학상과 전북고교생문학대전 상금은 사재를 털어 실시해오고 있다. 정철원 회장의 상금 후원이 부러운 이유다.

〈전북도민일보, 2020.11.2.〉

# 자랑스러운 전북현대와 전설 이동국

 11월 1일 추적추적 가을비가 내리는 궂은 날씨였지만, 전주월드컵 경기장에서 아주 기분 좋은 일이 있었다. 전주 MBC가 오후 3시부터 중계방송한 하나원큐 2020 K리그1 27라운드 경기에서 전북현대가 대구를 2대 0으로 제압한 것이다. 코로나19 여파로 최종전이 된 27라운드 승리는 단순히 한 경기를 이긴 이상의 의미가 있다.
 한국 축구의 역사를 새로 쓴 승리여서다. 전북현대는 2017~2020 4년 연속 우승이라는 K리그 축구 역사를 새로 썼다. 2016년도 리그 1위였지만 2013년 전북 스카우터가 심판에게 돈 건넨 것이 뒤늦게 적발되어 승점 9점을 삭감당하는 일이 있었다. 그 때문 마지막 라운드에서 1대 0으로 패한 서울에 우승컵을 내준 바 있다.
 전북현대는 통산 8회의 최다 우승팀이란 역사도 새로 썼다. 이동국이 입단한 2009년부터 8차례 정상에 오르며 성남(7회)을 제치고 K리그 최다 우승 팀이 됐다. 아낌없는 구단의 투자와 그에 부응한 선수들, 그리고 전북 팬들의 성원이 일구어낸 금자탑이라 할 수 있다. 특히 이동국을 영입해 2018년까지 10년을 같이한 최강희 전 감독의 공이 크다 할 것이다.
 그런 기쁨의 순간을 생생하게 보고 느낄 수 있게 생중계한 전주 MBC의 공이 만만치 않지만, K리그1 27라운드 경기는 이동국 선수의 은퇴전이란 의미도 빼놓을 수 없다. 전반 20분이 되자 녹색 유니폼을 입은 프로축구 K리그1 전북 팬들이 2분간 기립 박수를 쳤을 정도로

'라이언 킹' 이동국은 12년간 전북현대의 상징적 존재였다.

코로나19로 제한되게 입장한 관중 1만 251명이 보내는 선물에 화답하려는 듯 등번호 '20'을 달고 현역 마지막 경기를 치른 이동국은 전후반 90분 풀타임을 소화했다. 90분 풀타임은 시즌 처음이라는데, K리그 역대 최다골(228골), 최다 공격 포인트(305개) 등 'K리그의 전설' 이동국은 그의 전매특허인 발리슛 등 4개의 슈팅을 시도했지만 득점에는 실패했다.

이동국은 은퇴식에서 "팬들이 가져온 내 유니폼을 보며 울컥했다. 나만이 전북에서 이 번호를 쓸 수 있게 돼 감격스럽다"며 눈시울을 붉혔다. 전북은 역대 구단 선수 중 처음으로 이동국의 등번호를 영구결번으로 지정했다. 처음 전주월드컵경기장을 찾은 정의선 전북 구단주(현대차그룹 회장)가 이동국에게 럭셔리 미니밴과 은퇴 기념패를 증정한 소식도 전해졌다.

전주시도 가만있지 않았다. 김승수 전주시장은 지난 1일 전주월드컵경기장 은퇴식에서 전북현대 이동국 선수에게 명예 시민증을 수여했다. "12년 동안 전북현대모터스에서 최전방 공격수로 활약하며 K리그 최약체로 평가됐던 팀을 아시아 최강팀으로 만드는 데 결정적 역할을 하는 등 전주시민에게 큰 감동과 행복을 선사했다"는 이유에서다.

1979년 포항 출생인 이동국은 1998년 포항 스틸러스에 입단했다. 포항에서 초·중·고를 나온 그는 이내 팀의 팬들을 몰고 다니는 스타로 자리 잡았다. "축구 실력에 준수한 외모로 스타성까지 겸비한 대형 신인 등장에 프로축구 전체가 들썩였"는데, 실제 2000년대 중반 여고생이던 큰딸이 이동국 팬으로 야단법석을 떨어대던 일이 기억난다.

이동국은 2009년부터 12년 동안 전북현대에서 최전방 공격수로 맹

활약하며 K리그 8회 우승과 아시아챔피언스리그 1회, FA컵 1회 등 모두 10차례 우승컵을 들었다. K리그 최다 승점과 전주월드컵경기장 홈경기 최다 관중수 기록을 갈아치우는 등 전주시 축구 발전에 기여했다. K리그 최약체로 평가받던 팀을 아시아 최강팀으로 만드는 데 결정적 역할을 하기도 했다.

그야말로 해피엔딩의 선수생활 마감인데, 이동국에게도 시련은 있었다. 특히 월드컵은 그에게 아픈 기억으로 남아있다. 보도를 종합해보면 1998년 프랑스월드컵 네덜란드전에서 깜짝 데뷔한 그는 19살 52일로 우리나라 최연소 월드컵 출전 기록을 세웠다. 한국이 0-5 대패를 당하던 와중 호쾌한 중거리슛을 날리며 '이동국' 이름 석 자를 국민에게 알리기도 했다.

당시 한 외국 축구잡지는 프랑스월드컵을 결산하며 "이동국 같은 선수가 성장한다면 한국 축구도 미래가 있다"라고 적기도 했다. 불행은 2002년 한일월드컵부터 시작됐다. 당시 이동국의 국가대표 선발을 의심하는 이는 거의 없었다. 하지만 거스 히딩크 대표팀 감독이 부임하면서 '무한경쟁'이 시작됐고, 이동국은 대표팀 최종 명단에서 탈락했다. 온 국민이 열광의 도가니에 빠져 있던 그때 이동국은 "대표에서 탈락한 뒤 2주 동안 평생 마실 술을 다 마셨다"고 할 정도였다. 절치부심 도전했던 2006년 독일월드컵 때는 대회 직전 십자인대 부상을 당하며 대표팀에서 또 탈락했다. 6년 전 "나를 안 뽑아준 히딩크 감독은 새로운 이동국을 만든 은인"(동아일보, 2014.12.8.)이라 말했지만, 세월이 흐른 뒤 덕담일 뿐이다.

아무튼 한 팀에 무려 12년을 몸담은 이동국도 '전설'답지만, 전북현대가 자랑스러운 것은 다른 게 아니다. 얼마전 기소된 공직선거법 위반사범에 전북 국회의원이 4명(15%)이나 들어 있는데다가 뭐 하나 딱 부러지게 전국적으로 1등인 것이 없어 생긴 도민들의 기본적 열패감·상실감 따위를 확 날려버린 전북현대라 자랑스럽다.

〈전북연합신문, 2020.11.5.〉

## 전직 대통령 재수감을 보며

 11월 2일 이명박 전 대통령(이하 MB)이 서울 동부구치소에 재수감됐다. 징역 17년과 함께 벌금 130억, 추징금 57억 8천여 만 원을 선고한 대법원 판결에 따른 재수감이다. 이번 수감은 지난 2월 25일 서울고법의 구속 집행정지로 풀려난 뒤 251일 만이다. 그리고 2018년 3월 22일 수감된 지 2년 7개월 남짓만에 감방생활이 다시 시작된 것이기도 하다.
 MB는 공개적인 입장 표명 없이 짙은 선팅으로 가려진 승용차를 타고 구치소로 향했다. 소송을 담당한 강훈 변호사를 통해 "수형 생활을 잘하고 오겠다. 나는 구속할 수 있어도 진실을 가둘 수는 없다는 믿음으로 이겨내겠다"는 입장만 밝힌 것으로 전해졌다. 사과는커녕 "진실을 가둘 수는 없다"는 이상한 말만 남기고 다시 감옥으로 간 것이다.
 이로써 2007년 한나라당 대선후보 자리를 놓고 이명박·박근혜 두 후보가 다투던 때 불거져 10년 넘게 끌어온 "다스는 누구 겁니까?"라는 논란은 마침표를 찍었다. 대법원 판결에 따르면 다스의 실소유주인 MB는 회사 돈 349억 원을 횡령했다. 또한 다스의 실소유주가 MB이기 때문에 그곳에서 조성된 비자금과 법인 카드 사용액도 횡령으로 간주했다.
 삼성전자가 다스의 소송 비용 약 119억 원을 대신 내주었는데, MB는 이를 포함해 약 163억 원의 뇌물도 받았다. 삼성전자가 부담한 소송비용은 당시 이건희 삼성그룹 회장의 사면을 위한 뇌물로 판단했다.

재판부는 국가정보원에서 넘어온 특수활동비 4억 원은 국고 손실로, 원세훈 전 국정원장이 전달한 10만 달러도 뇌물로 간주했다.

당시 검찰이나 대통령 당선자를 상대로 한 사상 초유의 특검 수사조차 잘못된 것임이 드러난 대법원 판결이라 하겠다. 정리하자면 MB는 국민이 부여한 대통령 권력을 사적으로 이용해서 돈을 챙기고, 대재벌의 편의를 봐주고 뇌물 받은 죄를 지은 전직 대통령이라 할 수 있다. MB는 전두환·노태우에 이어 부정부패로 감옥에 간 3번째 전 대통령이 되었다.

2018년 구속때부터 MB를 비롯한 소위 친이계 인사들은 "보수 궤멸을 겨냥한 정치공작이자 노무현 전 대통령의 죽음에 대한 정치보복" 운운하는 모양이지만, 참으로 후안무치한 주장이라 아니 할 수 없다. 그렇다면 위에 든 MB의 범죄 내용이 정권에 의해 조작된 것이란 말인가? 대법원이 박근혜 대통령 시절처럼 정권에 의해 놀아나기라도 한단 말인가?

MB는 당장 일부 언론에서 '이명박씨'로 부르는 등 전직 대통령 예우도 박탈당했는데, '또 구속된 전직 대통령'(전북연합신문, 2018.3.29.)이란 글에서 이미 말한 바 있듯 불현듯 궁금해 죽겠는 한 가지가 있다. MB는 왜 대통령이 되려고 했는가 하는 의문이다. MB의 대통령 당선이야 경제 살리기에 목마른, 이럴 줄 전혀 몰랐던 눈먼 유권자 덕분이라 해도 과언이 아니다.

그런데 대통령이 된 MB가 한 일들은 이게 실화냐 반문하게 할 정도다. 가령 김대중 대통령이 한국인 최초로 수상한 노벨평화상 취소를 위해 세금을 썼다니 믿기지 않는다. 그뿐이 아니다. 국정원 같은 국가기관의 댓글부대 여론조작, 문화예술인 블랙리스트, 방송장악 등이 검찰 조사에서 사실로 이미 드러난 바 있기도 하다.

애들 말로 쪽팔려 죽겠는 건 MB가 "사익을 위해 이토록 낯뜨겁게 기업으로부터 삥을 뜯은"(한국일보, 2018.3.16.) 전직 대통령이라는 점이다. 또 MB의 범죄는 이른바 '인마이 포켓'형(자기 재산 이득을 노린 범죄)이라는데 문제의 심각성이 있다. 전 재산을 사회에 환원하고 대통령 재임시 월급조차 받지 않았던 MB 아닌가?

그랬던 MB가 저지른 범죄라곤 도무지 믿기지 않을 정도다. 대통령으로서의 범죄가 유독 돈과 관련되어 있다는 것이 의아스러워 미칠 지경이다. MB는 대한민국 최초의 사업가 출신 대통령이란 역사를 새로 썼다. 혹 사업가 출신 대통령이라 그렇게 잇속에 집착한 게 아닐까, 생각해보아도 도무지 이해가 안된다. MB는, 이를테면 '대통령감'이 아니었던 사람인 셈이다.

개인의 자유에 속하는 문제이긴 하지만, 나는 사업가들의 정치 입문에 반대하는 사람중 하나다. 최근 보도된 국회의원 사례에서 보듯 그들은 기본적으로 자신의 사업을 보존하고 키우려고 정치를 방패막이로 삼는 경우가 많다. 대통령이 되든 국회의원을 하든 속된 말로 장사꾼일 뿐인 속성을 벗어날 수 없게 되어 있다는 것이 나의 판단이다.

아무튼 구속 집행정지로 풀려나 혹 무슨 반전이 있을까 여지를 주었던 전직 대통령 재수감은 착잡함을 안겨준다. 국민들에게 상처를 덧나게 한 일로 받아들여졌을 것이라 생각하니 더 그렇다. MB뿐 아니라 많은 정치인들이 범죄를 저질러 감옥에 가면서도 그런 현실을 인정하지 않고 엉뚱한 소리만 해대는 걸 도대체 언제까지 봐야 하는지, 누가 시원한 답 좀 해주면 좋겠다.

〈전북연합신문, 2020.11.13.〉

# 너무 살기 좋은 나라1

사람을 짜증나게 하는 세상사가 어디 한둘일까만 요즘 압권은 아무래도 추미애 법무부장관과 윤석열 검찰총장 사이에 벌어지고 있는 다툼이 아닐까 한다. 둘 다 대통령이 임명한 문재인 정부 사람들이라 할 수 있기에 그런 다툼은 일단 너무 의아스러운 풍경으로 비쳐진다. 더불어 대한민국이 너무 살기 좋은 나라라는 생각도 절로 갖게 한다.

과거 박정희·전두환 군사독재 정권때는 그만두더라도 박근혜·이명박 대통령 시절엔 감히 벌어질 수 없었던 일이 수개월째 벌어져 국민들을 헷갈리게 하고 피로도가 쌓여가게 하고 있어서다. 그 시절 이런 일이 벌어지지 않은 건 다름이 아니다. 대통령과 청와대가 권력으로부터 독립성과 함께 정치적 중립을 지켜야 할 검찰을 장악, 통제해 왔기 때문이다.

다시 말해 박근혜·이명박 대통령 시절까지도 상명하복으로 일사불란하게 움직이는 권력의 흐름에 언감생심, 하극상을 단행할 검찰총장이 있을 수 없었던 것이다. 단, 고(故) 노무현 대통령은 검찰을 권력으로부터 독립시키려 했다. 민주주의를 숙성시키는 올바른 방향이었지만, 당시 허준영 경찰청장의 항명 파동이나 그 뒤 이어진 박근혜·이명박 정권에서 보듯 성공하지 못했다.

추 장관의 사상 두 번째라는 수사지휘권 발동이나 처음인 검찰총장에 대한 감찰권 행사에 말들이 많지만, 당시엔 그럴 필요가 없었다. 성한용 기자 지적처럼 "첫째, 대통령과 청와대가 검사의 수사·재판에 개입하는 것이 일상이었다. 검찰총장은 대통령의 심복이었다. 둘째, 장관이 검찰총장은 물론이고 검사들에게 구체적인 사건 처리를 지휘·감독하는 것도 일상이었다. 법무부장관은 대부분 검사 출신이었"(한겨레, 2020.10.21.)기 때문이다.

이 말을 뒤집어보면 문재인 대통령과 청와대가 검찰을 장악하거나 휘하에 두지 않고 독립시켜 2년 임기제를 보장해주니까 검찰총장이 '까불고' 있는 것이라 할 수 있다. 살아있는 권력 수사는 박수를 쳐줄 만하지만, 그러나 도를 넘어섰다는 게 중론이다. 정치적 중립을 지키라고 대통령과 청와대가 과거처럼 장악하지 않은 걸 십이분 활용을 넘어 악용하고 있는 셈이라 할까.

그 하이라이트는 국정감사장에서의 발언이다. "검찰총장은 법무부장관의 부하가 아니다"라고 선포하듯 말한 윤 총장은 퇴임후 정치할 것이냐는 국민의힘 김도읍 의원 질문에 "우리 사회와 국민을 위해 어떻게 봉사할지 그런 방법을 천천히 생각해 보겠다"고 답했다. 우리가 아는 상식으론 검찰총장이 국민을 상대로 한 공개석상에서 할 적절한 말은 아니다.

또한 이 발언은 지난 해 인사청문회에서 "정치할 생각이 없다"며 손사래 치던 윤석열과 전혀 다른 사람이 되었음을 보여주기도 한다. 차기 대선후보 여론조사에서 이낙연과 이재명 등 유력 후보 정치인들을 제치고 1위에 오르자 정치적 중립을 지켜야 할 자신의 신분을 망각한, 방방 뜨는 모양새를 보인 발언이기도 하다.

대선주자 선호도 1위의 여론조사도 그렇다. 세상에 현직 검찰총장이 여론조사 후보군에 포함된 초유의 일에다가 그것도 야권의 유력한 대권주자로 부각되는 나라가 세계 어디에 또 있는지 반문하게 된다. 이런 정상이 아닌 나라의 국민이어야 한다는 사실이 진짜 사람을 짜증나게 한다. 진짜 사람을 짜증나게 하는 건 추 장관도 만만치 않다.

일각에선 윤석열 현직 검찰총장을 차기 대권주자 1위로 만든 건 추 장관이라는 지적이 무성하다. 부하가 아니라는 검찰총장을 법무부장관이 찍어 누르거나 잡도리하니 오히려 반정부 내지 비문(非文)쪽 사람들에게 탄압을 받는 검찰총장 이미지가 강고(强固)해졌다는 얘기다. 그것이 차기 대권주자 1위라는 여론조사로 나타났다는 것이다.

추 장관의 직접적인 사퇴 압박에 이어 급기야 정세균 국무총리가 윤 총장을 향해 "자숙해야 한다"는 공개적 쓴소리를 냈다. 이낙연 더불어민주당 대표도 "정치적 중립 시비, 검찰권 남용 논란 등을 불식시킬 생각이 없다면 본인이 (거취를) 선택해야 한다"고 경고했다. 모두 자진 사퇴하라는 요구일 뿐인데, 단순히 그럴 문제가 아니다.

"추 장관과 윤 총장의 충돌은 두 사람의 성격이나 기질 차이 때문에 벌어지는 것이 아니다. 검찰개혁을 완수해 국정의 성과를 쌓으려는 정치권력과 무소불위의 힘을 빼앗기지 않으려는 검찰권력의 대립이 이번 사건의 본질이다"(앞의 한겨레)라는 분석이 있는데, 둘의 다툼을 그대로 둔다면 이번에도 검찰개혁은 물 건너 간 것이 아닌가?

검찰개혁 적임자라며 임명한 검찰총장이 책무를 소홀히 하거나 젯밥에 더 신경을 쓰는 지경이면 인사권자인 대통령이 2년 임기제에 연연해 그냥 놔둘 일이 아닌 걸로 보인다. 무엇보다도 사실상 '정치적 총장' 행보를 하는 등 너무나 귀책사유가 명백하게 드러나서다. 바라건대 더 이상 이런 일이 벌어져도 되는 너무 살기 좋은 나라가 아니었으면 한다.

〈전북연합신문, 2020.11.25.〉

# 너무 살기 좋은 나라2

칼럼 '너무 살기 좋은 나라1'(전북연합신문, 2020.11.25.)에서 윤석열 검찰총장의 사실상 '정치적 총장' 행보에 대해 이미 지적한 바 있다. "더 이상 이런 일이 벌어져도 되는 너무 살기 좋은 나라가 아니었으면 한다"며 글을 맺었는데, 희망사항이 되고 말았다. 다시 너무 살기 좋은 나라라는 생각이 가시지 않는 일이 벌어져서다.

그렇다. 바로 최재형 감사원장 이야기다. 최 감사원장은 6월 18일 국회 법제사법위원회에 출석해 열린민주당 최강욱 의원이 "감사원장이 대선에 출마한다는 이야기가 계속 나오는데, 적절한 이야기인가"라고 묻자 "제가 생각을 조만간 정리해서 말하겠다"고 답했다. 또 "검찰총장이나 감사원장이 직무를 마치지마자 선거 출마하는 게 바람직한가"라고 지적하자 "그 부분에 대해서는 다양한 판단이 있다고 생각한다"는 입장을 밝혔다.

과거 출마 관련 보도가 나오면 간부회의에서 "사실이 아니다"며 적극 부인한 것으로 알려진 최 감사원장과 달라진 모습의 발언이라 할 수 있다. 결국 대선에 나갈 수 있다는 얘기인데, 현직 감사원장이 정치 참여 가능성을 열어둔 이런 언행은 감사원 내부에서조차 부적절하다는 지적이 나올 정도로 비난받을 일이다.

그뿐이 아니다. 박병석 국회의장은 취임 1주년 화상 기자간담회에서 "현직 기관장의 정치 참여는 그 조직의 신뢰와 관계된다는 점에서 매우 논란적인 사안이"라고 말했다. 김부겸 총리 역시 국회 대정부질문

답변에서 "(검찰총장과 감사원장) 두 자리가 가져야 할 고도의 도덕성, 중립성을 생각하면 좀 정상적인 모습은 아니다"라고 밝혔다.

말할 나위 없이 여권의 반응은 그 강도가 더 강하다. 가령 윤건영 민주당 의원은 MBC 라디오 인터뷰에서 "정치적 중립성이 누구보다 중요한 감사원장이 임기중에 임기를 박차고 나와 대선에 출마한다는 것은 국민에 대한 모독이다. 절대 안된다"고 목소리를 높였다. 참고로 최 감사원장의 임기는 2022년 1월 1일까지다.

백혜련 민주당 최고위원은 "감사원 70년 역사상 선출직에 출마하기 위해 헌법상 보장된 임기를 헌신짝 버리듯 버린 적은 없다. 감사원장은 대선 출마를 위한 징검다리가 아니다"고 일갈했다. 그예 최 감사원장은 6월 28일 오전 사의를 공식 표명했다. 출마 얘기는 없었지만, 대선판에 뛰어드는 건 시간 문제로 보인다.

문재인 대통령이 임명한 최 감사원장은 2018년 1월 2일 취임했다. 문재인정부 공약이기도 한 월성원전1호기 조기 폐쇄에 대한 감사를 밀어붙이며 일약 '반정부' 인사로 떠올랐다. 국민의힘에서 윤석열 전 총장과 함께 손을 내미는 것만으로도 알 일이다. 오히려 최 원장에 대한 당내 호감도가 윤 전 총장보다 높은 편인 것으로 전해지기도 했다.

동아일보(2021.6.26.)를 보면 최 원장이 출마 결심을 굳힌 데는 '월성원전 1호기 경제성 평가 조작' 감사 과정이 결정적이었다는 해석이 나온다. 최 원장은 국회의 감사 요구를 받아 원전의 경제성 평가 수치가 일부 조작됐다는 사실을 밝혔음에도 여권에서 "대통령을 공격하기 위해 무리한 감사를 했다"고 비판하는 상황을 그냥 두고 보기 어려웠다는 것.

또한 국민의힘 권영세 대외협력위원장은 "여당에서 최 원장의 정치적 중립성을 문제 삼지만, 최 원장이나 윤 전 총장 모두 여권이 상황을 자초한 것"이라고 했다. 앞에서 본 의견들과 전혀 다른 내용의 '문 정권의 모습은 어디 정상적인가'(동아일보, 2021.6.24.)라는 칼럼도 볼 수 있다. 한 대목 뽑아보면 다음과 같다.

"서울중앙지검 공공수사1부가 지난달 청와대 수사에 나서기는커녕 최재형 수사에 착수했다는 건 경악할 일이다. 그것도 환경단체의 고발에 따른 직권남용 혐의 수사다. 국민을 개돼지로 알거나 최재형을 대통령 후보로 나가라고 꽃가마를 태워주는 일이나 다름없다. 이런 '아사리판'에서 나라를 구하기 위해서라도 최재형은 마음을 굳게 먹어야 할 것이다."

국민의힘이나 보수언론 쪽에서 보면 문재인 정부가 잘못했고 정상이 아니다. 윤석열·최재형 중도사퇴는 당연하고, 우리도 그렇게 하겠다는 것으로 읽는다. 이른바 '눈에는 눈 이에는 이'로 대응하면 야당은 잘못하고 비정상인 문재인 정부와 뭐가 다른지를 묻지 않을 수 없다.

이쯤 되면 코드인사라며 목청을 높였던 야당 공격도 철회되거나 취소되어야 하지 않나 싶다. 임기가 보장된 검찰총장과 감사원장이 중도사퇴한 것도 모자라 야권 대선 경쟁에 뛰어 들었으니 말이다. 거기에 더해 김동연 전 부총리까지 야권 대선 출마 가능성이 거론되는 지경이니 딴은 문 대통령 인사는 망사(亡事)였다 해도 할 말이 없게 되었다.

아무튼 윤 전 총장만으로도 이미 학을 뗐는데, 현직 감사원장이 또 다시 그러니 정상은 아닌 나라다. 코로나19가 장기간 이어져 피로도가 쌓인 국민들을 더 우울하게 만들기에 충분하다. 앞으로 그런 나라가 되지 않기 위해 '검찰총장이나 감사원장의 임기를 보장하되 재직중 발언 등 정치적 행위를 할 경우 해임할 수 있다'로 관련 법 개정이 필요해 보인다.

〈전북연합신문, 2021.7.2.〉

## '미국영화 톺아보기' 발간에 부쳐

평론집 등 총 48권(편저 4권 포함)째 저서인 '미국영화 톺아보기'라는 책을 최근 세상에 내놓았다. '한국영화 톺아보기' 출간 6개월 남짓 만에 펴낸 또 한 권의 영화 이야기 책이다. 이렇게 빨리 '미국영화 톺아보기'를 펴내게 된 건 순전 전라북도문화관광재단의 예술인재난극복지원사업에 선정된 덕분이라 할 수 있다.

아무튼 '미국영화 톺아보기'는 영화 이야기로만 국한하면 12번째 장세진 지음의 책이다. 직전 펴낸 '한국영화 톺아보기'와 짝을 이루기 위해서 제목을 '미국영화 톺아보기'라 했을 뿐 미제(美製)라면 사족을 못쓰는 그런 따위와는 단 1도 관련이 없다. 책 제목에 '미국영화'가 들어간 것은 2005년 '미국영화 째려보기'에 이어 15년 만의 일이다.

굳이 밝히자면 1992년부터 펴내기 시작한 12권의 장세진 영화평론집중 이번이 두 번째다. 다른 무엇보다도 이제 더 이상 옛날처럼 할리우드 블록버스터가 싹쓸이하는 한국 영화시장이 아니다. 단적으로 말하면 그만큼 한국영화가 막강한 경쟁력을 갖게 되었다는 얘기다. 책 제목이 '미국영화 째려보기'에서 '미국영화 톺아보기'로 변한 이유라 할까.

'미국영화 톺아보기'라는 제목으로 책을 냈지만, 사실 나는 과거 운동권으로서의 반미(反美)까지는 아니더라도 미국을 탐탁찮게 여겨온 국수주의자라 할 수 있다. 문화면에서 그런데, 이른바 할리우드 블록버스터로 세계영화 시장을 꽉 잡고 있는 미국이라서다. 오죽했으면 첫

영화평론집 제목이 '우리영화 좀 봅시다'(1992년)였을까! 응당 이 책은 한국영화만 수록한 평론집이다.

이후에 펴낸 평론집도 한국영화만을 대상으로 했다. '한국영화 씹어먹기'(1995)·'한국영화산책'(1996)·'한국영화를 위함'(1999) 등이다. 할리우드 블록버스터 등 미국영화를 책에 싣기 시작한 것은 '영화읽기 프리즘'(2001)부터다. 여기저기 연재한 글을 싣다 보니 자연스럽게 미국을 비롯한 외국영화들까지 담는 책이 되었다.

지난 4월 펴낸 '한국영화 톺아보기'는 한국영화만을 대상으로 한 책이지만, 1990년대와 같은 의도가 있는 건 아니다. 단순히 원고 분량이 700쪽 넘게 나와 한국영화만을 우선 세상과 만나게 했다. 다행스럽게도 전북문화관광재단의 지원이 있어 '한국영화 톺아보기'에서 빠진 할리우드 블록버스터들과 외국영화들을 360쪽짜리 '미국영화 톺아보기'로 낸 것이다.

내친김에 하나 더 말할 게 있다. 바로 '영어 광풍'이다. 일례로 나는 조정래 장편소설 '풀꽃도 꽃이다'의 가히 역대급이라 할만한 영어 광풍에 대한 고발을 공감하고 지지한다. 이른바 '세계화'에 목맨 김영삼 정부의 초등학교 3~4학년 영어 가르치기부터 이명박 정권의 '오뤤지' 파동까지 영어 조기교육에 대한 신랄한 고발이 그것이다.

소설은 아예 '자발적 문화식민지 1, 2'란 꼭지를 통해 영어에 환장한 이 땅의 성인 모습까지 보여주고 있다. 다름 아니라 여대생 남온유가 원어민 강사 포면의 아이를 일부러 임신하여 자발적 문화식민지 일원이 되고자함을 통렬히 비판하고 있는 것이다. "미제라면 양잿물도 마신다"는 오래 전 속언이 스멀스멀 기어 나올 지경이다.

개인적으로는 일식집을 '왜식집'이라 부르는 작가의 대일본관과 함께 이러한 미국 인식에 너무 공감한다. 무릇 책읽기에서 감동 받지 않으려고 애쓰는 평론가인 나를 조정래 팬이 되게 만든 이유의 전부라 해도 무방할 정도의 민족주의라 할까. '우리것은 소중한 것이여'를 너무 심하게 신봉해서 그런 지도 모른다.

어쨌든 영어 본토 발음을 내려고, 맙소사! 어린이 혀까지 수술해대는 '어리석고 서글픈 한국적 코미디'의 나라라니, 할 말을 잃는다. 지금은 미국에 대한 국수주의적 생각이 많이 완화되거나 엷어졌지만, 영어는 그걸로 밥 벌어 먹고 살 사람들만 열심히 하면 될 외국어다. 48권의 책을 내면서 지금까지 한 번도 없었던 '발간에 부쳐'를 쓰는 이유가 거기에 있다.

〈한교닷컴, 2020.11.25.〉

## 세월호 참사 6주기를 보내며

6년 전 4월 16일 내가 세월호 참사 소식을 접한 것은 2교시 2학년 문학수업을 마치고 나왔을 때였다. 바로 옆자리 정선생이 뉴스에 떴다며 자신의 컴퓨터를 가리켰다. 수학여행을 가던 고등학생 등을 태운 세월호가 바다에서 기울어 가라앉고 있는 중이었다. 나는 다음 시간 종소리가 울리자 '신속한 구조작업이 이루어지겠지' 당연히 그렇게 생각하며 교실로 들어갔다.

그러나 신속한 구조는 제대로 이루어지지 않았고, 애먼 생목숨 304명이 죽은 세월호 참사라는 팩트가 되고 말았다. 그리고 어느새 6년이 속절없이 흘렀다. 하필 그 전 날 21대 국회의원 총선거가 있었다. 선거법에 규정된 '임기만료일 50일 전 이후 첫 번째 수요일'이 4월 15일이라 그리 된 것인데, 유가족들 입장에선 굉장히 상심이 컸을 법하다.

사회적 거리두기 등 코로나19 와중에 치른 전국 단위 선거라 세계의 이목이 집중되어 세월호 참사 6주기가 묻히게 되어서다. 실제로 한국일보(2020.4.14.)에 따르면 코로나19 확산과 4·15 총선 등이 겹치면서 세월호 참사에 대한 관심도 많이 줄었다. 지난 해까지만 해도 진도와 팽목항은 4월만 되면 관광객들로 발 디딜 틈이 없었으나, 이날 팽목항 일대는 신종 코로나 여파로 인적이 끊겨 스산한 모습이었단다.

그럴망정 또 다른 언론 보도를 종합해보면 세월호 참사 6주기를 기리는 여러 행사가 열렸다. 먼저 4월 11일 오후 1시 시민단체 '4·16 세월호 참사 가족협의회'와 '4월 16일의 약속 국민연대'는 경기도 안산시 초지 운동장에서 '진실을 향해 달리는 노란 차량 행진' 행사를 열었다. 이어 모두 182대의 차량에 나눠 타고 경적을 울리며 서울 광화문광장으로 향했다.

노란 차량 행진은 오후 4시 16분에 맞춘 광화문광장 도착 후 경적을 울리고 '진실은 침몰하지 않는다' 노래 부르기 퍼포먼스 등을 이어갔다. 이날 행진에 참여한 세월호 유가족들의 개인 승용차, 시민단체 차량 등에는 '진상규명, 생명안전, 한 걸음 더', '세월호 참사 전면 재수사·책임자 처벌' 등의 문구가 적힌 노란색 스티커가 부착됐다.

4월 12일 아침엔 세월호 참사 희생자 가족들이 전남 진도군 관매도 인근 사고 해역에서 선상 추모식을 가졌다. 4월 13일엔 기자협회의 '보도 참사'에 대한 공식 사과가 있었다. 기자협회 회장단은 피해자 가족협의회 사무실을 방문해 세월호 유족에게 진심으로 고개를 숙였다. 이들은 6년 전 세월호 '보도 참사'에 대해 뼈저린 반성을 통해 거듭 태어날 것을 다짐했다.

세월호 참사 당일인 4월 16일엔 오후 3시 경기도 안산시 화랑유원지 생명안전공원 터에서 '세월호 참사 6주기 기억식'(이하 기억식)이 열렸다. 기억식이 끝나고 오후 4시 16분에는 안산시 단원구청 일대에서 희생자를 추모하는 사이렌이 1분간 울려 퍼지기도 했다. 희생자들의 넋을 기리는 산 자들의 씻김굿이라 할까.

기억식에서 장훈 '4·16세월호참사가족협의회' 운영위원장은 "우리는 아직 아이들을 보낼 수 없다. 국가가 책임지고 정부가 앞장서 세월호 참사의 진상을 밝히고 책임자를 처벌해 달라"고 요구했다. 장 위원장은 "21대 국회에서 신속히 2차 가해 금지법을 만들어 막말과 패륜 행위, 가짜뉴스를 엄하게 처벌하게 해달라"고 강하게 요청했다.

한편 영국 맨체스터 유나이티드(맨유)와 스페인 FC바르셀로나의 세월호 희생자 추모 소식이 전해지기도 했다. 맨유는 4월 16일 구단 SNS에 '오늘을 기억하고, 함께 합니다'라는 한글 추모 메시지와 노란 리본의 이미지를 올렸다. 바르셀로나도 구단 공식 SNS를 통해 노란색 바탕에 검은색의 리본과 작은 배가 그려진 이미지를 올리고 한글로 '우리는 기억하고 있습니다'라고 썼다.

맨유와 바르셀로나는 세월호 사고 이후 추모 메시지를 통해 한국 축구팬과 아픔을 나눠온 것으로 알려졌다. 방탄소년단의 뮤직비디오 '봄날'을 보고 세월호 참사를 알려온 이탈리아인도 있다. 방탄소년단 팬클럽 '아미'의 외국 회원중 한 명인 안젤라 풀비렌티. 그가 바라본 세월호 참사는 "강자를 보호하기 위해 약자를 희생시킨 비극이었다." (한겨레, 2020.4.16.).

마음 속으로 304명 희생자들에 대한 명복을 빌면서도 세월호 참사 6주기를 보내며 갖는 생각은 섬뜩하다. 대형 재난에 국민의 생명을 우선적 가치로 삼는 국가가 없었던 나라 부재에 대한 재차 확인 그것이다. 정권이 바뀌면 뭘하나, 그 3년 동안에도 유가족들의 피맺힌 외침은 계속되고 있는데…. 세월호 참사 당시에 이어 다시 이 글을 쓰는 건 그래서다.

〈'한반도문학' 제8집, 2020.11.24.〉

# 미국이라는 나라1

 최근 '미국영화 톺아보기'라는 책을 펴냈지만, 미제(美製)라면 사족을 못쓰는 그런 따위와는 단 1도 관련이 없다. 지난 4월 펴낸 '한국영화 톺아보기'와 짝을 이루기 위해서 제목을 '미국영화 톺아보기'라 했을 뿐이다. 자타가 공인하는 세계 최강대국 미국일망정 오히려 나는 그런 사실조차 시답잖게 생각하는 대미관(對美觀)을 갖고 있다.

 하나 더 말하면 나는 미국 대통령에 누가 당선되든 남의 나라 일이라 별 관심이 없다. 따라서 어떤 흥미도 크게 못느낀다. 그런데도 11월 3일 미국의 대통령선거를 거치면서 받는 느낌은 그게 아니다. 한마디로 '뭐, 저런 나라가 다 있나?' 하는 의구심이 든다. 선거가 끝난 지 몇 주가 지나도록 대통령 당선인은 있는데, 패자가 없어서다.

 트럼프 대통령은 미 언론이 일제히 '바이든 당선'으로 판정한 11월 7일(현지시각, 이하 같음) 이후에도 패배를 인정하지 않고 있다. 그뿐이 아니다. 보도를 종합해보면 워싱턴에서 11월 14일 트럼프 대통령 지지자 수천 명이 참가하는 대선 불복 집회가 열렸다. 같은 날 거리에선 "트럼프가 졌다"며 대선 결과에 승복하길 촉구하는 반트럼프 시위대의 목소리도 울려 퍼졌다.

 낮 동안 비교적 평화롭게 진행되던 시위는 밤이 깊어지면서 두 진영 간 유혈충돌로까지 번졌다. 트럼프 지지층이 거리로 나선 건 현직 대통령이 대선 결과를 승복하지 않아서다. 바이든이 대선 승리를 확정할 매직넘버(270명)를 훌쩍 넘긴 306명의 선거인단을 확보했는데도 트럼프 대통령은 부정선거의 결과일 뿐이라며 소송으로 승자를 가리겠단다.

트럼프 대통령은 이날 직접 워싱턴 집회에 참가하진 않았으나 시위 현장을 지나며 지지자 독려에 나섰다. 그가 차창 밖으로 엄지손가락을 치켜세우자 지지자들은 "4년 더"라고 외치며 환호하기도 했다. 그뿐이 아니다. 임기가 두 달 남짓 남은 시점인데도 트럼프 대통령은 11월 9일 국방장관을 내쫓은 데 이어 11월 17일엔 이번 선거에 부정이 없다고 밝힌 선거보안 최고 당국자까지 해임했다.

아무리 우리와 다른 선거제도라고 해도 트럼프 대통령이 바이든 당선의 대선 결과를 승복하지 않고 있는 미국이라는 나라를 도무지 이해할 수 없다. 대선 결과에 불복하는 소송을 내고 트럼프 대통령이 버티는 이유 중 하나가 백악관을 떠나게 되면 대통령에게 주어졌던 민·형사상 '면책특권'도 사라지기 때문이라는 분석이 있는데, 설마 그래서인가?

내년 1월 20일, 트럼프 대통령이 퇴임하고 맞닥뜨리게 될 소송 및 수사 대상 목록은 다음과 같다. 가족 기업인 트럼프 그룹의 보험·금융사기 및 탈세 혐의, 불륜관계 폭로를 막기 위한 돈으로 입막음 의혹, 성범죄 및 명예훼손 소송, 취임 이후 사업체를 경영하고 외국 정부로부터 수백만달러의 수입을 얻은 혐의, 가족 유산을 둘러싼 손해배상 소송….

한편 대선 과정에서 줄곧 조 바이든 당선인을 지지했던 트럼프 대통령의 친조카 메리가 축배를 들었다는 소식이 전해졌는데, 이 역시 미국이라는 나라를 도무지 이해할 수 없게 만든다. 임상심리학자인 메리 트럼프(55세)는 트럼프 대통령의 형인 프레드 주니어(1938~1981)의

딸이다. 메리는 11월 7일 트위터에 샴페인을 든 채 활짝 웃는 자신의 사진을 올린 후 "미국을 위한 건배, 모두 고맙다"고 썼다.

트럼프 대통령 낙선에 축배를 들기 전 메리는 지난 7월 회고록 '넘치는데 결코 만족을 모르는'도 발간했다. 메리는 회고록에서 삼촌이 대리시험으로 명문 펜실베이니아대에 입학했다는 사실을 폭로했다. 알코올 의존증 환자였던 자신의 부친이 43세로 숨질 때 삼촌이 수수방관했으며 가문 재산을 분배할 때도 조카를 배척했다며 트럼프 대통령과 척을 졌다.

존 볼턴 전 국가안보보좌관의 회고록 발간도 그렇지만, 핏줄인 메리의 그런 행동이 한국적 정서 때문인지 쉽게 이해되지 않는다. 법원이 표현의 자유를 보장한 수정헌법 1조에 따라 메리의 손을 들어줘 트럼프 대통령 측이 발간을 막지 못한 것으로 알려졌는데, 애써 이해하자면 아마 민주주의가 잘된 나라라 그런 말도 안 되는 일이 벌어지는지 모를 일이다.

이해할 수 없는 건 또 있다. 부정선거라는 주장과 별도의 트럼프 대통령 행보다. 코로나19로 인해 27만 명 가까이 사망하고, 하루 확진자가 20만 명 넘게 발생하는 등 총 1,320만 명을 돌파했다는 보도가 있는데도 대통령이 아예 손을 놓고 있다는 것이다. 심지어 "모든 미국인이 집이나 예배 장소에 모여 기도를 드리자"는 추수감사절 포고문을 냈다니 믿기지 않는다.

"보건복지부 직원들은 바이든 인수팀과 접촉하지 말라는 지침을 받았다"는 보도가 있었는데, 11월 23일 트럼프 대통령이 "조 바이든 대통령 당선인의 정권 인수에 필요한 절차에 협력할 것을 지시했다"는 소식이 전해져 그나마 다행이다. 3일 후엔 "다음 달 14일 예정된 대통령 선거인단 투표에서 패하면 백악관을 떠나겠다"고 밝히기도 했지만, 여전히 의문이 남는다.

 어떻게 현직 대통령이 선거 패배를 승복하지 않고, 코로나19라는 국가적 재난에도 그렇듯 수수방관할 수 있는지, 그럴 수 있다는 게 도무지 이해되지 않는 나라 미국이다. 설사 그런 것들이 너무 잘된 민주주의 때문이라 해도 이해가 잘 안 되는 나라 미국이긴 마찬가지다.

〈전북연합신문, 2020.12.2.〉

## 미국이라는 나라2

한국영화에서는 범인을 쫓는 경찰이 총을 소지하고 있으면서도 꺼내 쏘기는커녕 오히려 맥없이 당하는 장면을 심심치 않게 볼 수 있다. 애써 쏘더라도 공포탄일 경우가 많다. 그럴 때마다 '저런, 등신' 하며 안타까워하는 관객이 많을 것이다. 그렇다. 적어도 이 땅에선 범인 잡는 경찰조차 총 쏘기가 결코 쉬운 일이 아니다.

그러나 미국은 영화뿐 아니라 현실에서도 툭 하면 경찰이 총을 쏴대는 나라다. 일단 총기 소지가 합법화돼 있는 미국이다. 그로 인해 경찰은 그렇지 않은 나라보다 위험에 더 노출돼 있다. 미 연방수사국(FBI)에 따르면 2007~2018년 연평균 105명의 경찰이 근무 중 목숨을 잃었다. 경찰관들이 "언제 목숨을 잃을지 모른다. 강경 진압이 불가피하다"고 주장하는 이유다.

하지만 최근 벌어진 경찰의 과잉 대응으로 인한 사망 사건은 미국이라는 나라에 대해 침묵할 수 없게 만든다. 특히 피해자들이 주로 흑인이라는 점에서 그렇다. 가령 5월 25일 미네소타주 미니애폴리스에서 흑인 조지 플로이드가 경찰의 무릎에 목을 짓눌려 숨진 사건이 그렇다. 널리 알려진 대로 조지는 백인 경찰 데릭 쇼빈에게 8분 46초 동안 목을 짓눌려 숨졌다.

이 사건은 미 전역에서 인종차별과 경찰 폭력 반대 시위로 이어졌다. 한겨레 황준범 특파원 리포트 '현장에서'(2020.6.4.)에 따르면 그 자체로 인종차별과 공권력의 폭력이라는 미국의 치부를 적나라하게 드러냈다. 그 뒤 벌어지는 상황 또한 초현실적이다. 워싱턴에서의 시위 닷새째인 이날 백악관 주변은 경찰은 물론 군용차량들이 주요 길목을 막고 있었다. 백악관 경계로부터 세 블록(반경 약 400~500m)에 일반차량 통행을 차단했다.

상공에는 하루 종일 헬기가 프로펠러 소리를 내며 빙빙 돌았다. 백악관 둘레에는 전날까지 없던 약 240cm 높이의 검은색 철망이 설치됐다. 철망 너머 백악관까지의 완충지대라 할 수 있는 라파예트공원에는 경찰과 군인들이 헬멧과 방패를 든 채 시위대를 마주 보고 늘어섰다. 미 국방부는 워싱턴에 투입할 수 있도록 1,600명의 헌병과 보병대대 등 현역 육군 병력을 인근에 배치했다고 밝혔다. 2020년 미국의 수도라고 믿기지 않는 모습이다.

인종 차별에 대한 항의 시위는 미국 역사상 가장 광범위한 지역에서 집회가 이뤄진 사건으로 알려졌다. 그뿐이 아니다. 전 세계 각지에서 백인 경찰에 의한 흑인 플로이드의 죽음에 항의하고 미국의 인종 차별에 반대하는 시위가 열렸다. 가령 유럽에서는 영국·프랑스·독일·네덜란드·폴란드·포르투갈·스페인 등의 대도시에서 집회가 열렸다.

또 쥐스탱 트뤼도 캐나다 총리도 이날 오타와 국회의사당 앞에서 열린 인종차별 반대 시위에 예고 없이 등장해 '무릎 꿇기'에 동참했다. 트뤼도 총리는 6월 2일 기자회견에서 트럼프의 시위대 폄훼 발언에 대한 질문을 받은 뒤 21초 동안 말을 잇지 못했다. 이날 트뤼도 총리는 한 손에 '흑인 생명도 소중하다'고 쓴 티셔츠를 들었다.

그런 와중인 6월 12일 미국 조지아주 애틀랜타에서 흑인 남성 레이샤드 브룩스(27)가 경찰의 총에 맞아 숨졌다. 이날 애틀랜타 풀턴카운티 검시소는 브룩스가 뒤쪽에서 두 발의 총을 맞았고, 이 중 등에 맞은 총상으로 인해 장기 손상과 출혈이 일어나 사망했다고 밝혔다. 툭 하면 경찰이 총을 쏴대는 미국이라는 나라의 일상적 모습이라 할 수 있다.

'워싱턴 포스트' 보도를 인용한 한겨레(2020.6.16.)에 따르면 지난해 미국에서 경찰이 쏜 총에 맞아 목숨을 잃은 사람은 모두 1,004명이다. 인구 1천만명당 31명꼴이다. 2014년 미국 미주리주 소도시 퍼거슨에서 비무장 상태였던 18살 흑인 청년 마이클 브라운이 백인 경찰의 총격에 숨진 이후 대규모 항의 시위가 일었지만, 이후 5년간 매해 이 수치는 1천명 선에서 줄지 않고 있다.

반면 2005년 이후 15년간 총격 살인 또는 과실치사 혐의로 체포된 경찰 수는 모두 110명에 불과하다. 특히 실제 처벌을 받은 이들은 27명(살인 5명, 과실치사 22명)으로 더 적다. 그러니까 흑인 시민을 죽게 한 백인 경찰에 대한 솜방망이 처벌이 만연한 미국인 것이다. 8월 23일 위스콘신주 커노샤에서 벌어진 흑인 블레이크 피격 사건 역시 그런 때문인지도 모른다.

당시의 영상을 보면, 블레이크는 경찰이 따라 걸어오는 가운데 차 문을 열고 운전석으로 들어갔고 경찰은 7발의 총을 쐈다. 경찰은 한 여성으로부터 "이 구역에 있으면 안 되는 남자친구가 나타났다"는 신고를 받고 출동했다는데, 블레이크는 총알 4발을 맞았다. 당시 차 안에 각각 3, 5, 8살인 블레이크의 세 아들이 타고 있던 것으로 알려져 충격과 분노를 키웠다.

이 사건은 미 전역에 불붙은 인종차별과 경찰 폭력 반대 시위에 다시 기름을 부었다. 미국프로농구(NBA) 플레이오프 경기가 모두 취소되는 등 프로스포츠를 멈추게 했다. 미국프로농구뿐 아니라 인종차별에 대한 항의는 다른 종목의 스포츠계로도 번졌다. 가령 미 프로야구

메이저리그에서도 밀워키 브루어스가 블레이크 사건에 항의하며 신시내티 레즈와의 경기를 거부했다.

다행히 목숨은 건졌지만, 척수 관통상으로 하반신이 마비된 블레이크는 영상에서 "24시간 내내 고통스럽다. 숨쉴 때도 잘 때도 옆으로 움직일 때도 먹을 때도 아프다"(한겨레, 2020.9.8.)고 말했다. 경찰의 과잉 대응이 유독 흑인들에게 집중돼 인종차별의 문제로 비화되고 있는 미국이라는 나라다. 그것도 민주주의가 잘돼 그런 것인가?

〈전북연합신문, 2020.12.9.〉

## 공모전 서체 유념해야

고교 문예지도 교사로 일할 때다. 공모전 응모시 컴맹을 겨우 면한 내가 봐도 아니지 싶은 난처한 요구가 있었다. 바로 서체다. 가장 많은 게 '바탕체'다. 이 바탕체는 작은 따옴표나 큰 따옴표 같은 문장부호를 사용할 때 반드시 앞말과 붙어야 할 조사가 떨어져 버린다. 가령 〈'바탕체' 는〉이 되는 식이다. '휴먼명조'와 '굴림체'도 마찬가지다.

정서법에 맞지 않는 서체인 '바탕체'나 '휴먼명조'와 '굴림체'를 공모전 주최측에서 왜 요구하는지 납득이 안되면서도 혹 학생들이 제시한 규정대로 하지 않아 불이익을 당할까봐 하라는 대로 하게해 응모하곤 했다. 고교 문예지도 교사를 하다 퇴직한 지 4년이 지난 지금은 어떨까? 일부러 각종 공모전 규정을 살펴 보았다.

다소 지루할 수 있겠지만, 열거해보면 다음과 같다. 제13회전국민잡지읽기공모전·제14회해양문학상·제8회등대문학상·2020경기도스토리공모전·제11회경북문화체험전국수필대전·2020낙동강어울림스토리텔링&에세이전국공모전·제24회대한민국보훈콘텐츠공모전·2020호미문학대전은 모두 '바탕체'로 작성하여 응모해야 하는 것들이다.

2020도박문제예방공모전은 '굴림체' 2020국민참여청렴콘텐츠수기공모·2020달구벌문예대전은 '휴먼명조', 제19회김포문학상·제20회산림문화작품공모전은 '신명조', 2020생명의강 낙동강수필공모전은 '바탕'으로 각각 작성하여 응모하게 되어 있다. 이중 정서법에 맞는 서체는 '신명조'와 '바탕'뿐이다. 14개 공모전중 불과 세 곳에서만 정서법이 흐트러지지 않는 서체로 작품을 공모하고 있는 것이다.

바탕체·굴림체·휴먼명조 등 정서법이 일그러지는 서체를 요구한 공모전 주최나 주관처를 보면 한국잡지협회·한국해양재단·울산지방해양수산청·경기콘텐츠진흥원·대구일보사·한국수자원공사·국가보훈처·경북일보사·한국도박문제관리센터·국민권익위원회·영남일보사 등이다. 정부 부처와 지자체 출연기관, 언론사와 재단 등 그야말로 여러 곳임을 알 수 있다.

이미 심사 결과를 발표한 공모전들인데, 거기서 생기는 의문은 주최나 주관측 실무담당자들의 인지 여부다. 과연 실무담당자들이 제대로 된 원고작성을 할 수 없는 서체인지 알고도 바탕체·굴림체·휴먼명조 등으로 작성·응모하게 했는가 하는 점이다. 만약 모르고 그랬다면 이미 산 개망신이야 어쩔 수 없고, 하루속히 개선되어야 할 것이다.

놀라운 건 따로 있다. 그렇게 엉터리 원고를 대상으로 어떻게 심사했는지가 그것이다. 물론 각 주최측이 내세운 심사기준이 형식보다 내용에 비중을 많이 두는 등 다소 다를 수 있긴 하다. 아무리 그렇더라도 '조사는 반드시 앞말에 붙여써야 한다'는 문장의 기본이 안된 글을 뽑아 대상이며 장원을 준다는 게 말이 되나 싶다.

마치 '아버지을'로 써놓은 글을 형식미 따위는 개나 줘버려 하는 심사기준이 적용된 거라면 심각한 문제가 아닐 수 없다. 어떤 글에서든 문장의 정확성, 정제된 문단, 띄어쓰기 등 형식미는 결코 소홀히 대할 수 없는 문제다. 이런 것들이 기본적으로 갖춰져 있는 글들이 심사대상이 되고, 이후 내용에서 얻는 감동과 함께 문학성을 획득하는지 여부로 우열이 가려져야 한다.

그러니까 바탕체·굴림체·휴먼명조 등 정서법이 일그러지는 서체의 글은 이미 예선 탈락된 응모작이 되는 것이다. 이미 예선 탈락되어야 할 응모작으로 대상이며 장원을 뽑아 시상하는 것이 놀랍지 않은가? 서체를 제약하지 않는 것도 한 대안이 될 수 있다. 그로 인해 각양각색 서체가 난무하는 게 우려된다면 '신명조'·'바탕' 외에도 '문체부 바탕체'가 괜찮지 싶다.

〈전북도민일보(2020.12.4.)에 실린 글의 원본임.〉

## 제4부

국민 엄마 배우 김영애

호날두 노쇼 그 후1

호날두 노쇼 그 후2

전직 대통령 형 확정을 보며

재벌 총수 재구속을 보며

날려버린 예술인 재난지원금 80만 원

의사들은 금테라도 둘렀나

대한의사협회를 규탄한다

뭐 저런 검찰총장이 다 있나

한일전 축구 0대 3

민주당의 보궐선거 참패

가장 핫한 전북 국회의원1

가장 핫한 전북 국회의원2

36세 제1야당 대표

조국 사태의 교훈

인종차별은 제국주의 잔재

미국에서의 증오범죄

박영수 특검의 중도하차

# 국민 엄마 배우 김영애

2014년 10월 23일 개봉 영화지만, KBS가 2020년 크리스마스 특선으로 12월 25일 방송한 '우리는 형제입니다'(감독 장진)를 이제야 보았다. 영화평은 다른 지면에서 했으므로 여기선 박상연(조진웅)·하연(김성균) 형제 엄마로 치매 앓는 승자를 연기한 배우 김영애 이야기를 좀 자세히 해보려 한다. 갑자기 세상을 뜬 '국민 엄마' 배우 김영애에 대한 추모라 해도 좋다.

김영애는 1951년 부산에서 태어났다. 부산여자상업고등학교를 졸업하고, 1971년 MBC 3기 공채 탤런트가 되었다. 이후 수많은 드라마와 영화에 출연했다. 마침내 어느 때부터인가 '국민 엄마'로 불리워지는 연기자가 됐다. 나도 젊은 시절 김영애 팬이었는데, 그녀가 집 나이로 66세인 2017년 4월 9일 우리가 살고 있는 세상을 떠나버렸다.

췌장암이라지만, 너무 젊은 나이에 우리 곁을 훌쩍 떠나버린 배우 김영애가 세상 뜨기 직전 출연한 영화는 2016년 12월 7일 개봉한 '판도라'다. 김영애가 주인공인 김남길 엄마 석여사로 나오는 '판도라'의 관객 수는 458만 명 남짓이다. 원래 540만 명인 손익분기점을 440만 명쯤으로 낮춰잡아 흥행 실패 영화로 남은 건 아니지만, 458만 명이 결코 적은 수치는 아니다.

드라마도 있다. 2017년 2월 26일 끝난 54부작 KBS 주말드라마 '월계수 양복점 신사들'이다. '월계수 양복점 신사들'은 최고 시청률 36.2%를 찍는 등 인기드라마였다. 김영애는 양복점 사장 이만술(신구)의 아내 최곡지로 주연중 한 명으로 출연했다. 이 드라마는 그들 부부의 아들로 나온 이동건과 조윤희가 실제 결혼해 화제를 낳기도 했다.

3년 만에 이동건과 조윤희 이혼 소식이 전해졌지만, 이제 보니 췌장암 투병중에도 드라마 촬영에 임한 김영애임을 알 수 있다. 김영애가 처음 췌장암 판정을 받은 건 2012년으로 알려졌다. 김영애는 그 사실을 알리지 않은 채 MBC 드라마 '해를 품은 달'(2012) 촬영에 임했다. 같은 해 영화 '내가 살인범이다'에 출연하기도 했다.

'나무위키'에 따르면 김영애가 췌장암에 걸린 건 황토팩 사업 실패로 인해 심한 정신적 충격과 스트레스를 받아서다. 그녀는 한 매체와의 인터뷰에서 당시 드라마 촬영 중 암 투병 사실을 숨긴 것에 대해 "쓰러질 때까지는 끝까지 최선을 다하는 것이 연기자의 자세"라고 말했다. 김영애는 '해를 품은 달' 촬영이 끝난 후에야 9시간의 대수술을 받고 완치 판정을 받았다.

이후 김영애는 많은 영화에 출연한다. '변호인'(2013)·'카트'(2014)·'우리는 형제입니다'(2014)·'허삼관'(2015)·'특별수사: 사형수의 편지'(2016)·'인천상륙작전'(2016)·'판도라'(2016) 등이다. 2016년엔 3편이나 출연하는 등 무리다 싶을 정도의 활동을 했다. '변호인'·'카트'·'인천상륙작전'·'판도라' 등을 이미 보고 글까지 쓴 바 있지만, 그런 사실은 알 수 없었다.

췌장암이 재발한 건, 역시 '나무위키'에 따르면 '월계수 양복점 신사들'에서 연기하던 도중이다. 그녀는 6개월 넘게 방송된 드라마 시작 두 달 만에 병원에 입원해야 했다. 병원에 입원하면서도 의료진의 만류에도 불구하고 '월계수 양복점 신사들' 촬영을 위해 병원에서 외출증까지 끊어가며 6개월간 약속한 50부 출연을 해냈다.

그러나 드라마가 인기에 힘입어 연장 방송이 결정된 후, 병세가 지속적으로 악화되어 더는 버티지 못했다. 드라마 종영 직전 연장 분량인 4회 분량에 출연하지 못한 이유다. '월계수 양복점 신사들' 제작진은 마지막회에 그녀에 대한 감사의 뜻을 담은 자막을 내보낼 계획을 세웠지만, 그녀는 연기자로서 미안한 마음뿐이라며 그 제안을 거절했다고 한다.

김영애 소속사였던 스타빌리지 엔터테인먼트가 공식 홈페이지에 올린 추모 1주기 내용을 보도한 RNX뉴스(2018.4.9.)에 따르면 "그는 당시 병세가 악화됐음에도 출연을 강행하며 연기에 대한 열정을 마지막까지 불태웠다. 고(故) 김영애는 병마와 싸우면서도 늘 의연한 모습을 보여 그 당시 시청자들은 그의 투병 사실을 알지 못했다"고 추모했다.

나 역시 '월계수 양복점 신사들'을 처음부터 한 회도 빼지 않고 보면서도 김영애가 연장 회차에 등장하지 않은 게 병세가 악화되어 그런지 알지 못했다. 무엇보다도 우리 인생에서 건강이 최고 중요한 가치인데, 그의 연기에 대한 열정과 공인으로서 책임을 다하려는 자세가 병을 악화시킨 게 아닌가 하여 쓸쓸하다.

세계일보 김신성 기자는 '우리는 형제입니다' 리뷰(2014.10.23.)에서 "따뜻한 연기로 관객들의 눈물을 쏙 빼놓는 김영애가 순식간에 사라진 엄마 승자 역을 맡았다. 승자는 해맑은 얼굴로 전국을 돌며 사고를 치고, 훌쩍 사라져 두 아들의 애를 태운다. 김영애 특유의 친근한 이미지와 따사로운 웃음이 영화에 훈훈한 감동을 더한다"고 전한다.

"쓰러질 때까지는 끝까지 최선을 다하는 것이 연기자의 자세"라는 신념을 잠시 쉬게 하고 아픈 몸을 더 다스렸더라면 처음 췌장암 판정을 받고 완치된 것처럼 그렇듯 서둘러 떠나가지는 않았을 지도 모르는

데…. 이제서야 김영애가 보인 연기 투혼을 생각하게 된 것도 방송·영화평론가로서 도리가 아니란 생각이 떠나지 않는다. 늦었지만 이제라도 고인의 명복을 빈다.

〈전북연합신문, 2021.1.5.〉

# 호날두 노쇼 그 후1

한겨레(2020.5.5.) 보도에 따르면 2020년 5월 3일(한국 시간) 영국 축구 전문매체 '90min'은 맨체스터 유나이티드 최고의 외국인 선수로 크리스티아누 호날두(유벤투스)를 지명하며, "축구 역사상 가장 위대한 선수 중 하나"라고 평했다. 또한 호날두는 구랍 28일 열린 '글로브 사커 2020 어워즈' 시상식(두바이)에서 '21세기 최고의 축구선수상'을 수상했다.

그뿐이 아니다. 호날두는 최근 경기장 밖에서 또 다른 기록을 세웠다. '스카이스포츠' 등의 기사를 보도한 동아일보(2021.1.6.)에 따르면 호날두의 인스타그램 팔로어가 세계 최초로 2억 5,000만 명을 돌파했다. 단일 인물로는 최다이다. ESPN에 따르면 호날두의 팔로어는 프리미어리그 20개 구단을 모두 합친 팔로어(1억 5,900만 명)보다 약 9,100만 명이나 많다.

그러니까 이래저래 호날두가 세계 최고의 축구선수라는 것인데, 그러나 거기에 공감하며 박수를 쳐줄 한국인들이 얼마나 있을지는 미지수다. 지지난해 한국에 와서는 이른바 노쇼 파동을 일으킨 호날두여서다. 새삼스럽지만 노쇼의 사전적 의미는 예약을 해놓고 취소 연락 없이 나타나지 않는 것을 말한다. 호날두가 그런 짓을 했다.

2019년 7월 26일 밤 열린 K리그 올스타팀 '팀 K리그'와 이탈리아 세리에A 2018~2019 시즌 우승 클럽 유벤투스FC의 친선경기(서울월드컵경기장)에서 호날두는 뛰기로 계약서에 들어 있는 45분은커녕

90분 경기 내내 몸을 풀긴커녕 아예 벤치에만 앉아 있었다. 팬들의 열광적인 기대가 무참하게 무너졌음은 물론이다.

나는 '호날두 빠진 축구 친선경기'(전북연합신문, 2020.7.31.)라는 칼럼으로 많은 독자들과 함께 분노와 실망감을 달랬지만, 일부 팬들은 소송에 나서기도 했다. 예컨대 호날두 사태 소송 카페 회원 87명이 노쇼 직후인 8월 주최사인 더페스타를 상대로 1인당 95만 원씩 총 8,280만 원의 손해배상을 청구하는 소송을 서울중앙지법에 냈다.

소송 결과가 이미 나온 것도 있다. 가령 2020년 2월 4일 더페스타가 이모씨 등 2명에게 각각 37만 1,000원을 지급하라는 인천지법 판결이 그것이다. 더페스타가 이모씨 등에게 지급해야 할 배상액 37만 1,000원은 티켓값 7만 원, 티켓 구매 수수료 1,000원, 정신적 위자료 30만 원 등이다. 글쎄, 정신적 위자료 30만 원이 그나마 위로가 되었을지는 미지수다.

또한 구랍 18일 서울중앙지법 민사합의 26부는 호날두 노쇼 사건과 관련해 더페스타가 한국프로축구연맹에 7억 5,000만 원을 지급하라고 판결했다. 호날두가 경기와 팬미팅에 불참한 점 등을 근거로 더페스타 측이 위약벌 7억 5,000만 원을 지급해야 한다고 한국프로축구연맹이 제기한 소송에 대한 판결이다.

위약벌은 채무자가 계약을 이행하지 않았을 때 손해배상과 별도로 내야 하는 위약금을 말하는데, 유벤투스 구단이나 호날두와는 아무런 관련이 없는 판결이다. 게다가 일부 팬들이 더페스타, 티켓 판매처인 티켓링크, 유벤투스 구단과 한국프로축구연맹을 사기 및 업무상 횡령 등의 혐의로 고소한 건에 대해서는 7월 31일 검찰에 사안 송치함으로써 일단락됐다.

사안 송치란 수사 잠정 보류 의견을 뜻하는데, 이탈리아 경찰의 협조를 받지 못해 부득이 취한 조치인 것으로 알려졌다. 친선 경기 입장권 가격을 모두 합하면 약 65억 원쯤이다. 그중 유벤투스가 친선전을 치르고 챙겨간 돈은 300만 유로(약 39억 5,000만 원)로 알려졌는데, 이탈리아의 경찰 협조 소식은 아직까지 들리지 않고 있다.

경찰은 이탈리아에 요청한 자료가 도착하는 대로 수사를 재개하겠다는 방침이지만, 코로나19가 창궐하기까지 해 언제 그럴 수 있을지 막막한 상태다. 결국 그렇게 흐지부지될 가능성이 크지만, 그러나 분명한 사실이 있다. 한국 팬을 우롱한 노쇼로 인해 호날두가 국내에서의 인기 추락은 물론 '날강두'라는 곱지 않은 별명까지 새로 얻게 되었다는 점이다.

한편 호날두는 앞의 동아일보에 따르면 노쇼로 한국 팬들을 실망시킨 2019년 인스타그램으로만 4,780만 달러(약 517억 원)를 벌어들인 것으로 알려지기도 했다. 그렇지만, 몸값은 이전에 비해 떨어진 것으로 나타났다. 가령 동아일보(2020.6.10.)에 따르면 호날두의 몸값은 848억 원으로 70위에 머물렀다.

이는 국제축구연맹(FIFA) 산하 국제스포츠연구센터(CIES)가 6월 9일 발표한 2020년 여름 유럽 5대 빅리그(잉글랜드·스페인·프랑스·이탈리아·독일) 주요 선수들의 예상 이적료 보고서 내용이다. 흥미로운 건 호날두 몸값이 1,021억 원(48위)인 손흥민보다 한참 아래에 있는 점이다. 많은 국내 팬들이 꽤 고소해했을 법한 내용이다.

말할 나위 없이 노쇼로 인해 한국 팬들에게 찍힌 호날두여서다. 지금까지도 호날두가 왜 노쇼를 저질렀는지는 미스터리다. 진짜 의아스러운 것은 내가 알기로 호날두가 돌아간 후에도 어떤 해명이나 사과가 없었다는 점이다. 스타이기 전에 인간이 되어야 많은 팬들의 사랑을 받을 수 있는, 극히 기본적 상식을 호날두만 모르고 있는지 그것이 궁금해진다.

〈전북연합신문, 2021.1.12.〉

# 호날두 노쇼 그 후2

크리스티아누 호날두(유벤투스)는 구랍 28일 열린 '글로브 사커 2020 어워즈' 시상식(두바이)에서 '21세기 최고의 축구선수상'을 수상했다. '글로브 사커 어워즈'는 2010년, 축구에이전트협회(EFAA)와 유럽클럽협회(ECA)에서 제정한 시상식이다. 매년 최고로 활약한 축구선수와 감독들을 선정 시상해오다 2020년엔 21세기(2001~2020) 최고의 선수상·최고의 감독상·최고의 클럽상을 신설했다.

지난 10년간 그와 각종 '최고 선수상'을 양분하다시피 해온 메시를 비롯해 무함마드 살라흐(리버풀), 호나우지뉴(은퇴) 등이 함께 후보로 올랐으나 그들을 모두 제치고 호날두가 21세기(2001~2020) 최고의 선수상 수상의 영예를 안았다. 그러니까 호날두가 2001년부터 2020년까지 20년 동안 세계 최고의 축구선수라는 것이다.

잠깐 그의 활약을 살펴보자. 호날두는 2020년 9월 9일 스웨덴과의 유럽축구연맹(UEFA) 네이션스리그 리그A 그룹3 2차전에서 유럽 남자 축구 선수 중 최초, 전 세계적으론 두 번째로 A매치(국가대표팀간 경기) 100골을 돌파했다. UEFA는 "호날두가 자신의 A매치 165번째 경기에서 통산 100호, 101호 골을 터뜨려 유럽 남자 선수 중 처음으로 100골을 넘어섰다"고 전했다.

2004년 6월 그리스와의 유럽축구선수권대회(유로) 경기에서 A매치 데뷔 골을 터뜨린 호날두는 꾸준한 득점력을 바탕으로 16년 만에 대기록을 세웠다. 1위는 과거 이란의 간판 스타였던 알리 다에이가 보유

한 109골(149경기)이다. 브라질의 '축구 황제' 펠레는 77골(92경기)로 7위, 호날두의 라이벌인 리오넬 메시(아르헨티나)는 70골(138경기)로 16위에 자리해 있다.

호날두는 맨체스터 유나이티드(잉글랜드), 레알 마드리드(스페인), 유벤투스(이탈리아)에서 뛰면서 총 7차례 정규리그 우승 트로피를 들어 올렸다. 유럽축구연맹(UEFA) 챔피언스리그 우승도 5차례 경험했다. 2002년 스포르팅(포르투갈)에서 프로 데뷔해 20년 가까이 현역으로 뛰면서 1월 12일 현재공식 경기 759골을 기록 중이다.

호날두는 1월 11일 열린 2020~2021시즌 세리에A 사수올로와의 안방경기에서 이번 시즌 15호 골을 넣었다. 동아일보(2021.1.12.)가 보도한 골닷컴 등 해외 매체에 따르면 호날두는 이날 골로 유럽 5대 프로축구 리그에서 15시즌 연속으로 15골 이상을 기록한 유일한 선수가 됐다. 호날두의 경쟁자인 '축구의 신' 리오넬 메시(34·FC바르셀로나)도 이루지 못한 기록이다.

그러나 거기에 공감하고 박수를 치며 기뻐해줄 한국인들이 얼마나 있을지는 미지수다. '호날두 없는 축구 친선 경기'와 '호날두 노쇼 그 후'란 글에서 이미 말했듯 2019년 7월 26일 서울 월드컵경기장에서 아무리 너그럽게 봐주려 해도 이해할 수 없는 노쇼 파동을 일으켜 한국 팬들에게 이미 찍힌 호날두여서다.

한편 호날두는 포브스 집계(2018.6~2019.6) 운동선수 수입 TOP 100에서 2위로 나타났다. 1위는 1억 2,700만 달러의 메시인데, 호날두의 총 수입은 1억 900만 달러다. 연봉과 우승 상금, 광고 수익을 합친 액수다. 연봉 1억 달러면 약 1,170억 원이다. 하루 평균 약 3억 2,000만 원을 버는 셈이다. 그야말로 억 소리 나는 세계적 스타다.

많이 번다고 다 그런 건 아닌데, 그만큼 호날두는 착한 일도 많이 했다. 바로 기부다. 한국일보(2020.3.16.) 보도에 따르면 전 세계 다양한 단체에 그가 기부한 금액은 1,000만 파운드(약 150억 원)를 훌쩍 넘는다. 특히 2015년엔 네팔 지진 구호 기금으로 낸 650만 달러 등 세계에서 가장 기부를 많이 한 스포츠 스타이기도 했다.

그렇게 착한 일을 억수로 하고 '득점 기계'면 뭐하나? 많은 선행을 해온 축구 선수로 알려진 호날두가 왜 우리나라에 와선 노쇼를 저질렀는지는 지금까지도 미스터리다. '글로브 사커 어워즈' 수상 소감에서 "더는 텅 빈 경기장에서 뛰기 싫다. 팬이 없으면 축구는 아무것도 아니다"라고 말한 것조차 위선이나 가식이 아닐까 하는 의구심을 갖게 하기에 충분하다.

호날두는 대한민국 축구 팬들 입장에서 들으면 속이 뒤집어질 발언을 또 했다. 구랍 28일 인터풋볼이 보도한 글로벌 매체 '골닷컴' 기사에 따르면 "호날두는 경기장을 찾는 관중들로부터 받았던 사랑과 증오를 모두 그리워하고 있다. 특히 그는 야유 소리를 즐겼으며 현재 무관중 경기가 지루하다고 느끼고 있다"고 말한 것이다.

사람은 누구나 실수할 수 있다. 중요한 건 실수를 인정하고 다시 그런 일이 없게 해야 한다는 점이다. "그동안 손흥민은 포지션(측면 공격수)과 등번호(7번)가 자신과 같은 세계적 공격수 호날두를 닮고 싶다고 얘기해왔"(동아일보, 2020.9.10.)는데, 제발 그의 노쇼같이 팬들을 업신여기는 무례한 행동만큼은 닮지 않았으면 한다. 호날두 노쇼에 대해 두 편이나 이미 썼는데도 다시 이 글을 쓰는 이유다.

〈전북연합신문, 2021.1.19.〉

## 전직 대통령 형 확정을 보며

오해가 없게 하기 위해 미리 말해두지만, 나는 어떤 이념에 의해 움직이지 않는다. 남들이 보수로 분류하는 60대 중반이지만, 나는 아니다. 그렇다고 진보도 아니다. 따라서 일부에서 즐겨쓰는 좌파나 우파도 아니다. 그렇다면 중도일텐데, 그것도 아니다. 굳이 말하자면 나는 어떤 사안에 대해 객관적이면서도 일반 상식과 부합하는 판단을 가치로 알고 글을 쓰는 평론가다.

1월 14일 대법원 3부(주심 노태악 대법관)는 박근혜 전 대통령의 뇌물·국고손실·직권남용 혐의 등을 유죄로 인정해 징역 20년형을 선고했다. 대법원은 삼성·롯데에서 수십 억 원의 뇌물을 받고 이병호 전 국가정보원장에게 특활비 2억 원을 받은 혐의(뇌물)로 징역 15년과 벌금 180억 원을 선고했다.

대법원은 또 국정원 특활비 34억 5천만 원을 챙긴 혐의(국고손실) 등으로 징역 5년을 선고하고 추징금 35억 원을 명령한 원심을 확정했다. 다만, 이른바 '문화계 블랙리스트' 작성·실행을 지시한 혐의(직권남용) 등에 대한 일부 무죄 판결은 유감스럽다. 박근혜 정부에 비판적이라는 이유로 피해를 당한 수많은 문화예술인들이 있는데도 '아랫것들이 알아서 긴' 모양새가 되어서다.

아무튼 박 전 대통령의 형량은 이보다 앞서 2018년 11월 공천 개입 혐의로 확정된 2년을 합쳐서 22년이다. 앞으로 남은 형기는 19년 남짓이다. 사면을 받지 못하면 만 87세가 되는 2039년 3월에 만기 출소하게 한다. 이로써 비선 실세 국정농단으로 일어난 촛불혁명 끝에 탄핵·파면된 박 전 대통령 사법처리가 거의 4년 만에 끝났다.

선고 뒤 박영수 특별검사팀은 "대법원 판결을 존중한다. 뇌물공여자(이재용 삼성전자 부회장)에 대한 파기환송심도 합당한 판결이 선고되길 기대한다"고 밝혔다. 그래서일까. 이재용 삼성전자 부회장은 1월 18일 파기환송심 선고 공판에서 2년 6개월의 실형을 선고받고 구속·수감됐다. 여러 논란이 있지만, 수감은 뇌물 적극 공여자에 대한 엄벌이라 할 수 있다.

2017년 3월 31일 국정농단 사건으로 구속된 박 전 대통령은 2021년 1월 21일 기준 1,393일째 수감 중이다. 역대 최장 기간 수감된 전직 대통령이란 역사를 새로 썼다. 참고로 내란죄와 뇌물수수죄 등으로 기소된 전두환·노태우 전 대통령은 각각 대법원에서 무기징역과 징역 17년형을 선고받았지만, 1997년 말 사면되면서 751일, 767일만 복역했을 뿐이다.

한편 이명박 전 대통령은 지난해 10월 29일 대법원에서 횡령과 뇌물수수 등의 혐의로 징역 17년, 벌금 130억 원, 추징금 57억 8,000만 원을 선고받아 형이 확정됐다. 이 전 대통령은 2018년 3월 22일 첫 구속된 이래 1월 21일 기준 437일째 수감 중이다. 특별사면이나 가석방 등이 없을 경우 이 전 대통령은 95세가 되는 2036년에 출소한다.

두 명이나 전직 대통령이 감옥살이하는, 애들 말로 쪽팔리는 나라의 국민이라는 사실에 새삼 분통이 터지지만, 형 확정에 따라 사면 얘기가 나오고 있다. 이낙연 민주당 대표가 새해 벽두에 불쑥 끄집어낸 후 일각에서 사면 얘기가 급물살을 타고 있는 형국이다. 사면에 대한 고 유권한을 가진 문재인 대통령에게 시선이 쏠리는 이유다.

그러나 문 대통령은 1월 18일 가진 신년 기자회견에서 "지금은 사면을 말할 때가 아니라는 생각"이라며 명확하게 선을 그었다. 문 대통령은 "(박근혜 전 대통령에 대한) 재판 절차가 이제 막 끝났고, 엄청난 국정농단, 그리고 권력형 비리가 사실로 확인됐고, 우리 국민들이 입은 고통이나 상처도 매우 크다"고 말했다.

이어서 "하물며 과거의 잘못을 부정하고 재판 결과를 인정하지 않는 차원에서 사면을 요구하는 이런 움직임에 대해서는 국민들의 상식이 용납하지 않을 거라 생각하고, 저 역시 받아들이기 어렵다"고 말했다. 많은 국민이 사면을 반대하는데다가 두 전직 대통령의 딱 부러진 반성과 사과가 없어 지금 당장은 사면할 수 없다는 것이다.

박 전 대통령은 2017년 10월 법정에서 "법치의 이름을 빌린 정치보복은 저에게서 마침표가 찍어졌으면 한다"고 발언한 이후 재판을 보이콧해 왔다. 대법원 선고에도 나오지 않았다. 국정농단 등에 대해 사과하지도 않았다. 이 전 대통령은 수감 당시 측근들에게 "재판 자체가 정치 행위인데 사면도 정치적으로 할 것이다. 기대를 걸지 말라"고 한 것으로 전해졌다.

이들의 반응을 종합해보면 '나는 아무런 죄도 없는데, 정권이 바뀌어 정치보복을 당한 것'이라는 태도다. 일부 측근 정치인들이나 열혈 지지자들도 '정치보복' 운운한다. 두 명의 전직 대통령 감옥살이가 있어선 안될 불행한 일이긴 하지만, 극히 일부를 뺀 대다수 국민들로선 더 기가 막히고 어이 없는 태도가 아닐 수 없다.

그들 주장대로라면 대법원이며 검찰 등 사법기관은 물론이고 촛불을 든 수많은 국민들이 두 전직 대통령의 없는 죄를 조작하는 망나니춤이라도 췄다는 말인가? 전두환씨에 이어 박근혜·이명박씨로 호칭부터 예우가 박탈되는 전직 대통령들을 도대체 언제까지 봐야 하는지, 코로나19 상황 못지 않게 참 답답하다.

〈전북연합신문, 2021.1.26.〉

## 재벌 총수 재구속을 보며

　박근혜 전 대통령의 형 확정 재판 나흘 후인 1월 18일 서울고법 형사1부(재판장 정준영)는 이재용 삼성전자 부회장에 대한 파기환송심에서 징역 2년 6개월의 실형 선고와 함께 피고인을 법정 구속했다. 2년 6개월이면 집행유예도 가능한 형량인데, 재벌 총수 범죄에 대한 이른바 '3-5 법칙'(징역 3년 집행유예 5년을 선고하는 관행)을 깬 판결이다.

　재판부가 이례적으로 삼성 쪽에 준법감시위원회 운영을 권고하면서 선처하려 한다는 법조계 안팎의 우려를 낳은 것에 비하면 그와 다른 판결인 셈이다. 어찌 보면 신의 한 수라는 생각마저 든다. 최대한 봐주면서도 빗발칠 수 있는 반발 내지 비난 여론을 어느 정도 피해갈 수 있는 실형 선고와 함께 법정 구속한 것이라서다.

　재판부는 "박 전 대통령의 뇌물 요구에 편승하여 적극적으로 뇌물을 제공했고 묵시적이긴 하나 승계 작업을 돕기 위해 대통령의 권한을 사용해 달라는 취지의 부정한 청탁을 했다"며 이 부회장의 86억여 원 뇌물공여·횡령 혐의를 유죄로 인정했다. 앞서 대법원 전원합의체가 항소심을 파기하며 인정한 뇌물 액수를 그대로 받아들였다.

　재판부는 마필계약서 허위 작성(범죄수익은닉), 국회 청문회에서의 위증도 유죄로 판단했다. 재판부는 '양형 사유로 반영하겠다'고 했던 준법감시위가 "앞으로 발생 가능한 새로운 유형의 위험에 대한 선제적 위험 예방과 감시까지는 이르고 있지 않은 것으로 보인다. 이 사건에서 양형 조건으로 참작하는 것은 적절하지 않다는 결론에 이르렀다"고 밝혔다.

또한 재판부는 "이 사건은 국정농단 사건의 일부분이기도 하지만 한편으로 보면 그동안 정치권력이 바뀔 때마다 반복됐던 삼성 최고 경영진이 가담한 뇌물횡령죄의 연장선에 있기도 하다. 실효성 기준에 미흡한 점이 있으나 시간이 흐른 뒤 더 큰 도약을 위한 준법윤리경영의 출발점으로서 대한민국 기업 역사에서 하나의 큰 이정표라는 평가를 받게 되길 바란다"고 당부했다.

여기서 잠깐 안재승 칼럼(한겨레, 2021.1.19.)을 참조해 '삼성 최고 경영진이 가담한' 정경유착의 흑역사를 살펴보자. 삼성 창업주 이병철 회장은 5·16 쿠데타 직후 '부정 축재자 1호'로 지목돼 구속될 처지에 놓였으나 박정희 당시 국가재건최고회의 부의장을 만나 협조를 약속하고 한국경제인협회(전국경제인연합회 전신)를 만들었다.

그 뒤로도 이병철 회장의 전두환 뇌물 제공, 이건희 회장의 노태우 전 대통령 뇌물 제공, 한나라당 불법 대선자금 차떼기 사건, 이명박 전 대통령의 로펌 수임료 대납 등으로 정경유착은 끊이지 않았다. 종국에는 이 부회장의 박 전 대통령 뇌물 제공으로 이어졌다. 삼성을 윽박지른 역대 정권의 죄 역시 가볍지 않지만, 고장난명(孤掌難鳴)이라고 정경유착이 어느 한쪽만의 잘못은 아닐 것이다.

그럼에도 80여 년의 삼성 역사에서 총수 가운데 실형을 선고받은 것은 이 부회장이 처음이다. 이병철 회장과 이건희 회장은 검찰의 봐주기 수사, 법원의 솜방망이 처벌, 대통령의 특별사면을 통해 면죄부를 받았다. 비록 1심 형량인 5년이 반절로 줄었을지라도 다시 구속·수감되는 실형이란 점에서 의미가 있는 판결이라 할 수 있다.

또한 재판부는 이 부회장의 공범으로 기소된 장충기 전 미래전략실 사장과 최지성 전 미래전략실장에게도 이 부회장과 같은 징역 2년 6개월을 선고하고 법정 구속했다. 승마 지원을 위해 최서원(개명 전 최순실)씨와 접촉했던 박상진 전 삼성전자 사장과 황성수 전 전무에겐 각각 징역 2년 6개월에 집행유예 4년을 선고했다.

이 부회장쪽 변호인은 "이 사건 본질은 박 전 대통령의 직권남용으로 기업이 자유와 재산권을 침해당한 것"이라며 "그런 본질을 고려해 볼 때 재판부의 판단은 유감이다. 판결문을 검토해보고 재상고 여부를 결정하겠다"고 밝혔지만, 2년 6개월형이 확정됐다. 변호인이 1월 25일 "이 부회장은 이번 판결을 겸허히 받아들이고 재상고를 하지 않기로 했다"고 밝혔기 때문이다.

이로써 2017년 2월 구속된 뒤 항소심에서 집행유예로 풀려나기까지 약 1년간 수감됐던 이 부회장은 앞으로 1년 6개월 감옥생활을 더 해야 한다. 재상고 포기는 다소 의외지만, "대법원에 사건이 다시 올라가도 판결이 뒤집힐 가능성이 없다는 현실적인 판단을 한 것으로 보인다"는 게 중론이다.

삼성쪽은 부인하고 있지만, 이 부회장이 특별사면과 가석방 등을 염두에 두고 판결 확정을 서두른 것 아니냐는 해석도 나온다. 문재인 대통령이 신년 기자회견에서 정치권 안팎의 이명박·박근혜 전 대통령 사면 논의에 선을 그었지만, 이 부회장 역시 형을 확정받고 사면 요건을 충족하는 것이 실리적이라고 판단했을 수 있다는 얘기다.

이 부회장이 감옥에서 처음으로 낸 메시지는 1월 21일 변호인을 통해 삼성 준법감시위원회 활동을 계속 지원하겠다는 것이다. 다분히 재판부 지적을 의식한 화답적 행보로 보인다. 1년 6개월 다 감옥에 있을

지 그 안에 사면을 받아 풀려날지 귀추가 주목되는 대목이다. 분명한 건 이 부회장이 조부나 부친이 살던 시대가 아닌 시절을 살고 있다는 사실이다.

〈전북연합신문, 2021.2.10.〉

# 날려버린 예술인 재난지원금 80만 원

 2월 8일 전주시가 코로나19로 공연 등 예술 활동이 어려운 문화예술인에게 예술인 재난지원금을 지원한다고 밝혔다. 내가 소속된 전주문인협회로부터도 그런 내용의 문자를 받았다. 이전에 없던 지원이라 일단 잘한 일이라며 반가워했음은 물론이다.
 그런 생각은, 그러나 이내 실망감을 넘어 일종의 분노로 바뀌고 말았다. 자세한 내용을 들여다보니 예술인 재난지원금은 '전주형 3차 재난지원금'의 일환으로 1인당 50만 원을 2~3월에 거쳐 순차적 현금 지급한다. 신청 대상은 전주시에 주민등록상 주소지를 두고, 올해 1월 1일 기준 한국예술인복지재단에서 발급하는 예술활동증명이 유효한 예술인이다.
 그런데 예술활동증명이 미완료 또는 유효기관이 만료된 예술인, 국·공립 문화예술기관 소속 상근예술인은 제외라는 단서가 붙어 있다. 내가 여기에 속한다. 올해 1월 1일 기준 한국예술인복지재단에서 발급하는 '예술활동증명이 미완료'되어 있는 예술인이어서다.
 그러니까 1983년 방송평론을 시작으로 방송·영화·문학분야의 책을 48권(편저 4권 포함)이나 펴내는 등 가히 독보적인 활동을 하고 있는 평론가인 내가 한국예술인복지재단의 예술활동증명 절차를 밟지 않았다는 이유로 정작 예술인 재난지원금을 받지 못하는 이상한 일이 벌어진 것이다.
 작년 11월에도 비슷한 일이 있었다. 전라북도문화관광재단이 1인당

30만 원을 지원한 예술인 재난지원금도 전주시와 같은 조건이었다. 재난지원금 대상이 아님을 알게 되었지만, 그러려니 하고 지나갔다. 전라북도문화관광재단의 '예술인재난극복지원사업'에 개인 저서가 선정되어 도움을 받았으니 그걸로 만족하려 했다.

하지만 전주시의 예술인 재난지원금에 대해선 그런 생각이 들지 않는다. 문인들 개인 창작집 발간에 아무런 지원도 하지 않는 전주시인데다가 코로나19로 예술 활동이 어려운 문화예술인들을 돕는답시고 그런 예술인 재난지원금을 시행해서다.

그런 제한은 사각지대 없이 한 사람이라도 빼지 않고 도우려 하기보다 어떻게 하면 그 수를 줄여 조금이라도 덜 줄까 하는 것처럼 보이게 한다. 주민등록상 전주시나 전라북도에 주소를 둔 예술인이면 충분하지 왜 한국예술인복지재단 예술활동증명이 필요한 지 의문이 드는 것도 그런 이유에서다.

한국예술인복지재단 예술활동증명이 없으면 예술인이 아니란 말인가? 내가 생각하기에 문인의 경우 최근 펴낸 저서 표지만으로도 예술인증명은 충분하다. '올해 1월 1일'이란 기준이 왜 있는 지도 알 수 없다. 그렇다면 예술인들이 '올해 1월 1일' 이전까지만 코로나19로 어려움을 겪었고, 1월 2일부터는 그렇지 않다는 말인가 묻지 않을 수 없다.

전주시나 전라북도문화관광재단이 제시한 조건을 충족하지 않았을 망정 코로나19로 어려움을 겪기는 누구나 마찬가지다. 무엇보다도 납세의 의무를 성실히 다하고 있는 국민이자 전주시민이고 전라북도 도민인 나를 포함한 무릇 예술인들이 왜 그런 차별적 패싱을 당해야 하는지 분통 터질 일이다.

활동내역이 명백한 데도 예술인 아닌 취급을 넘어 딴나라 사람 대하듯하니, 무슨 이런 홀대와 차별의 지원이 있는지 기가 막힐 따름이다.

〈전북도민일보, 2021.3.3.〉

# 의사들은 금테라도 둘렀나

지난 달 26일 처리될 것으로 알려졌던 의료법 개정안의 국회 법제사법위원회(법사위) 통과가 무산됐다. 본회의 상정조차 못했으니 2월 임시국회 처리가 물 건너간 데 이어 언제 처리될지도 불투명해졌다. 앞서 국회 보건복지위원회(복지위)는 2월 19일 중대범죄를 저질러 금고 이상의 형이 확정된 의사의 면허를 취소하는 의료법 개정안을 여야 합의로 의결한 바 있다.

전국 의사 총파업 예고에 이어 "법안이 법사위에서 의결되면 진료와 백신 접종 관련된 협력체계가 모두 무너질 것"이라 으름장을 놓는 등 강력 반발해온 대한의사협회 최대집 회장은 "법사위 논의 결과를 존중한다"며 "의료계 의견을 지속적으로 전달하겠다"고 환영했다.

보도를 종합해보면 이날 회의에서 국민의힘 장제원·윤한홍 야당 의원들은 '과잉금지의 원칙' 등을 이유로 제동을 걸었다. 이에 여당 의원들도 한 발 물러서면서 법안 처리가 미뤄졌다. 지난 해 여름 집단휴진 총파업으로 재미를 본 대한의사협회의 반발에 밀린 모양새가 되었음을 부인하기 어려워 보인다.

우선 국민의힘 법사위 의원들이 제동을 건 것은 코로나19 국면에서 의료계의 반발을 의식한 때문인 듯하다. 실제 의료법 개정안이 국회 복지위에서 처리된 직후, 김종인 국민의힘 비상대책위원장은 "의사 협조가 절대적으로 필요한 시기에 의사 심기를 건드리는 법을 왜 (민주당이 처리하려고) 시도하는지 납득이 안 간다"고 말했다.

마치 호응이라도 하듯 의사 출신의 안철수 국민의당 서울시장 후보도 비슷한 말을 하며 대한의사협회 편을 들었다. 물론 그게 전부가 아니다. 고위공직자범죄수사처(공수처)법이나 가덕도신공항특별법에서 보듯 처리를 밀어붙일 수 있었던 여당임에도 주춤하며 한 발 물러선 이유가 뭐냐는 의구심이 생겨서다.

복지위 소속 더불어민주당 의원들이 "의사들의 심기는 관리하고, 국민의 심기는 무시한 행위"라며 조속한 처리를 요구했다지만, 4·7보궐선거를 의식한 것 아니냐는 얘기가 나오는 건 그래서다. 더불어민주당 속내야 어찌 됐든 법사위 통과 무산은 의료법 개정안을 찬성하는 68.5%(10명중 7명꼴)의 국민을 배반한 꼴이 됐다.

지금 시행되고 있는 의료법은 1973년부터 범죄의 구분 없이 금고 이상의 형을 선고받은 경우 면허를 취소했다. 하지만 2000년 정부가 의약분업을 하면서 개정한 '의료악법'에 면허취소 대상 범죄의 범위를 '허위진단서 작성 등 형법상 직무 관련 범죄와 보건의료 관련 범죄'로 좁혔다. 그러니까 20년 넘게 의사들만 치외법권적 특혜를 누린 것이다.

현재 변호사·공인회계사·법무사 같은 전문직종의 경우 의사들과 달리 금고 이상의 형을 받으면 관련법에 의해 일정 기간 자동으로 자격이 박탈된다. 공무원도 금고 이상의 형을 받으면 국가공무원법에 따라 해고(당연퇴직)된다. 형평성 문제 등 잘못된 법 적용을 정상화하려는 의료법 개정안이라 할 수 있다.

대한의사협회는 2월 22일 발표한 입장문을 통해 "선량한 의사가 직무와 무관한 사고나 법에 대한 무지로 인해 졸지에 면허를 잃을까 봐 우려하는 것"이라고 말한다. 하지만 정부에 따르면 의사 외에 한의사·치과의사·간호사 등 모든 의료진이 이번 개정안의 적용을 받지만, 지금까지 반대 의견을 표명한 단체는 대한의사협회가 유일하다.

한편 여성계는 "현행 의료법으로는 성범죄 의사의 의료행위를 제재할 방법이 없다. 의료법 개정이 반드시 필요하다"는 입장을 냈다. 가령 한국여성의전화는 "개정안은 의료인의 특수한 지위를 이용하여 성범죄를 저지른 가해자에게 취해야 할 상식적이며 기본적인 조치"라며 법 개정 필요성이 범죄통계로도 확인된다고 밝혔다.

한겨레(2021.2.25.)가 보도한 '2019년 경찰범죄통계'를 보면 전문직(의사·변호사·교수·종교인·언론인·예술인·기타) 피의자는 5만 2,893명이다. 이 가운데 의사가 5,135명(9.7%)으로 가장 많았다. 종교인(4,887명), 예술인(3,207명), 언론인(1,206명), 교수(1,205명), 변호사(679명)가 뒤를 이었다. 범죄 유형을 뜯어보면, 강제추행 등 성범죄를 저지른 의사는 136명(변호사는 13명)이었다.

최근 5년(2015~19년) 통계를 합하면 성범죄를 저지른 의사는 613명에 달한다. 전문직 중 가장 많다. 사기·횡령(지능범죄)을 저지른 의사는 2019년 881명으로 종교인(1,123명)에 이어 두 번째로 많았다. 의사가 살인·성폭행 등 강력범죄를 저질러 처벌을 받더라도 면허를 취소할 수 없다는 게 말이 되지 않는다.

단체가 자신들의 생존권이나 권익을 위해 주장과 함께 파업할 자유가 있는 민주사회이긴 하지만, 대한의사협회는 번번이 특권의식 쩌는 모습을 보여 눈살을 찌뿌리게 한다. 지난 해 여름 대한의사협회 파업 때 간신히 참으며 넘어갔지만, 지금은 아니다. 환자들, 나아가 국민을 볼모로 정부와 정치권을 이기려고만 하는 대한민국 의사들은 금테라도 둘렀나 묻지 않을 수 없다.

〈전북연합신문, 2021.3.3.〉

## 대한의사협회를 규탄한다

 지난 해 여름 간신히 참으며 그냥 넘어갔지만, 지금은 아니다. 정부가 추진하려던 금고 이상의 형이 확정된 의사의 면허를 취소하는 의료법 개정안에 대해 집단휴진 등 총파업을 예고하며 강력 반발, 결국 국회 법제사법위원회 통과가 무산된 대한의사협회(회장 최대집) 이야기다. 대한의사협회는 지난 해 여름에도 정부 정책에 반기를 들었다.
 정부가 추진하려던 의대 정원 확대·공공의대 설립·한방첩약 급여화·원격의료 같은 정책에 반발하며 벌인 의사들 집단휴업 따위 총파업이 그것이다. 결국 정부·여당과 대한의사협회가 의대 정원 확대 등을 위한 정책 추진을 코로나19 안정화 때까지 중단하고 원점에서 재논의하기로 2020년 9월 4일 합의하면서 '의료대란'은 진정 국면에 접어 들었다.
 그러나 대한전공의협의회는 대한의사협회 산하단체이면서도 이런 합의를 수용할 수 없다며 바로 복귀하지 않았다. 복귀는커녕 전공의(인턴·레지던트)들이 합의 저지를 위한 실력 행사에 나서면서 복지부와 의협 간 합의문 서명 시간이 두 차례나 미뤄지고, 급기야 장소가 바뀌는 소동까지 국민들은 지켜봐야 했다.
 그러니까 국민의 생명·건강과 관련된 공공의료 확충이라는 중차대한 정부 정책 추진이 의사단체들 반발로 도로아미타불이 되어버린 것이다. 첫 걸음을 내딛으려던 공공의료 확충 계획에도 제동이 걸렸음은 물론이다. 10년간 의대생 4,000명을 늘려 지역 간 의료 불균형을 해소하고, 공공의대 설립으로 공공의료를 확대해 나가겠다던 정부의 계획이 수포로 돌아갔다.

한겨레(2020.9.5.)에 따르면 김윤 서울대 의대 교수는 "환자들에게 피해를 주면서 자신들의 요구를 수용하라는 의사들의 이기적 집단행동에 정부가 끝내 뒷걸음질을 친 것"이라고 비판했다. 노동·시민사회단체들도 "시민의 건강과 안전에 직결된 공공의료 정책 논의에서 시민을 배제하고 이익단체인 의사단체의 요구대로 공공의료 포기를 선언한 것을 결코 받아들일 수 없다"고 강하게 반발했다.

'백기투항'이나 다름없다는 비판이 거센 데 대해 복지부 쪽은 "의료격차를 해소하고 의료전달체계를 개편하며 수련환경을 개선해 의료 질을 향상한다는 방향에는 의료계와 정부가 공감하고 있어 합리적인 방안을 마련할 수 있을 것"이라고 밝혔다. 하지만 이날 합의로 인해 현 정부 임기 안에 지역의사제와 공공의대 설립 정책은 사실상 추진되기 어려워졌다는 보도가 잇따랐다.

합의문에 명시된 '코로나19 안정화'가 언제 이루어질지 미지수라 그런 보도는 의미가 있어 보인다. 지금 막 백신 접종이 시작됐지만, 방역당국 설명처럼 집단면역 시기를 올 11월로 본다면 문재인 정부는 6개월도 남지 않은 시점이다. 공공의료 확충을 위한 의대 정원 확대·공공의대 설립 같은 정책이 물건너 갔다는 주장에 설득력이 생기는 이유다.

그럼에도 민간 의존도가 과도하게 높은 기형적인 의료체계를 개선하려는 첫 시도라는 점에서 의미가 적지 않았다는 평가다. 특히 코로나19를 겪으며 공공의료 중요성이 어느 때보다도 더 피부로 와닿았다. 한국일보(2020.9.7.)에 따르면 "공공의료기관의 병상 수는 우리나라 전체 의료기관 병상 수의 9%에 불과하지만 코로나19 입원환자의

90%는 공공병원에 입원해 있다."

기형적으로 비대한 민간 의료의 저항을 넘어서지 못한 정부지만, 대한의사협회의 그런 세 과시가 국민에겐 의사들에 대한 반감과 불신을 키웠다. 오죽했으면 "코로나19 위기가 극에 달해 국민이 죽어가는데도 의사들이 진료를 거부할 수 있는 이유는 2000년 개정된 '의료악법' 때문"이라며 법 개정을 요구한 글이 청와대 국민청원에 올라오고, 30만 명 넘게 동의했을까.

이찬진 참여연대 집행위원장은 "의사들은 2000년 의약분업 때부터 파업을 통해 스스로의 힘을 자각하며 확신해왔다. 그래서 국민들이 의사가 오만하다고 생각하는 것"이라고 말했다. 이어 이찬진 집행위원장은 "공공의료 공급체계가 20~30%라도 확보된 평균의 국가였다면 의사들이 이런 몽니를 부리는 건 상상도 할 수 없었을 것"이라고 잘라 말했다.

또한 "의료 정책의 이해관계인인 의사들의 의견을 참고하는 것은 필요한 과정이지만 이들을 의료 정책 협의 파트너로 인정하는 것은 있을 수 없는 일"이라고 비판했다. 그는 "의사들 요구처럼 노동 정책은 민주노총이, 교육 정책은 전국교직원노동조합이 정부 정책 결정에 참여한다고 가정해보라"(앞의 한국일보)고 반문했다.

현재 우리나라 전체 의료시설 중 공공의료 시설은 5%에 불과하다. 의사들 파업은 역설적으로 다시 '공공의료의 중요성'을 깨닫게 하는 교훈에 기여한 셈이다. 이는 전문가들의 공통된 지적인데, "공공의료가 탄탄했다면 이기주의에서 비롯된 집단행동 때문에 우리나라 의료시스템 전체가 이처럼 속수무책으로 무너지진 않았을 것"이란 얘기다.

의대 정원을 늘리고 공공의대 설립으로 공공의료를 확충하겠다는 정부 정책을 환자들을 내팽개치면서까지 반대하는 의사들도 이해가 안되지만, 거기에 백기 투항하는 정부와 여당, 대한의사협회 편을 드는 제1야당 등 모두가 '무슨 이런 나라가 다 있나' 하는 탄식의 주범들이다. 드라마 '낭만닥터 김사부'의 한석규 같은 의사는 현실 속에선 볼 수 없는 신기루일 뿐인가?

〈전북연합신문, 2021.3.11.〉

# 뭐 저런 검찰총장이 다 있나

3월 2일 윤석열 검찰총장은 국민일보 인터뷰를 통해 여당의 중대범죄수사청 신설에 대해 "민주주의라는 허울을 쓰고 법치를 말살하는 것"이라며 강하게 비판했다. 현직 검찰총장의 일간신문 인터뷰를 통한 집권 여당의 정책 입법 비판에 깜짝 놀랄 새도 없이 '검수완박'(검찰수사권 완전 박탈)이니 '부패완판'(부패가 완전히 판친다) 운운하더니 3월 4일엔 사퇴를 선언했다.

그는 입장문에서 "이 나라를 지탱해온 헌법정신과 법치 시스템이 파괴되고 있고, 그 피해는 고스란히 국민에게 돌아간다. 이 사회가 어렵게 쌓아 올린 정의와 상식이 무너지는 것을 더는 두고 볼 수 없다"고 말했다. "앞으로도 어떤 위치에 있든 자유민주주의를 지키고 국민을 보호하기 위해 힘을 다하겠다"는 말도 남겼다.

우선 이런 그의 입장은 '뭐 저런 검찰총장이 다 있나' 하는 탄식을 절로 터져나오게 한다. 검찰개혁에 불만을 품고 사퇴로 저항하는 보통의 검찰총장 같은 모습이 아니어서다. 2019년 7월 인사청문회에서 "정치할 생각이 없다"며 손사래를 쳤던 윤석열 검찰총장 후보자의 모습은 확실하게 온데간데 없어져버렸다.

헌정 사상 최초로 검찰총장 징계청구를 당하는 등 추미애 법무부장관과 볼썽사나운 일전을 치를 때도 임기를 마치겠다는 의지가 굳건한 것으로 알려졌던 터라 윤석열 검찰총장의 사퇴 선언은 그야말로 전격적이라 할만하다. 명시적 언급은 없었지만, 정치판에 뛰어들 것이란 예측이 기정 사실화된 분위기도 읽힌다.

청와대는 한 시간 만에 윤석열 검찰총장의 사퇴 수용을 발표했다. 사퇴까지 불러온 법무부장관과 맞붙는 등 '까불어대던' 검찰총장을 두고 보던 때와 다른 신속한 결정이다. 이번엔 임기 보장이고 부정적 여론이고 생각할 겨를도 없었던 듯한 사표 수리라 이 역시 전격적이다. 동시에 사표가 제출되었던 청와대 민정수석도 경질했다.

나는 '너무 살기 좋은 나라'(전북연합신문, 2020.11.25.)에서 "검찰 개혁 적임자라며 임명한 검찰총장이 책무를 소홀히 하거나 잿밥에 더 신경을 쓰는 지경이면 인사권자인 대통령이 2년 임기제에 연연해 그냥 놔둘 일이 아닌 걸로 보인다"는 주장을 이미 한 바 있다. 무엇보다도 사실상 '정치적 총장' 행보를 하는 등 너무나 귀책사유가 명백하게 드러나서 그렇게 말한 것이다.

그런데 그가 사퇴 선언으로 선수를 쳤다. 허를 찔린 셈이고, 인사권자인 문재인 대통령이 뒤통수를 맞은 모양새가 되어버렸다. 앞의 칼럼에서 "바라건대 더 이상 이런 일이 벌어져도 되는 너무 살기 좋은 나라가 아니었으면 한다"고 했지만, 그것 역시 희망사항으로 끝나고 말았다. 문재인 정부 검찰총장이 야권의 1위 대선주자가 되는 너무 살기 좋은 나라인 것이다.

임기를 못채운 역대 검찰총장이 더 많긴 하지만, 이번엔 예사로워 보이지 않는다. 앞에서도 말했듯 '뭐 저런 검찰총장이 다 있나' 하는 탄식이 절로 터져나와서다. 임기 4개월을 남긴 윤 검찰총장 자진사퇴 파동은, 돌이켜보면 문재인 대통령의 자충수 내지 자승자박이라 할 수 있다. 대통령 입장에선 배은망덕을 떠올리며 괘씸하단 생각도 가질 법하다.

또한 그것은 조직에 충성할 뿐인 열혈 검찰주의자에 불과했던 검사 윤석열을 이런저런 논란에 아랑곳없이 스카우트해 중용한 대표적 인사 실패이기도 하다. 정권이 일개 검찰총장에게 발목을 잡힌 것은 물론 휘둘리는 모양새가 되어서다. 그 지점에서 무엇보다도 야권 1위의 대권주자로 키워준 셈인 리스크가 가장 뼈아플 것이다.

더 볼만한 건 앞으로다. 현재로선 그가 2022년 3월 9일 있을 대선에 출마할지 알 수 없다. 검찰의 중립성 훼손 같은 비난이 따르겠지만, 누구나 정치할 수 있고, 대통령 선거에 출마할 수 있다. 그 점을 고려하면 시기의 문제일 뿐이란 짐작도 해볼 수 있다. 검찰총장직을 내던진 뒤 급상승한 여론조사 지지도가 그걸 말해준다.

매달 차기 정치 지도자 선호도 조사를 하는 한국갤럽 여론조사 결과를 보면 윤 전 검찰총장은 2020년 초 1%에서 시작해 추미애-윤석열 충돌 사태가 벌어지자 13%까지 올라갔다. 문재인 대통령이 새해 기자회견에서 "문재인 정부의 검찰총장"이라고 한 뒤에는 9%로 떨어졌지만, 사퇴 뒤에는 24%로 치솟았다. 그것은 이재명 경기지사와 같은 1위의 지지율이다.

어떤 조사에선 32.4%를 찍어 집권 더불어민주당 이재명 경기지사(24.1%)와 이낙연 대표(14.9%)를 멀찌감치 따돌린 1위로 나오기도 했다. "정치할 생각이 없다"던 윤석열 전 총장이 방향을 튼 이유의 하나라 할 수 있다. 게다가 3월 5일 '리얼미터'가 한 여론조사를 보면 48.0%가 그의 정계 진출이 적절하다고 답했다. 부적절하다는 답은 그보다 낮은 46.3%로 나타났다.

그러나 지금은 군인만 하던 사람이 대통령을 하는 그런 어처구니 없는 시대가 아니다. 검사만 하던 윤 전 검찰총장도 다르지 않다. 살아있는 권력에 대한 수사는 잘할지 몰라도 국정 운영까지 그럴지는 미지수다. 그 분야 전문가로 칭송받을망정 대통령감은 아니란 얘기다. 여전히 '뭐 저런 검찰총장이 다 있나' 싶지만, 앞으로 어떤 일이 벌어질지 사뭇 궁금해지는 정국이다.

〈전북연합신문, 2021.3.18.〉

# 한일전 축구 0대 3

한국 축구 국가대표팀은 3월 25일 오후 7시 20분 일본 요코하마의 닛산스타디움에서 일본과 평가전을 가졌다. 우리보다 더 엄중한 코로나19 속 일본이라 비판 여론이 적지 않은 가운데 10년 만에 성사된 한일전 A매치다. 1954년 스위스 월드컵 아시아 예선에서 처음 맞붙은 이래 67년 동안 80번째 치른 한일전 축구 경기이기도 하다.

마침 MBC가 생중계해 만사 제쳐두고 한일전을 승리 기대감과 함께 지켜봤음은 말할 나위 없다. 그런 기대는, 그러나 실망감으로 바뀌고 말았다. 한국 축구 국가대표팀이 거짓말처럼 0대 3으로 일본에게 완패해서다. 10년 전인 2011년 8월 10일 열린 일본과 평가전(홋카이도 삿포로돔)에서 진 스코어와 같은 0대 3 패배다.

지금까지도 '삿포로 참사'로 불리고 있는데, 다시 그런 일이 벌어진 것이다. 한국이 일본에 3골 차로 진 것은 80번 경기중 총 3번이다. 1974년 도쿄에서 열린 한일 정기전 1-4 패배가 처음이었다. 나머지 두 번은 앞에서 이미 얘기한 대로 그로부터 37년 만인 삿포로, 또 10년 만인 요코하마에서의 한일전 축구 경기다.

물론 한국은 첫 대결이었던 1954년 스위스 월드컵 아시아 예선에서 일본을 5대 1로 크게 이겼다. 1978년 메르데카컵 한일전 경기에서도 4대 0으로 승리한 바 있다. 이렇듯 한국의 최다 점수 차 승리가 있긴 하지만, 일본에게 진 0대 3 완패에 대한 실망감이 떠나지 않는다. 이기고 지는 게 축구 등 모든 경기라는 걸 감안해도 그렇다.

실망감이 큰 것은 한마디로 '어떻게, 지금까지 일본을 이겨왔지' 의아할 정도의 경기를 펼쳐서다. 자타공인 에이스 손흥민을 비롯한 황의조 등 유럽파 선수들이 대거 빠졌지만 어떻게 그런 경기를 할 수 있는지, 도저히 이해가 안 되는 한일전이었다. 오죽했으면 대한축구협회(KFA)가 한일전 완패에 대해 축구팬들에게 사과까지 했을까.

정몽규 대한축구협회장은 3월 26일 KFA를 통해 "축구대표팀 한일전 패배에 실망하신 축구 팬과 축구인, 국민 여러분께 축구협회장으로서 송구스럽게 생각한다"고 말했다. 정 회장은 "벤투 감독에게만 비난이 쏠리는 것은 온당치 않다고 생각한다. 최상의 상태로 경기를 치르도록 완벽하게 지원하지 못한 협회의 책임이 더욱 크다"고도 했다.

축구협회장이 개별 경기 결과에 대해 공식 사과를 한 것은 이번이 처음이다. 물론 협회가 경기와 관련해 사과문을 발표한 것은 2014년 브라질 월드컵 이후 7년 만이다. 당시 국가대표팀은 단 1승도 거두지 못한 1무 2패 성적으로 귀국했고, 현장에서 '한국 축구는 죽었다'는 비난을 만나야 했다. 홍명보 감독은 귀국 후 유임으로 정리되었다가 1주일 만에 전격 사퇴했다.

'삿포로 참사' 당시 24세 신예였던 박주호는 0대 1로 뒤진 전반 37분 교체 선수로 그라운드에 들어섰다. 그리고 0대 3 현장을 생생하게 경험했다. 박주호는 3월 23일 대한축구협회를 통해 "삿포로 경기 때 일본의 안방 열기가 굉장했다"며 "열기에 눌리지 않고 버티면서 우리의 분위기를 만드는 게 중요하다"고 조언했지만, 0대 3 결과는 그것이 헛수고였음을 보여준다.

부임 2년 7개월이 된 파울루 벤투 감독에 대해 생각해보게 되는 것도 그래서다. 벤투 감독은 데뷔전이었던 2018년 9월 코스타리카전 2

대 0 승리 등 A매치 28경기에서 승률 57%를 기록하고 있다. 근데 A매치 승률에서 67%로 앞설 뿐만 아니라 아시안컵 준우승(벤투 8강)과 월드컵 2차예선 무실점 전승(벤투 2승 2무) 등 공식대회 성적이 벤투보다 우월했던 슈틸리케 전 감독도 성적 부진으로 경질된 바 있다.

특히 홍철(울산 현대) 등 선수 선발에 따른 감독들과의 불통은 2022 카타르 월드컵을 앞두고 심각한 문제로 보인다. "이는 한일전을 단순한 연습경기로 생각한 벤투 감독을 협회가 제대로 통제하지 못했기 때문에 발생한 문제다. 이강인(발렌시아)의 '제로톱' 전술도 벤투 감독의 '소통 부족'이 원인이라는 지적"(한겨레, 2021.3.29.)이 와닿는다.

하긴 일본 축구가 만만치 않은 건 이미 2018러시아 월드컵에서 확인할 수 있었다. 당시 일본은 우리가 조별 리그에서 탈락한 반면 16강에 올라 피파 랭킹 3위 벨기에를 2대 0으로 앞서가다 3대 2로 역전패 당했다. 일본 축구의 도약이 이변으로 받아들여지는 이유다.

나는 그때 이미 말했다. "우리로선 한일전만큼은 꼭 이겨야 한다는 국민 정서가 있지만, 일본이 그리 만만한 상대가 아님을 러시아 월드컵에서 볼 수 있었다. 일본은 조별리그 세네갈전에서 한 골 먹더니 20여 분 만에 동점골을 넣었다. 후반전에서도 세네갈이 역전 골을 넣은 지 7분 만에 다시 동점골을 넣었다"는 관전평이 그것이다.

일본의 그런 경기력은 이영표 해설위원이 "저력이 있는 어느 정도 강팀이라는 걸 증명한" 것이라고 말했을 정도다. 월드컵뿐 아니라 축구 경기는 그래야 볼 맛이 나지 않나! 폴란드전에서 16강전에 오르기 위해 지면서도 산책 축구로 비아냥을 받기도 했지만, 벨기에전에서의 2대 0 리드 역시 일본 축구를 다시 보게 해주었다.

〈전북연합신문, 2021.3.31.〉

## 민주당의 보궐선거 참패

4·7 보궐선거에서 대한민국의 2대 도시 서울과 부산시장 모두 국민의힘 오세훈·박형준후보가 당선되었다. 그들과 맞붙은 집권여당 더불어민주당(이하 민주당) 박영선·김영춘후보가 참패한 것이다. 각각 18%포인트와 28%포인트의 너무 큰 스코어로 진 선거라 일종의 묻지마 투표가 이루어진 게 아니냐 하는 의구심이 생길 정도다.

민주당 지도부가 그 책임을 지고 즉각 총사퇴했음은 물론이다. 김태년 당대표 직무대행은 "저희의 부족함으로 국민께 큰 실망을 드렸다"며 "철저하게 성찰하고 혁신하겠다"고 말했다. 문재인 대통령도 "국민의 질책을 엄중히 받아들인다. 더욱 낮은 자세로, 보다 무거운 책임감으로 국정에 임하겠다"고 강민석 청와대 대변인을 통해 밝혔다.

우선 민주당이 지난 4·15 21대 총선에서 압도적 승리를 거둔 지 1년도 되지 않아 안게된 선거 참패 결과여서 놀랍다. 한편으론 그런 결과가 의아하기도 하다. 민주당이 2016년 총선, 2017년 대선, 2018년 지방선거, 2020년 총선까지 연거푸 네 번 승리하자 '보수정치의 완전한 몰락'이 정설처럼 받아들여졌기 때문이다.

나아가 '정치컨설팅 민'의 박성민 대표는 "전국 단위 선거를 4번 연속 패했기 때문에 대한민국의 주류가 완전히 교체됐다는 걸 인정해야 한다"(동아일보, 2020.4.17.)고 주장하기까지 했다. 당시 미래통합당 낙선 후보들이 "이런 야당이라면 2022 대선도 필패"라고 말한 것으로 전해지기도 했는데, 그것이 오진(誤診)인가 해서다.

사실 그때까지만 해도 서울·부산시장 보궐선거가 있을 것이라곤 생각할 수 없었다. 새삼스러운 얘기지만, 당시 민주당 소속 부산·서울시장 성범죄 의혹이 연달아 불거졌다. 그들이 사퇴 또는 자살로 시장 자리가 비게 되면서 보궐선거를 치르게 된 것이다. 4·7 보궐선거는, 이를테면 민주당이 자초한 화근의 참패인 셈이다.

하긴 5년 전 자기 당 공직자의 중대 범죄로 보궐선거를 하게되면 후보를 내지 않겠다고 한 국민과의 약속을 깨고 당헌·당규까지 바꿔가며 서울과 부산시장 후보를 낸 것부터가 큰 실책인 지도 모른다. "서울·부산시장을 모두 놓치면 대통령 임기 마지막 해의 국정운영이 어려워진다. 어쩔 수 없는 선택이다"가 소탐대실(小貪大失)의 잘못으로 귀결되어서다.

민주당의 참패엔 여러 가지 이유가 있을 것이다. 해도해도 답이 보이지 않는 부동산값 폭등에 LH 직원들의 투기 의혹사건으로 인한 서민들 박탈감이 집권세력에 등을 돌린 가장 큰 이유일 것이다. 시행 전이라 하더라도 5%로 제한한 정부안보다 훨씬 높은 김상조 정책실장의 14.3%(8억 5천에서 9억 7천만 원으로 올림) 전세계약서사건은 불에 기름을 부은 듯 했을 것이다.

국민의힘 주호영 원내대표도 자신의 강남 아파트 전셋값을 1억 원이나 한꺼번(23.3%)에 올린 것에 대해 "(시세보다) 낮게 받으면 다른 사람들에게 피해를 끼칠 수 있지 않냐"는 황당한 해명을 한 것으로 알려졌다. 국민들 염장을 지른 셈이지만, 집권세력이 아니란 점에서 김상조 정책실장과는 다르게 면피가 되고 말았다.

고인(故人)을 들먹이는 게 좀 그렇지만, 보궐선거 빌미를 제공한 박원순·오거돈시장도 참패의 연원으로부터 자유로울 수 없다. 보궐선거가 총선이나 대선같이 전 국민의 표심을 알 수 있는 건 아니지만, 집권세력이 그토록 지켜내고자 했던 조국 자녀 사태에서 불거진 불공정 내지 특혜 논란 역시 소위 2030 세대를 실망시킨 악재인 것으로 생각된다.

흥미로운 것은 21대 총선에서 전혀 먹히지 않던 야당의 정권심판론이 이번엔 제대로 통했다는 점이다. 아무리 대한민국의 1, 2대 도시라 할망정 고작 광역단체장 두 자리를 잃었을 뿐인 걸 가지고 너무 호들갑 떠는 게 아니냐 할지 몰라도 그게 아니다. 바꿔 말하면 집권여당 및 정부의 실책과 잘못이 그만큼 많고 크다는 것이다.

그런데 걱정되는 것이 있다. 임기 1년 2개월짜리일망정 국민의힘 소속 시장들이 모두 '올드보이'라는 점이다. 가령 그들은 각각 무상급식이며 용산참사에 대해 시대 흐름과 맞지 않는 인식을 드러내거나 지금 수감중인 MB 참모라는 평가를 받는 인물들이다. 비록 집권세력에 격분한 표심이라 해도 이건 좀 아니지 싶다.

그나마 김종인 비상대책위원장이 약속대로 국민의힘을 떠나며 남긴 쓴소리는 들어둘만하다. "보궐선거 결과를 자신들이 승리한 것이라 착각하며 개혁의 고비를 늦추면 당은 다시 사분오열하고 정권교체와 민생회복을 이룩할 천재일우의 기회는 소멸될 것"이라는 그의 경고를 되새겨 계속 환골탈태하는 국민의힘이 될지, 2022 대선은 새로운 국면에 접어든 모양새다.

〈전북연합신문, 2021.4.14.〉

# 가장 핫한 전북 국회의원1

나는 '기소된 4명의 전북 국회의원들'(전북연합신문, 2020.10.28.) 이란 글에서 "쪽팔리게도 도내 국회의원이 4명(15%)이나 들어 있다"며 개탄한 바 있다. 전국적으로 가장 많은 선거사범 지역구 의원 수를 우리 지역 국회의원들이 차지해서다. 그 주인공은 더불어민주당 이원택 · 윤준병 의원과 무소속 이용호 · 이상직 의원 등 4명이다.

그들은 선거관련 혐의로 불구속 재판을 받았다. 이원택 · 윤준병 · 이용호 의원은 선거를 하다보면 후보자들이 흔히 저지를 수 있는 혐의여서 수긍이 가기도 하지만, 그러나 무소속 이상직 의원의 경우 그게 아니다. 공직선거법과 별개의 잦은 언론 보도가 그걸 말해준다. 그 점에서 무소속 이상직 의원은 누가 뭐라 해도 가장 핫한 도내 국회의원이다.

가령 '이상직, M&A 성사시키려 대통령 빼고 다 만났다'(한국일보, 2020.9.15.), '이상직, KIC 자금창구처럼 활용, 이스타항공 지배해왔다'(한국일보, 2020.9.17.) 제하의 기사를 비롯 '이스타 사태 나 몰라라 하는 이상직의 뻔뻔함'(한겨레, 2020.9.15.)이나 '비리의혹 눈덩이 이상직…檢 엄중 수사하라'(동아일보, 2020.9.19.) 같은 신문 사설의 주인공이 되기도 했다.

거기서 그치지 않았다. 잊어버릴만하면 다시 '책에선 공정 · 윤리 부르짖으며…이스타 창업주 이상직 표리부동'(한국일보, 2020.10.24.), '이상직, 자녀의 이스타항공 주식 헐값매입 의혹 개입 정황'(동아일보, 2021.1.25.)이라든가 '이스타 간부인 이상직 조카 시키는 대로 했을 뿐'(동아일보, 2021.3.11.) 따위 기사가 이어졌다.

방구 잦으면 똥 된다고 했던가. 마침내 '이스타 배임·횡령 혐의 이상직 의원 영장 청구'(한겨레, 2021.4.10.) 보도가 나왔다. 기사에 따르면 전주지검 형사3부(부장검사 임일수)는 이 의원을 특정경제범죄가중처벌 등에 관한 법률의 배임과 횡령, 업무상 횡령, 정당법 위반 등의 혐의로 구속영장을 청구했다.

이 의원은 이스타항공의 장기차입금을 조기에 상환해 회사의 재정안정성을 해치는 등 회사에 약 430억 원의 금전적 손해를 끼친 혐의로 구속·기소된 이 의원의 조카인 이아무개 자금담당 간부와 범행을 공모한 혐의를 받고 있다. 이 의원은 또 이스타항공 계열사의 자금 38억 원을 임의로 사용한 조카의 횡령 범죄에 가담한 혐의도 받고 있다.

검찰은 이 의원의 지시 아래 전체 범행이 이뤄진 것으로 판단하고 있다. 또한 검찰은 이 의원의 정당법 위반 혐의도 자체 인지해 수사한 것으로 알려졌다. 검찰 관계자는 "아직 기소 전 단계여서 이 의원에 대한 정확한 혐의 사실을 이야기할 수는 없다. 정당법 위반 혐의는 자체 수사로 포착한 것"이라고 말했다.

지난해 국민의힘 '이상직·이스타 비리의혹 진상규명 특별위원회'는 △2014년 횡령·배임 유죄 판결을 받은 친형과 이 의원의 공모 여부 △이 의원 자녀들이 대주주인 이스타홀딩스의 이스타항공 주식 취득 관련 횡령·배임 혐의 △이스타홀딩스를 통한 자녀 상속세 조세포탈 여부 등에 대한 검찰수사를 요구했다.

또 이스타항공 노조도 조세포탈과 허위사실공표 등의 혐의로 이 의원과 이스타항공 간부들을 검찰에 고발한 바 있다. 그런 때문인지 이 의원에 대한 국회의 체포동의안은 찬성률 81%의 압도적인 표차로 가

결됐다. 민주당 한준호 원내대변인은 "불공정에 대한 민주당의 엄중한 질책과 이에 대한 단호한 의지를 표명한 것"이라고 논평했다.

결국 4월 28일 이 의원은 구속·수감됐다. 전주지법의 김승곤 영장전담 부장판사는 "수사 과정에서 나타난 피의자의 행태를 감안할 때 증거 변조나 진술 회유의 가능성이 있고, 피의자가 관련자들에 대하여 영향력을 행사할 수 있는 위치에 있어 피의자에게 증거 인멸의 우려가 있다"며 구속영장을 발부했다.

21대 현역 국회의원이 구속된 것은 민주당의 정정순 의원에 이어 두 번째다. 이 의원은 헌정사상 15번째로 현직 국회의원에 대한 체포동의안이 가결된 기록의 주인공이 되기도 했다. 재판에서 유·무죄 여부가 밝혀지겠지만, 위에 든 범죄혐의만으로도 이상직이 과연 민의를 대변하는 국회의원이 맞나 하는 의구심이 든다. '듣보잡'이란 속어가 떠오를 정도다.

이미 이 의원은 지난해 9월 24일 민주당을 탈당했다. 그렇다고 2012년 제19대와 2020년 21대 총선에서 그를 공천한 민주당의 책임이 어디로 가는 것은 아니다. 2018년 3월 그런 이상직 전 의원을 중소기업진흥공단 이사장으로 임명한 문 대통령의 책임도 마찬가지다. 후보들을 뼛속까지 알고 찍는 경우가 얼마나 있을까만, 전주완산을 유권자들의 잘못 역시 가볍지 않다.

탈당하면서 '사태해결후 돌아올 것'이라 공언한 이 의원이 4월 16일 공직선거법 위반 혐의로 재판을 받기 위해 전주지법에 출석하면서 동행한 변호인에게 "사람들이 날 자꾸 건드린다. (그러나) 나는 불사조다. 불사조가 어떻게 살아나는지 보여주겠다"고 말한 것으로 알려졌는데, 뭘 믿고 그런 것인지 궁금해진다.

〈전북연합신문, 2021.5.14.〉

## 가장 핫한 전북 국회의원2

누구나 국회의원 선거에 나갈 수 있지만, 내 개인 생각으론 사업가라는 사람들은 나서지 않았으면 하는 바람을 갖고 있다. 결국 국회의원직을 자기 사업 확장이나 방어하기에 써먹는 등 그 해악이랄까 폐해가 만만치 않아서다. 가령 이해충돌방지법 등 문제가 불거지자 국민의힘을 탈당해 지금은 무소속이 된 박덕흠 의원을 들 수 있다.

무소속 이상직 의원도 마찬가지다. 이 의원은 2012년 제19대, 2020년 21대 총선에서 민주당 공천으로 당선됐지만, 지난 해 9월 24일 이스타항공 임직원 대량해고와 임금체불 사태 논란이 불거지면서 당 윤리감찰단에 회부돼 조사를 받게되자 탈당했다. 박덕흠 의원 같은 징계 회피용 탈당인 셈이다.

이 의원의 경우 그야말로 장난이 아니다. 가령 '이상직, KIC 자금창구처럼 활용, 이스타항공 지배해왔다'(한국일보, 2020.9.17.)라는 제목의 언론 보도를 자세히 살펴보자. 기사는 이상직 더불어민주당 의원이 이스타항공 창업 전 운영했던 회사를 자금창구처럼 활용하면서 이스타항공을 지배해 왔다는 전직 고위 임원의 증언을 비교적 소상히 보도하고 있다.

이스타항공의 전직 임원인 A씨는 "이 의원은 계열사 간 복잡한 거래를 이용해 이스타항공에 지원한 자금을 결국 손실 처리하고 아무런 책임을 지지 않고 있다"며 배임 혐의가 있다고 주장했다. 이는 2015년 대법원으로부터 징역 3년 확정판결을 받은 이 의원의 친형 이경일씨의 범죄 혐의와 궤를 같이하고 있다.

9월 16일 서울 모처에서 기자와 만난 A씨는 "이 의원은 이스타를 발판 삼아 정계 진출을 계획하고 성공한 지역 사업가로 불리기 위해 회사 덩치만 키우는 데 주력했다"며 "이스타가 어떻게 성장하게 됐는지, 제대로 된 조사를 벌여야 한다"고 말했다. A씨는 "이 의원이 2012년 19대 의원으로 당선되고 이스타에서 떠났지만, 내부 주요 보직에 측근들을 배치하면서 현재도 지배하고 있다"며, 우선 KIC그룹 배임 가능성을 지적했다. KIC그룹은 철강·플랜트 제조업체로, 이 의원이 2001년 인수한 회사다.

A씨는 "이 의원은 두터운 전북 지역의 인맥을 바탕으로 지역 투자를 받아 이스타항공을 창업했다"며 "항공기 1대로 시작한 이스타를 본 궤도에 올려놓기 위해 자신이 운영하던 KIC그룹 자금을 별다른 담보도 없이 직·간접적으로 투입했다"고 밝혔다. 이스타항공은 2007년 10월 설립 당시 새만금관광개발이 최대주주(49.4%)로 참여했는데, 이 회사는 KIC 계열사다.

이 의원은 KIC그룹 지주회사인 에이스2020을 소유하며 KIC→새만금관광개발→이스타항공의 출자 방식으로 지배해오다 2008년 친형을 KIC 대표이사로 내세웠다. 그는 이 의원이 10여 개의 KIC그룹 계열사들이 서로 별다른 담보없이 650억 원을 빌려준 뒤 이중 350억 원가량을 갚지 않고 손실 처리했는데, 이 자금이 여러 단계를 거쳐 이스타항공에 들어갔다고 주장했다.

이와 관련, 이 의원의 친형은 2007년부터 2012년까지 KIC 등에 700억여 원의 손해를 끼친 혐의로 실형을 최종 선고받았다. 반면 이 의원은 기소조차 되지 않았다. 국회 특위에서는 "이경일의 횡령·배임이 이 의원을 위한 것이므로 형제간 공모 여부에 대한 조사가 필요하다"고 요구한 바 있다.

A씨는 2017년 이스타항공 태국 현지 총판과 타이캐피털이 합작·설립한 타이이스타젯 관련 의혹도 제기했다. 타이이스타젯이 항공기 1대를 임차하는 과정에서 이스타항공이 약 378억 원의 채무를 지급보증한 것과 관련, "타이이스타젯으로 태국사업을 벌이면서 거둔 수익이 이스타에 들어왔는지 따져 봐야 한다"고 말했다.

이스타항공은 "타이이스타젯은 별개 회사로 관련이 없다"고 해명해왔지만, 서울회생법원에 제출된 조사보고서에도 이스타항공이 타이이스타젯에 대해 71억 6,000여 만 원의 채권을 갖고 있는 내용이 담긴 것으로 전해졌다. 5월 2일 검찰은 이스타항공의 회삿돈 71억 6,000여 만 원이 타이이스타젯으로 빠져나간 사실을 확인하고 자금 흐름을 추적하고 있는 것으로 알려졌다.

그 이튿날엔 국민의힘 곽상도 의원을 고발인 신분으로 불러 조사하기도 했다. 검찰은 타이이스타젯이 이 의원의 차명 회사일 가능성도 배제하지 않고 있는 것으로 알려졌다. 대부분 증언에 불과한 것일망정 사업가가 왜 국회의원이 되어선 안 되는지를 극명하게 보여주는, 상상조차 안 되는 범죄 혐의라 할 수 있다.

5월 7일 이 의원은 구속된 후 처음으로 공직선거법상 기부행위, 허위사실 공표, 사전 선거운동 등 모두 5가지 혐의로 재판중인 법정에 나왔다. 검찰이 징역 3년 6개월을 구형했는데, 대략 반절쯤으로 선고되는 걸 감안하면 국회의원직 박탈 가능성이 크다. 공직선거법 위반으로 100만 원 이상 벌금형만 받아도 국회의원직에서 쫓겨난다.

또 다른 혐의로 마침내 구속되어 법의 심판을 받게 되었지만, 이런 보도만으로도 이 의원은 국회의원직을 내놓고 사죄해야 마땅하다. 그렇게 해도 표를 준 지역 유권자들이나 도민에게 안긴 상처가 온전히 치유되진 않을 것이다. 어쩌다가 이런 국회의원이 우리 지역에서 나왔는지 개탄스러울 따름이다. 그 점에서 이상직은 가장 핫한 전북 국회의원이다.

〈전북연합신문, 2021.5.24.〉

# 36세 제1야당 대표

6월 11일 열린 국민의힘 전당대회에서 이준석 후보가 43.8%의 득표율로 당 대표에 당선됐다. 이 새 대표는 70%를 반영하는 당원투표에선 나경원 후보에게 5,200여 표 뒤졌지만, 국민 여론조사(30% 반영)에서 58.76%의 압도적 지지를 얻었다. 최종 합산 6.68%포인트 차로 나 후보를 누르고 제1야당대표가 되었다.

우선 축하할 일이다. 헌정사상 최연소인 36세 제1야당 대표가 되어서다. 국회의원 선거에 3번이나 떨어진, 그래서 0선인 30대 청년 정치인의 화려한 비상이라 할 수 있어서다. 오죽했으면 문재인 대통령도 이날 오후 이준석 신임 대표에게 전화를 걸어 "우리 정치사에 길이 남을 일이다. 정치뿐만 아니라 우리나라가 변화하는 조짐이라고 생각한다"며 축하했을까.

36세 제1야당 대표는 깜짝 놀랄 일이기도 하다. 2016년 박근혜 대통령탄핵 이후 자주 바뀐 당명이 보여주듯 지리멸렬을 거듭해온 보수정당의 젊은 피 수혈을 통한 새로운 리더십을 예고한 것이어서다. 김종인 전 비대위원장이 광주에 가서 무릎 꿇고 사과하는 등 환골탈태하려는 국민의힘 변화의 몸짓이 정점에 이른 듯해서다.

이 대표는 수락 연설에서 "변화를 통해 우리는 바꿔어서 승리할 것"이라며 "관성과 고정관념을 깨달라. 그러면 세상은 바뀔 것"이라고 당부했다. 당선 뒤 열린 기자간담회에서도 "변화에 대한 국민의 열망이 강하게 반영된 것"이라고 승리 요인을 분석했다. 냉정히 말하면 그의 개인기보다 변화에 대한 어떤 흐름이 36세 제1야당 대표를 만들었다는 얘기다.

이는 기존 정치판을 뒤엎은 것이기도 하다. 그것은 구체적으로 내년 대선 승리를 고대(苦待)하거나 예약하고자 하는 보수 유권자들의 움직임이라 할 수 있다. 특히 특별한 지역적 기반이나 조직 동원력이 없던 이 대표에게 적지 않은 당심(37.41%, 득표수 5만 5820표)이 모인 것은 전통 지지층이 민심을 따라 '전략적 판단'을 했다는 분석이다.

가령 6월 3일 보수의 본산인 대구 합동연설회에서 "박근혜 탄핵은 정당했다"며 정면돌파를 시도한 이 대표 지지세가 꺾이긴커녕 오히려 가파른 상승으로 나타난 게 그렇다. 머니투데이·미래한국연구소 의뢰로 실시한 PNR리서치 조사에 따르면 5월 8일 8.6%였던 이준석 후보 대구·경북 지지율은 6월 5일 48.7%를 찍은 것으로 나타났다.

과거 유승민 의원이 박근혜 탄핵과 관련 그 지역 여론의 뭇매를 맞은 것과 대조적인 현상이다. 또한 자유한국당 황교안 대표와 비교해 보면 그야말로 경천동지할 제1야당의 변화된 모습이라 할만하다. 홍형식 한길리서치 소장은 이날 "영남 중심, 고연령, 보수적 당원들도 결국은 변화를 요구하는 여론을 좇아 전략적 선택을 한 것"(한겨레, 2021.6.12.)이라고 분석했다.

전략적 선택이라고? 그렇다면 이준석은 무슨 세대교체 신호탄이 아니라 보수 유권자들의 쓸모에 따라 잠시 선택된 것일 뿐이란 해석이 가능해진다. 호남 유권자들이 2002년 대선 승리를 위해 부산 출신 노무현 후보를 선택해 성공했듯 2030 젊은 층 유권자를 끌어모으려고 36세 당 대표를 선택한 것이라는 얘기다.

하긴 보수 야당 지지자들은 4·7 재·보궐선거에서 20~30대 유권자들이 문재인 정부와 더불어민주당에 등 돌리는 놀라운 장면을 목격한 바 있다. 20~30대 유권자들을 보수 야당 지지로 흡수할 수 있다면 내년 대선에서 승리할 수 있다고 생각했을 법하다. 보수 지지 유권자들도 내년 대선 승리 및 정권교체를 위해 전략적 선택을 했다는 분석이 설득력 있는 이유다.

한편 국민의힘 6·11전당대회에선 또 하나 이변이라 할 결과가 나왔다. 선출직 최고위원 4명 중 3자리를 여성 정치인이 차지한 것이다. 청년 돌풍으로 30대 당 대표가 탄생한 데 이어 거센 여풍까지 불어닥친 국민의힘 전당대회다. 호남(전북) 출신의 초선 조수진 의원이 24.11%로 1위를 차지한 것 역시 보수정당사에서 거의 볼 수 없었던 이례적인 일이다.

그런데 1, 2위(22.15%)를 차지한 조수진·배현진 의원은 둘 다 초선이다. 이 대표 공언대로 원외 여성 인사가 지명직 최고위원이 되면 국민의힘 지도부 8명 중 여성 정치인은 절반을 차지하게 된다. 남성 중진 일색이었던 국민의힘 지도부에 여성·청년이 다수 진입한 자체만으로도 변화된 모습을 보여준 셈이다.

다만 성한용 기자의 "조수진·배현진·김재원·정미경 최고위원의 특징은 강한 '전투력'입니다. 국민의힘 지지자들이 내년 대선을 앞두고 더불어민주당과의 전투에서 밀리지 않을 '싸움꾼'들을 당 지도부에 배치했다는 해석이 가능합니다. 이준석 대표 선출도 그런 맥락으로 읽을 수 있습니다"(한겨레, 2021.6.14.)라는 진단이 흥미롭다.

지난 재·보궐선거 승리에 이어 36세 당 대표까지 '만들어진' 국민의힘이다. 정권교체를 이루려는 그들의 목표를 나무랄 생각은 없지만, 혹시라도 탄핵받은 대통령을 만든 것과 같은 우매한 짓은 다시 하지

말기 바란다. 대선이 9개월도 채 남지 않은 시점이다. 과연 민주당은 10년 주기설과 상관없이 국민의힘에 정권을 내줄 것인지 자못 흥미진진하게 돌아가는 정국이다.

〈전북연합신문, 2021.6.17.〉

## 조국 사태의 교훈

이준석 후보의 국민의힘 당 대표 당선 소식이 전해진 6월 11일 오전 조국 전 법무부장관은 법정에 출석했다. 유재수 전 부산시 경제부시장에 대한 감찰을 무마하고, 자녀의 입시 비리 의혹 등으로 재판을 받기 위한 6개월 만의 법원 출석이다. 조 전 장관은 오전 9시 40분경 법정에 들어서며 취재진에게 "성실하게 소명하고 더욱 겸허한 자세로 공판에 임하겠다"고 말했다.

특히 이날 오후 조 전 장관은, 보도에 따르면 구속 상태로 재판을 받고 있는 부인 정경심 동양대 교수 옆 피고인석에 나란히 앉았다. 동시에 재판을 받은 것이다. 지난해 9월 별건으로 진행된 정 교수의 1심 입시비리 재판에 조 전 장관이 증인으로 출석한 적은 있지만, 부부가 피고인 신분으로 법정에서 만난 것은 이번이 처음이다.

개혁의 아이콘으로 상징되던 조국 전 장관이 어쩌다가 이리 되었나 생각해보면 짠하기 그지 없다. 이건 아니지 싶은 생각도 스쳐가지만, 민주당의 재·보궐선거에서의 참패를 떠올리지 않을 수 없다. 참패의 실상은 고작 서울과 부산시장 두 자리만 내준 게 아니다. 거기에 36세 0선의 청년이 국민의힘 당 대표가 된 정국까지 더해졌다.

송영길 민주당 대표가 6월 2일 "조국 전 장관의 법률적 문제와는 별개로 자녀 입시 관련 문제는 우리 스스로 돌이켜보고 반성해야 할 문제"라며 "국민과 청년들의 상처받은 마음을 헤아리지 못한 점을 다시 한번 사과드린다"고 한 것도 그래서이지 싶다. 민주당으로선 2019년

10월 취임 35일 만의 조국 장관 사퇴 직후 이해찬 대표에 이은 두 번째 사과다.

민주당 송영길 대표의 조국 사태에 관한 대국민 사과는 재·보궐선거 참패의 민심을 그만큼 심각하고 엄중하게 받아들이고 있다는 반증일 것이다. 실제로 한국일보 창간 67주년 여론조사(2021.6.11.)에 따르면 지난해 21대 총선에서 더불어민주당을 찍은 유권자의 35%가 지지를 철회한 이른바 '민주당 이탈층'인 것으로 나타났다.

가장 두드러진 민주당 이탈층은 52.7%에 달하는 20대(18~29세 응답자)다. 민주당 이탈층 중 중도 성향 유권자가 42%에 달하는 것으로 조사되기도 했다. 2016년 탄핵 사태로 결성돼 2017년 대선, 2018년 지방선거, 2020년 총선에서 민주당에 압승을 안긴 '중도+진보 유권자 연합'의 해체가 가시화한 것이란 분석이 설득력 있게 다가오는 대목이다.

말할 나위 없이 문재인 정부와 민주당에 대한 실망이 그만큼 크다는 뜻이다. 문재인 정부 부동산 정책에 대한 분노, 윤미향·조국 사태가 준 실망, '추미애·윤석열 갈등'에 따른 피로감 등이 민주당 이탈층을 만든 것으로 조사됐다. 가령 민주당 이탈층의 81.4%가 '문 대통령 평가에 나쁜 영향을 준 이슈'로 '정부의 부동산 정책과 한국토지주택공사(LH) 사건'을 꼽았다.

이어 윤미향 민주당 의원 비리 의혹(66.9%), 조국 전 법무부 장관 임명(64.3%), 추미애 전 법무부 장관과 윤석열 전 검찰총장의 갈등(61.0%) 등이 지목됐다. 그뿐이 아니다. 민주당 전략기획위원회가 연령별 심층면접을 통해 작성한 내부보고서도 '조국 사태 등 여권 인사의 도덕성 논란'을 재·보선 참패의 주요 요인으로 꼽았다.

민주당 이탈층에 대한 책임이 전적으로 조국 사태에 있는 건 아니지만, '정치검찰' 윤석열만 탓할 때가 아닌 것은 분명해 보인다. 윤석열 검찰이 조국 전 장관 일가를 사지로 몰아넣은 것은 사실이다. "윤석열 전 총장의 '확증편향'과 먼지떨이 수사에 조국 일가가 멸문지화를 당했다고 확신한다. 딱히 틀린 인식도 아닐 것이다"(한겨레, 2021.6.3.)라는 주장에 나도 동의한다.

그랬을망정 조국 전 장관이 그런 먼지떨이식 수사망에 걸려들어 지금 재판중인 혐의를 드러낸 건 적어도 민주당 지지자들이 인식하던 개혁의 아이콘답지 않은 모습이다. 촛불혁명 정신을 받들어 개혁하겠다면서 실망을 준 여권 인사들이 한둘일까만, 특히 사모펀드 관련 구설이 그렇다. 청와대 공직자로서나 대학교수 처신으로 어떻게 그럴 수 있나 하는 탄식을 갖게 한다.

물론 조국 전 장관은 자녀 입시 문제 등에 대해 이미 사과한 바 있다. '조국의 시간'을 통해서도 "자녀의 상급학교 진학 과정에서 서민들로선 접근 불가능한 네트워크의 동원과 관행의 답습이 있었음을 인정하고 사과"했다. 또 조국 전 장관은 페이스북에 "이제 저를 잊고 저를 밟고 전진하십시오"라고 민주당을 향해 당부하기도 했다.

시점을 두고 논란이 일었지만, 오죽했으면 최근 출간한 회고록 '조국의 시간'이 "늦게나마 책으로 최소한 자기방어를 하는 것"이라고 했을까. '조국의 시간, 끝나지 않았다'와 '이제 조국의 강을 건널 시간' 같은 보수와 진보 양쪽 주장이 공존하지만, 무엇보다도 지금 조국 전 장관은 공직을 떠난 일개 개인일 뿐이란 점을 직시할 필요가 있다.

대선이 얼마 남지 않았다. 초선의원들과 송영길 대표의 조국 사태에 대한 반성 및 사과에 토를 다는 것은 민주당 이탈층의 마음을 돌리는데 걸림돌이 될 뿐이다. 조국을 감싸고 돌 때가 아니다. 대선 승리를 위해서 떠나간 민주당 이탈층, 특히 2030의 마음을 돌려야 한다. 본격적인 '민주당의 시간'을 가져도 대선 승리를 장담할 수 없는 지경임을 명심하기 바란다.

〈전북연합신문, 2021.6.24.〉

## 인종차별은 제국주의 잔재

지난 해 5월 25일 미국에서 흑인 조지 플로이드가 백인 경찰의 무릎에 목을 짓눌려 숨지는 일이 벌어졌다. 널리 알려진 대로 플로이드는 경찰 데릭 쇼빈에게 8분 46초 동안 목을 짓눌려 숨졌다. 이 사건은 미 전역에서 인종차별과 경찰 폭력 반대 시위로 이어졌다. 미국 역사상 가장 광범위한 지역에서 집회가 이뤄진 사건으로 번졌다

최근(6월 28일) 그 경찰에게 징역 22년 6개월이 선고되었단 소식이 전해졌다. 아메리칸 드림이란 말이 있지만, 사실은 미국에 대해 반미(反美)까지는 아니어도 선망이나 동경은커녕 썩 좋은 인상이나 감정을 가진 게 아니어서 '미국이라는 나라2'(전북연합신문, 2020.12.9.)란 칼럼을 쓴 후 그만 관심을 끄거나 잊으려 했다.

그런데 그게 아니다. 지난 4월 11일 20세 흑인 남성 돈트 라이트가 백인 경찰의 총에 맞아 현장에서 숨지는 등 이후에도 백인 경찰의 총격으로 흑인이 사망한 사건이 또 벌어졌다. 라이트는 운전 중 경찰의 지시로 차에서 내렸지만, 다시 탑승했다가 총에 맞았다. 라이트는 총에 맞은 채 차로 도주하다 다른 차량을 들이받고 현장에서 숨졌다.

또다시 비무장 흑인이 백인 경찰의 과잉 진압으로 사망한 소식이 전해지자, 동아일보(2021.4.14.)에 따르면 4월 11일 밤 100여 명의 시위대가 경찰서에 돌을 던지고 주변 상점의 유리창을 깨는 등 항의했다. 경찰은 최루탄 등으로 맞대응했으며 주방위군은 병력을 증강했다. 일원에는 야간 통금령이 내려졌다. 미네소타주를 연고로 하는 야

구·농구 프로팀의 안방경기가 취소되기도 했다.

시위대는 4월 12일에도 거리로 나와 경찰과 밤늦게까지 대치했다. 조 바이든 미국 대통령은 희생자를 애도하며 평화를 호소하고 나섰다. 바이든 대통령이 즉각적인 대응에 나선 것은 이번 사건으로 작년 조지 플로이드 사망 이후 전국적으로 벌어진 '흑인 생명은 소중하다' 시위가 재점화되며 사회 불안이 초래될 것을 우려해서라는 것이 보도 내용이다.

라이트가 경찰의 총에 맞은 장소가 플로이드 사건이 발생한 지점으로부터 불과 10여 km 떨어진 곳이라 더 충격적이다. '다음백과'에 따르면 인종차별은 경제적·정치적 우월 집단이 기득권을 유지하려는 수단으로 이용되어 왔다. 구약성서 시대의 이집트인들이 조직적으로 유대인을 탄압한 것이 대표적인 사례이다. 이럴 경우 인종차별은 사실상 민족차별의 형태로 나타난다.

인종차별이 피부색의 차이를 근거로 작동된 대표적인 사례는 유럽인들이 아프리카인들을 노예로 만든 일이다. 특히 미국에서 아프리카인들을 포함한 유색인들을 백인과 다른 존재로 간주하는 제도가 유지되면서 인종차별이 공식적인 사회제도로 채택되었다. 이는 유사한 영연방 국가들에서도 나타나기 시작했다.

유사 이래 인간 집단 사이의 대립과 충돌이 항상 어떤 방식으로든 존재해왔지만, 인종차별은 특히 남의 땅을 무력으로 빼앗거나 식민지로 만드는 제국주의(帝國主義) 시절에 절정을 이루었다 해도 과언이 아니다. 인종차별은, 이를테면 제국주의의 잔재인 셈이다. 잔재이기에 없어져야 할 유산임은 물론이다.

더 큰 문제는 인종차별이 장삼이사(張三李四)뿐 아니라 한국계 미국 정치인, 월드 스타들에게도 일어나는 일이라는 것이다. 가령 앤디김 연방

하원의원은 기차에서 옆자리 여성이 멀리 떨어져 앉으라며 고함을 질렀다고 인종차별 경험을 공개했다. '한국 사위' 래리 호건 미국 메릴랜드 주지사가 자신의 아시아계 가족들에 대한 인종차별을 토로하기도 했다.

'버터'로 미국 빌보드 싱글차트에서 5주 연속 1위를 차지한 월드 스타 방탄소년단조차 그들이 겪은 인종차별과 그로 인한 고통을 털어놓은 바 있다. 방탄소년단은 "저희는 아시안이라는 이유로 차별을 당한 기억이 있다"며 "길을 걷다 아무 이유 없이 욕을 듣고 외모를 비하당하기도 했다. 심지어 아시안이 왜 영어를 하느냐는 말도 들어봤다"고 했다.

방탄소년단은 "저희의 경험은 바로 지금 일어나고 있는 일에 비하면 아주 사소하지만 그때 겪은 일들은 저희를 위축시켰고 자존감을 앗아가기도 했다"면서 "인종이 다르다는 이유로 증오와 폭력의 대상이 된다는 건 저희가 감히 표현할 수 없는 고통일 것"이라고 덧붙였다.

월드 클래스 손흥민도 인종차별을 당했다. 지난 4월 12일(한국시간) 맨유와의 1대 3 패배 후 그 팬들이 손흥민의 인스타그램 게시물들에 "DVD나 팔아라", "손흥민은 한국 드라마 배우", "돌아가서 개나 먹어라", "팀에서 가장 눈이 작은 선수", "쌀 먹는 사기꾼" 따위의 경기 내용과 상관없는 욕설과 인종차별적 댓글을 달았다.

영국은 과거 바이킹 시절은 그만두더라도 일본에 앞서 '대영제국주의' 깃발을 날렸던 나라다. 손흥민뿐 아니라 자메이카·터키·세네갈 출신 등 다른 EPL 선수들도 인종차별적인 공격을 당한 것으로 알려졌다. 이런 일들은 그들이 침략을 일삼던 대영제국 후예들인 점을 상기시킬 뿐이다. 도대체 무슨 권리로 인종차별을 자행하는 것인지 가소롭기 그지없는 일이다.

〈전북연합신문, 2021.7.9.〉

## 미국에서의 증오범죄

　내가 다시 미국에 관심을 갖게된 것은 인종차별 저리가라 할 정도의 이른바 증오범죄가 만연한 나라여서다. 미국에서의 증오범죄가 도를 넘고 있다. 미국에서의 증오범죄는 미국 인구의 약 6%를 차지하는 아시안계를 겨냥한 것이고, 우리 한국인들도 표적이 되고 있다.

　최근 들어 가장 끔찍한 건 2021년 3월 16일(현지시각) 미국 조지아주 애틀랜타 일대 세 군데의 마사지 업소에서 벌어진 연쇄 총격으로 한국계 여성 4명을 포함해 8명이 숨진 사건이다. 사망자 8명 가운데 6명이 아시아계 여성이다. 애틀랜타는 한인 밀집 지역중 한 곳인데, 경찰은 이날 저녁 8시 30분께 유력한 용의자인 21살 백인 남성 로버트 에런 롱을 체포했다.

　롱은 최근 SNS에 "그들(중국)은 '우한 바이러스'가 어떻게 창조됐는지 알고 있으며, 50만 미국인을 죽인 것은 21세기 세계 지배를 위한 그들의 계획 중 일부일 뿐"이라며 "우리 시대 최대 악"이라 규정한 글을 올린 것으로 확인됐다. 골드 스파 직원의 "백인 남성이 '아시안을 다 죽이겠다'고 말한 뒤 범행을 저질렀다"는 증언도 전해졌다.

　그런 총질의 살상(殺傷)이 단순히 정신이상 '또라이'나 사이코패스의 우발적 범행이 아닌 걸로 보이는 이유다. 하긴 이번 사건이 일어나기 전부터 아시아계 미국인들은 증오범죄 표적이 됐다. 가령 지난 해 11월 흑인 10대 여러 명이 길을 걷던 아시아계 남성에게 주먹질을 해 갈비뼈가 부러지는 등 큰 피해를 당했다.

지난 1월에는 샌프란시스코에서 80대 타이계 남성이 공격을 받아 머리를 다친 뒤 결국 숨졌다. 3월 초 뉴욕에서는 83살 한국계 여성이 아무 이유도 없이 폭행을 당해 의식을 잃었다. 롱의 총질로 아시아계 여성 6명이 사망한 이후인 3월말에도 뉴욕 지하철에서 흑인 남성이 아시아계 남성을 무차별 폭행하는 영상이 온라인에 퍼져 공분(公憤)을 샀다.

한인이 운영하는 편의점에 24살 흑인이 쇠막대를 들고 난입해 기물을 파괴하는 등 난동 부린 기사도 읽을 수 있었다. "미국 16개 주요 도시에서 지난 1년간 전체 증오범죄는 7% 감소한 반면, 아시아계 시민을 겨냥한 증오 범죄만 149% 늘었다"(한겨레, 2021.3.18.)고 한다.

미국의 소수 인종에 대한 차별과 증오는 건국 즈음까지 들먹여야 할 정도로 뿌리가 깊지만, 최근 증가 추세는 트럼프 전 대통령과 무관치 않다는 분석이다. 트럼프 전 미국 대통령이 "임기 내내 극우 백인우월주의자들을 결집하려고 인종주의를 부추겼고, 코로나19가 확산된 뒤에는 '중국 바이러스'라고 부르면서 '중국 혐오'를 선동했다"(앞의 한겨레)는 것이다.

빈번한 증오범죄는 많은 사람들을 불안에 떨게 한다. 가령 한국영화 사상 최초로 제93회아카데미시상식에서 여우조연상을 수상한 배우 윤여정조차 출국 전 두 아들의 걱정을 털어놓았다. 미국에 사는 한국계 미국인인 두 아들이 "어머니가 길거리에서 공격당할 수 있다. 가해자들은 나이 든 여성을 노린다. 경호원을 데리고 올 수 있는지 물었다"는 것이다.

윤여정은 일흔 넷 할리우드 데뷔에 한국 배우 첫 아카데미상 후보까지 돼 "인생은 나쁘지 않으며, 놀라움으로 가득하다"고 하면서도 단지

노인이라는 이유만으로 이런 걱정을 해야 하는 상황에 대해 "끔찍하다"고 말했다. 지난해 아카데미시상식에서 4관왕에 오르고, 올해는 상을 주러 미국으로 향한 봉준호 감독도 그런 상황이 무섭고 공포스럽다고 말했다.

'아시아·태평양계(AAPI) 증오를 멈춰라'는 지난해 3월 19일부터 올 2월까지 아시안 혐오사건 신고 건수가 3,795건에 이른다고 발표했다. 출신별로는 중국계 피해자가 42.2%로 가장 많다. 한국계의 피해도 14.8%나 됐다. 유형별로는 '욕설과 언어희롱'이 68.1%로 가장 많고 아시아계를 피하거나 꺼리는 행동은 20.5%, 폭행이 11.0%였다.

동아일보(2021.3.18.)에 따르면 아시아계에 대한 증오범죄는 얼마 전까지만 해도 길거리에서 "너희 나라로 가라"고 욕을 하거나 택시(우버) 승차, 음식 서빙 등을 거부하는 사례가 많았다. 하지만 최근에는 아무런 이유 없이 이들을 폭행하는 이른바 '묻지마 범죄' 양상을 보이더니 급기야 총기 난사로 사람을 죽이는 사건으로까지 비화하고 있는 모습이다.

근데 한 가지 웃기면서도 이해가 안 되는 것은 증오범죄 가해자 다수가 흑인이란 점이다. 종로에서 뺨 맞고 한강에서 화풀이한다고 백인에게 당한 흑인들이 거의 같은 처지인 아시아계를 향해 분풀이한다는 것인가? 아시아계와 동병상련에 가까운 흑인들의 그런 행태는 그들의 미국에서 살기 등 뿌리를 아는 사람들이 갖고 있는 피해자란 인식을 그나마 불식시킬 뿐이다.

증오범죄는 미국뿐 아니라 세계적으로 심각한 문제다. 조 바이든 미국 대통령이 취임 직후 "아시아계에 대한 혐오를 규탄한다"는 성명을 낸 데 이어 3월 11일에도 "증오범죄가 즉각 중단돼야 한다"고 촉구했지만, 근절될 것으로 보이지 않는다. 결국 일벌백계의 강력한 처벌만이 그나마 증오범죄를 줄이는 기폭제가 되지 않을까 싶다.

〈전북연합신문, 2021.7.20.〉

# 박영수 특검의 중도하차

 국정농단 사건의 특별검사 박영수 변호사(69)가 지난 7일 청와대에 사표를 제출했다. 지금 수감중인 가짜 수산업자 김모씨에게 현직 검사를 소개시켜 주고, '포르쉐 파나메라4' 렌터카 차량을 제공받은 데 따른 책임성 사표다. 문재인 대통령은 다음날 사표를 수리했다. 박 특검과 더불어 공소 유지를 맡고 있는 특검보 2명의 사표도 함께 수리됐다.
 박 특검은 입장문을 내고 "이런 상황에서 특검직을 계속 수행하는 것은 국민에 대한 도리가 아니라고 판단해 퇴직을 결심했다"고 밝혔다. 국정농단 특검이 출범한 2016년 12월 이후 박근혜 전 대통령과 이재용 삼성전자 부회장 등 30여 명을 수사해 대부분 유죄 확정 판결을 이끌어낸 박 특검이 4년 7개월 만에 불명예 퇴진한 것이다.
 변호사 겸직 금지 조항 때문에 이전부터 사퇴를 희망해온 이들로서는 바라던 바 아닌가 하는 시선도 있지만, 윤석열 전 검찰총장이나 최재형 전 감사원장의 중도하차와 또다르게 씁쓰름한 뒷맛을 안겨주는 박 특검의 퇴진이라 할 수 있다. 세상에 믿을 놈 하나도 없다는 탄식을 자아내는 충격적 소식이기까지 하다.
 박 특검은 입장문에서 특검에 두 차례 파견 근무한 A검사를 김씨에게 소개시켜 줬다는 사실을 인정하고 사과했다. 박 특검은 "논란이 된 인물의 실체를 파악하지 못한 채 A검사에게 소개해준 부분 등에 대해서는 도의적인 책임을 통감하고 있다. 국민 눈높이에 맞지 않는 처신으로 논란을 야기한 점에 대해 고개 숙여 사과의 말씀을 드린다"고 밝혔다.

박 특검이 김씨에게 소개해준 A검사는 '부정청탁 및 금품 등 수수의 금지에 관한 법률(청탁금지법)' 위반 혐의로 입건돼 경찰 수사를 받고 있다. 그 과정에서 사상 초유의 일이 벌어졌다. 현직 부장검사 사무실에 대한 경찰의 압수수색이 그것이다. 역사를 새로 쓴 건 A검사지만, 박 특검의 기여도 역시 적지 않은 셈이라 할까.

한편 현직 검사 사무실에 대한 경찰의 압수수색은 올해부터 시행된 검경 수사권 조정으로 가능해진 일이라는 게 중론이다. 올해 1월 검경 수사권 조정을 담은 개정 형사소송법이 시행되면서 경찰과 검찰은 수평적 관계가 됐다. "독립성을 보장받은 경찰이 신청한 검사에 대한 영장을 검찰이 정당한 근거 없이 기각할 수 없는 분위기가 조성된 것"이란 분석이 지배적이다.

박 특검은 지난해 12월 김씨로부터 포르쉐 차량을 제공받은 뒤 올 3월 렌트비 250만 원을 뒤늦게 현금으로 지급한 경위 등에 대해선 "사실과 다른 보도 내용에 대해서는 차후 해명하겠다"고 했지만, 7월 16일 국민권익위원회가 "특검은 청탁금지법 제2조 제2호 가목의 '공직자 등'에 해당한다"는 결론을 내렸다.

특검은 검사와 같거나 그에 준용되는 직무·권한·의무를 지며, 보수·신분보장 등에 있어 검사나 판사에 준하도록 규정돼 있고, 수사 및 공소 제기 등 권한을 부여받은 '독임제 행정기관'이라는 것이 권익위의 판단이다. 이는 7월 13일 박 전 특검 측이 권익위에 제출한 '특검은 청탁금지법의 적용을 받지 않는 공무수탁 사인(私人)'이라는 내용의 의견서와 다른 결정이다.

박 전 특검은 의견서를 통해 특검의 직무 범위가 렌터카 등을 제공받은 행위와 관련성이 없으며 공소 유지 기간에는 특검이 겸직을 할 수 있다는 점 등을 근거로 청탁금지법 적용 대상이 아니라고 주장했다. 권익위 발표에 대해 박 전 특검은 "권익위의 판단을 받아들일 수 없으며, 우선 법무부의 유권해석이 필요하다고 생각한다"는 입장문을 냈다.

그러나 법무부는 박 특검의 주장을 받아들이지 않았다. 시민단체 고발장과 권익위 통보를 받은 경찰은 7월 19일 김씨로부터 '포르쉐 파나메라4' 렌터카를 제공받은 국정농단 사건의 박영수 전 특검을 피의자로 입건했다고 밝혔다. 박 특검의 중도하차로 끝날 것 같지 않은 '가짜 수산업자 김씨사건'의 파장이다.

박 특검의 중도하차를 몰고온 '가짜 수산업자 김씨사건'은 우리 사회가 금품수수로부터 얼마나 취약한 구조인지를 단적으로 보여준다. 혐의에 올라 수사를 받는 모든 사람이 그렇지만, 특히 박영수 특검에 대한 실망감은 이만저만이 아니다. 무엇보다도 국정농단사건 특검 신분으로 그깟 것들을 덥석 받았다는 게 이해가 안된다.

무엇보다도 당장 박 특검 수사로 유죄 확정 판결을 받은 국정 농단 사건 관련자들이 자신에게 내려진 형량에 대한 불복 등 어떻게 생각할지 끔찍할 정도다. 그들은 물론 일반 국민들까지 '똥 묻은 개가 재 묻은 개 나무란다'고 비아냥을 퍼부어댈까 두려울 지경이다. 백 번을 생각해보아도 이건 아니지 싶다.

일어탁수(一魚濁水)라는 말이 있다. 한 마리의 고기가 물을 흐린다는 뜻이다. 의역하면 한 사람의 잘못으로 여러 사람이 그 피해를 입게 된다는 말이다. 김씨가 일어탁수인 건 맞지만, 근묵자흑(近墨者黑)이란 말도 있다. 먹을 가까이하는 사람은 검게 된다는 뜻이다. 나쁜 사람을 가까이하면 그 버릇에 물들기 쉽다는 말이다. 박 전 특검은 이 말을 몰랐던 것일까.

〈전북연합신문, 2021.7.27.〉

## 제5부

사기꾼에 놀아난 소위 사회지도층 인사들

올림픽, 축구가 가장 아쉬워

소득 상위 12%

대장동 진흙탕 싸움

환경부 블랙리스트

노태우 전 대통령 국가장 유감

대통령, 진짜 잘 뽑아야

대통령, 누굴 찍어야 하나

내란 수괴 전두환

민주당이 우물쭈물하는 사이

난데없는 박근혜 사면

드라마 역사 새로 쓴 연극배우 오영수

10회 연속 월드컵 본선 진출

황희찬과 황의조

다시 참 이상한 나라

국민이 문제다

블랙리스트는 범죄

백제 생각

# 사기꾼에 놀아난 소위 사회지도층 인사들

보도에 따르면 서울경찰청 강력범죄수사대는 지난 2월초 '100억 원대 조직폭력사기단'에 관한 첩보를 입수해 수사에 착수했다. 직원중 조직폭력배가 있어서 그리 한 것인데, 가짜 수산업자 김씨의 사기행각이 드러났다. 김씨는 올 3월 말 100억 원대 사기 혐의로 구속·수감됐다. 그런데 김씨는 구속영장 실질심사를 돌연 포기하고 자신이 로비한 대상을 구체적으로 진술했다.

경북 포항에 있는 수산물업체 부림물산의 회장 명함을 갖고 다닌 김씨가 116억 원에 달하는 사기외에도 전·현직 국회의원과 검찰·경찰 간부 등에게 독도새우·대게·전복 등 수산물을 선물로 보냈다. 김씨는 차량이나 골프채와 고급시계 등 금품을 대여하거나 제공하기도 했다. 사기를 치는 한편 인맥을 크게 넓혀간 것이라 할 수 있다.

지난 해 6월부터 김씨를 도왔다는 담당 직원은 "김씨가 '내 배경에 힘 쓸 수 있는 사람들이 많이 있으니까 너희가 하고 싶은 일은 다해도 된다' 이런 식으로 인맥을 과시했다"고 말했다. 담당 직원이 휴대전화에 보관 중인 김씨의 인맥 명단은 최소 27명이나 된다.

여기에는 놀랍게도 국정농단 사건의 박영수 특검을 비롯 특검 파견 근무를 한 A검사(두 차례)와 특별수사관 이모 변호사, 특검에 근무 중인 전직 검찰 수사관 등 4명이 들어 있다. 정치권에선 박지원 국가정보원장, 주호영 국민의힘 전 원내대표, 경북 포항이 지역구인 국민의힘 김병욱 의원과 보좌관, 김무성·이훈평·이봉주 전 의원 등 9명이 포함돼 있다.

 일개 사기꾼에 의해 초토화되다시피한 특검과 정치권외에도 사립대전 이사장 및 교수 3명, 포항관내 경찰서장인 B총경, 연예인 C씨의 모친, 윤석열 전 검찰총장의 대변인을 지낸 이동훈 전 조선일보 논설위원, TV조선 엄성섭 앵커, 중앙일간지 논설위원, 종합편성채널 기자 등도 있다. 사기꾼으로 드러난 김씨의 선물이나 금품을 수수한 그들은 소위 사회지도층 인사들이다.

 김씨가 소위 사회지도층 인사들에게 그럴 수 있었던 것은 수감생활 덕이 크다. 2008~2009년 법률사무소 사무장을 사칭해 서민 36명으로부터 "파산 선고와 면책 결정을 받아주겠다"며 수백만 원씩 1억 6,000여 만 원을 뜯어낸 김씨는 약 7년간 도피생활을 하다 2015년 검거됐다. 2016년 11월 사기 혐의로 징역 2년을 선고받았고, 2017년 5월 형이 확정됐다.

 교도소에 들어간 김씨는 교화되긴커녕 수감생활을 함께 했던 월간조선 취재팀장 출신의 송모씨를 통해 김무성 전 의원과 박 특검 등 정치권 인사를 소개받았다. 김 전 의원이 다시 이동훈 전 논설위원 등 언론인을, 이 전 논설위원은 국민의힘 홍준표·김정재 의원 등을 김씨에게 소개했다. 또한 김씨가 정치인 등에게 부탁해 박 국정원장을 소개받은 것으로 알려졌다.

 박 특검은 특검에서 함께 근무한 A검사가 포항지청으로 발령이 나자 김 씨의 전화번호를 넘겼고, 국민의힘 주호영 의원은 고교 동문인 경찰대 출신의 B총경을 김씨에게 소개했다. 정리해보면 2017년 12월 말 문재인 정부의 첫 특별사면 대상에 포함돼 풀려난 후 또다시 사기를 치는 한편 금품 살포까지 한 범죄라 할 수 있다.

아무튼 그 과정에서 경찰의 현직 부장검사 사무실에 대한 사상 처음 압수수색이 있었다. 사상 처음으로 경찰의 압수수색을 당한 A검사는 2019년부터 고급 시계 등 2,000~3,000만 원 상당의 금품 수수 혐의를 받고 있다. 박범계 법무부장관은 "2019년이면 엊그제의 일인데 (아직 이런 일이 있다는 것이) 기가 막히지 않느냐"며 탄식했다.

박 장관이 A검사에 대한 진상조사를 법무부 감찰관에게 지시한 상태인데, "스폰서문화가 여전히 없어지지 않은 건지, 그런 차원에서 들여다볼 필요가 있다"는 것이다. 포항관내 모 경찰서장인 B총경은 수사결과와 상관없이 일단 직위해제된 것으로 전해졌다.

경찰은 7월 16일 수백만 원 상당의 골프채를 받은 혐의(청탁금지법 위반)로 입건된 이동훈 전 조선일보 논설위원 자택을 압수수색해 골프채·휴대폰 등을 확보하기도 했다. 압수수색 전 이 전 논설위원은 뜬금없이 "정권 사람들이란 이들이 찾아와 Y(윤석열)를 치고 우릴 도우면 없던 일로 만들 수 있다는 식으로 얘기했다"며 여권의 정치공작 운운하기도 했다.

정치인들이야 사람 만나기가 업이랄 수 있는 사람들이지만, 그렇다고 면죄부가 주어지는 건 아니다. 결과적으로 사기꾼 김씨의 범행을 도와주거나 가담한 꼴이니까. 그들은 자동차나 골프채, 대게와 전복 따위를 살 능력이 없어 그렇게 받은 것인가. 도대체 무엇이 아쉬워 그깟 것들을 받아 사기꾼에 놀아난 것인지 한심하고 슬픈 일이다.

사기꾼으로부터 금품을 받은 이들은 일반 국민들이 보기에 세상 남부러울 것 없는 소위 사회지도층 인사들이다. 도대체 언제까지 사기꾼 포함 사업가라면 껌벅 죽는 사회지도층들을 봐야 하는지, 그로 인해 이 난리법석인지 알 수가 없다. 코로나19 창궐과 폭염에 더해 사기꾼

한테 놀아난 소위 사회지도층 인사들까지 참 답답하고 짜증나는 여름이다.

〈전북연합신문, 2021.8.4.〉

## 올림픽, 축구가 가장 아쉬워

　코로나19로 1년 연기된데다가 무관중으로 개최된 2020도쿄올림픽이 8월 8일 밤 폐막식과 함께 대단원의 막을 내렸다. 대한민국은 금메달 7개, 10위 이내라는 애초 목표에 도달하지 못한 성적표로 대회를 마쳤다. 금 6, 은 4, 동 10개의 종합순위 16위가 그것이다.
　먼저 코로나19와 폭염, 그리고 무관중 속에서도 기량을 유감없이 발휘하며 땀 흘린 모든 선수들에게 격려의 박수를 아낌없이 보낸다. 2016년 리우 올림픽에 이어 다시 한번 세계 최강임을 보여준 양궁 이야기 등은 따로 하겠지만, 여기선 아쉬움 좀 털어놔야겠다.
　먼저 금메달 목표치를 못이룬 건 골프나 야구보다 태권도 부진 때문이란 분석이다. 그도 그럴 것이 태권도는 정식 종목으로 채택된 2000년 시드니부터 2016년 리우대회까지 12개의 금메달을 딴 전통의 메달밭으로 여겨져 왔다. 그러니까 이번 올림픽에서만 사상 처음 금메달 획득에 실패한 것이다.
　개인적으론 축구에 대한 아쉬움이 가장 크다. 스포츠 경기중 유일하게 즐겨보는 게 축구여서 그런 지도 모르겠다. 이번 올림픽 축구 4경기를 저녁식사까지 늦추며 다 보았음은 물론이다. 대한민국은 조별리그 1차전에서 뉴질랜드에 불의의 0대 1 패배를 당했다. 이후 루마니아 4대 0, 온두라스 6대 0 등 2승 1패로 조별리그 1위가 되어 8강에 진출했다.
　조별리그에서 너무 진을 빼버린 탓일까. 8강전에서 멕시코와 맞붙은 대한민국은 3대 6으로 대패했다. 올림픽 경기에선 5전 3승 2무를 기록했던 멕시코여서 받아들이기 힘든 대패라 할 수 있다. 그런데 누가 봐도 멕시코보다 한 수 아래임이 여지없이 드러나는 경기였다.

글쎄, 어떻게 이런 실력으로 2012년 런던올림픽에서 획득한 동메달 이상을 기대한다고 했는지 의아할 지경이다. 깜도 안 되는 걸 팀이며 언론 등이 호들갑을 떨어대 팬들, 나아가 국민의 실망감을 더 크게 한 게 아닌가 하는 생각마저 든다. 자연스럽게 수비수 김민재의 와일드카드 불발 문제가 불거져 나왔다. 상대의 6골은 결국 수비진이 무너졌음을 뜻하는 것이라서다.

내가 보기엔 손흥민을 부르지 않은 것도 패착으로 보인다. 이름 석 자 그 자체만으로도 멕시코 선수들을 심리적으로 위축시킬 수 있는 아우라의 월드 클래스 손흥민 선수여서다. 차라리 조 2위로 8강전에 진출해 한일전이 성사됐더라면 어쨌을까 하는 생각까지 들 정도다.

아쉬운 건 또 있다. 다른 나라보다 2배나 되는 4명(고진영·박인비·김세영·김효주)의 선수들이 출전한 여자 골프의 노메달이 그렇다. 박인비 선수가 2016년 리우 올림픽에서 금메달을 거머쥐었고, 4명이나 출전할 수 있었던 선수들의 각종 대회 우승이나 세계 랭킹 등을 생각해보면 나뿐 아니라 많은 골프 팬들이 아쉬워했을 법하다.

금메달은커녕 노메달에 그친 야구도 마찬가지다. 6개 참가국중 4위라니 아예 할 말을 잃는다. 국제배구연맹으로부터 '10억 명중 단 한 명의 스타'가 된 김연경 선수가 앞장선 여자배구도 4위를 했지만, 평가는 가히 하늘과 땅의 차이다. 양궁과 함께 그나마 여러 종목에서 유망주들을 본 것으로 아쉬움을 달랜다. 성적이 다는 아니지만, 2024 파리 올림픽을 기대해본다.

〈전북도민일보, 2021.8.10.〉

# 소득 상위 12%

　문재인 대통령은 "코로나에서 벗어날 상황이 되면 국민위로 지원금, 국민사기 진작용 지원금 지급을 검토할 수 있다"고 말했다. 지난 2월 19일 청와대에서 열린 민주당 지도부 초청 간담회때 이낙연 민주당 대표와 김태년 원내대표 등이 경기진작용 지원금을 거론하자 문 대통령이 화답한 말이다.
　"'온 국민이 으샤으샤 힘을 내자'는 차원에서 국민을 위로하고, 동시에 소비도 진작시키는 목적의 지원금을 강조했다"는 게 당시 강민석 청와대 대변인의 설명이었다. '온 국민이 으샤으샤 힘을 내자'는 차원에서 언급한 문 대통령의 국민위로 지원금은, 그러나 허언(虛言)이 되고 말았다. 소득 하위 88%에게만 지급되는 결과로 이어져서다.
　이런 결과는 제1야당인 국민의힘 반대와 함께 홍남기 부총리 겸 기획재정부 장관이 민주당의 전국민 지급 주장을 끝까지 반대해 생긴 것이라 할 수 있다. 마침내 지난 6일부터 1인당 25만 원을 주는 5차 재난지원금(국민지원금) 지급이 본격 시작됐다. 6월 납부 건강보험료를 기준으로 한 소득 하위 88%의 국민이 그 대상이다.
　11일 행정안전부에 따르면 6~10일 5일간 누적 신청 인원은 2천 690만 7천 명, 누적 지급액은 6조 7천 266억 원이다. 행안부가 집계한 지급 대상자(잠정) 4천 326만 명의 62.2%가 국민지원금을 수령한 셈이다. 전 국민 대비 52.0%에 해당한다. 그만큼 많은 국민들이 정부의 국민지원금을 고대(苦待)했음이 단적으로 드러난 셈이다.

그러나 접수 시작과 함께 지급 대상에서 탈락한 가구의 불만도 봇물 터지듯 쏟아져 나오고 있다. 가령 전북도민일보(2021.9.9.)에 따르면 전주시 맞벌이 직장인 김모(35)씨는 "(나보다) 월급을 더 받는 동료들도 지원금을 받는데 어이없게도 나는 이번 재난지원금 대상에서 제외됐다"고 불만을 드러냈다.

또 "건강보험료를 기준으로 선정하다보니 맞벌이 가정이라 제외된 것으로 알고 있는데 이는 지원금 선정 기준에서 형평성이 전혀 고려되지 않은 방식이다"고 말했다. 이런 불만은 이의신청으로 이어져 닷새만에 7만 건이 넘은 것으로 알려졌다. 부랴부랴 민주당이 소득하위 90% 지급 운운하고 있다.

애초에 직장과 지역가입자 산정 규정이 다른 건강보험료를 기준으로 한 국민 갈라치기가 잘못된 것이라 아니 할 수 없다. 코로나19로 다같이 고통을 겪는데, 단돈 2,500원이 초과돼 국민지원금을 못받는 등 왜 이런 혼란을 자초하는지 의문과 함께 분통이 터진다. '그깟' 25만 원 없어도 사는데 큰 지장은 없지만, 사람이 기분 문제 아닌가?

일각의 주장처럼 20만 원으로 낮춰 전국민 지급을 했더라면 국가로부터 버림 받은 것 같은, 국민들이 겪지 않아도 될 혼란은 없었을 것이다. 문득 2014년 정부가 깎일 폭 잡고 넉넉하게 제시한 담뱃값 2,000원 인상안을 합의해준 당시 야당 새정치민주연합(민주당 전신)이 떠오른다.

뒤통수 맞은 듯한 충격으로 이후 선거부터 지지를 거두었는데, 이번에도 그런 기분이다. 20대 대통령 선거가 6개월도 남지 않았다. 소득 상위 12%를 배제해 불만을 자초한 국민지원금 따위 어설픈 정책으로 민주당 표가 온전히 지켜질지 두고볼 일이다.

〈전북도민일보, 2021.9.23.〉

# 대장동 진흙탕 싸움

나는 제18대 대통령선거일을 앞두고 '신사적 대선전은 아직도 요원한가'(전북매일신문, 2012.11.27.)란 칼럼을 쓴 적이 있다. 안철수 후보가 사퇴한 야권단일화 논란을 포함, 대략 "국정 책임자를 새로 뽑는 축제 같은 분위기는 어디서도 감지되지 않는다. 축제분위기는커녕 이른바 구태정치라는 '구린내'가 진동한다"는 요지의 글이다.

그로부터 9년 가까이 지나 제20대 대통령선거를 5개월여 앞둔 지금도 과거에 비해 나아진 것이 별로 없어 보인다. 지난 10일 더불어민주당은 이재명 경기지사를 제20대 대통령 후보로 선출했다. 경쟁자였던 이낙연 후보측 이의제기로 논란이 일었지만, 당무위원회가 소집돼 이재명 경기지사를 민주당의 제20대 대통령 후보로 최종 추인했다.

이낙연 후보는 승복을 선언했지만, 그러나 원팀이 원활하게 작동될지는 미지수다. 심지어 제18대 대선이 재현되는 게 아닌가 하는 섣부른 예단이 생기기까지 한다. 안철수 후보가 사퇴해 야권이 문재인 후보로 단일화되었지만, 선거운동 과정에서 원팀과는 거리가 멀었고, 결국 패배한 제18대 대선 데자뷔라 할까.

그런데 제1야당 국민의힘은 10일 이재명 대선후보 선출과 관련해 축하와 함께 선의의 경쟁을 당부하는 덕담을 건네는 관례를 벗어나 총공세를 예고했다. 임승호 대변인은 논평을 통해 "축하의 인사를 전하고 싶지만 큰 우려부터 앞선다"며 "이 후보는 자신의 최측근이 대장동 게이트에 연루되었음에도 뻔뻔하게 '국민의힘 게이트'라며 국민들을 속이려 들고 있다"고 지적했다.

이어 "대장동 게이트가 자신의 목을 조여오자 이 후보는 요란하게 입을 움직이며 엉뚱한 비유를 일삼고 있다"며 "사태의 본질을 흐리려는 이재명식 '아수라 정치'"라고 비판했다. 그는 또 "이 후보가 가장 먼저 취해야 할 행보는 특검 수용"이라며 "본인이 떳떳하다면 요란한 입을 닫고 당당하게 특검에 임하면 될 일"이라고 했다.

그렇게 공격당하는 후보를 꼭 대선에 내세워야 했는지 의문인데, 당내 경선 4강전을 치르고 있는 국민의힘 대선 주자들 반응도 비슷하다. 한국일보(2021.10.11.) 보도 내용을 요약해보면 윤석열 전 검찰총장은 축하의 뜻을 전하면서 "앞으로 국민을 위해 좋은 정책과 비전을 제시해 주기를 바란다"며 "본선에서 '선의의 경쟁'을 기대한다"고 밝혔다.

홍준표 의원은 "청와대가 아니라 대장동 비리로 구치소에 가야 할 사람이 민주당 대선후보가 됐다"며 "전과 4범이 대통령이 된 일은 유사 이래 없었다. 대선이 범죄자 대선이 돼서는 안 된다"고 꼬집었다. 이어 아무튼 "축하한다"며 "우리로서는 참 고마운 일"이라고 '뼈 있는' 말을 전했다.

유승민 전 의원은 "후보가 됐다고 대장동 게이트를 덮을 수는 없다. 그렇게 떳떳하다면 특검과 국정조사를 빨리 하자"라며 "이제 우리 당의 선택만 남았다. 이재명이 가장 두려워하는 후보, 유승민이 이재명을 확실하게 이긴다"고 강조했다. 원희룡 전 제주지사도 "이 후보와 싸워서 압도적인 승리를 가져올 수 있는 후보가 바로 원희룡"이라고 밝혔다.

안철수 국민의당 대표도 입장을 내 "국민적 요구인 특검을 통해 대장동 게이트의 진상 규명에 협조해야 한다"고 강조했다. 아울러 이낙연 전 대표에게도 메시지를 전했다. 안 대표는 "김대중·노무현 대통령 시절의 민주당이 지니고 있던 자유민주주의 가치와 높은 도덕성을 지키기 위해 마지막까지 최선을 다하셨다"며 위로를 전했다.

거기서 키워드는 '대장동'이다. 이른바 대장동 게이트는 이재명 후보가 성남시장으로 있을 때 민간 개발업자들이 엄청난 수익을 챙긴 게 쟁점화되어 대선 정국의 뇌관이 되다시피한 사건이다. 정책이나 비전에 대한 다툼은커녕 그로 인해 국민이 겪지 않아도 될 짜증과 피로도가 이미 역대급에 도달한 지경이니 이래도 되는지 대선 후보들에게 묻고 싶다.

의아한 것은 피아간 구분이 안된다는 점이다. 가령 국민의힘은 이준석 대표는 물론 대선 주자들까지 민주당의 이재명 제20대 대통령 후보를 공격하며 특검을 요구하고 있다. 그런데 곽상도 의원 아들의 퇴직금 50억 원 수령 등 지금까지 드러난 관련자 대부분은 그쪽 인사들이다. 도대체 뭐가 뭔지 헷갈리는 대장동 게이트라 할 수 있다.

검찰과 경찰 수사로 진실이 일단 밝혀지겠지만, 제17대 대선 정국을 강타한 2007년의 이른바 BBK 사건이 떠오르는 건 어쩔 수 없다. 당시 검찰은 혐의 없다며 이명박 후보 손을 들어줬지만, 2018년 재판에선 정반대의 결론이 나왔다. 검찰은 다스의 실소유자가 이명박 전 대통령이라며 구속·기소했고, 지난해 10월 29일 대법원 판결로 최종 확정된 바 있다.

한편 이재명 후보 역시 국민의힘 윤석열 대선 주자에게 "마치 친일파가 신분을 위장해 독립군 행세를 하는 것에 다름 아니다"며 직격탄을 날렸다. 대장동 진흙탕 싸움 이것부터가 신사적 대선전과는 거리가 멀어 보인다. 과연 그러고도 국민을 위해서 집권하려는 정당들인지 의구심을 갖게 한다. 이래저래 뽑을 후보가 없다는 민심이 더 늘어나지 않을까 걱정이다.

〈전북연합신문, 2021.10.21.〉

## 환경부 블랙리스트

지난 9월 24일 서울고등법원 형사6-1부(재판장 김용하)는 직권남용권리행사방해·업무방해 등 혐의로 기소된 김은경 전 환경부장관에게 징역 2년을 선고했다. 김 전 장관과 공모한 혐의로 함께 기소된 신미숙 전 청와대 균형인사비서관은 징역 1년에 집행유예 3년을 선고받았다. 지난 2월 1심 선고보다 각각 징역 6개월이 줄어든 판결이다.

재판부는 "(두 사람은) 환경부 운영지원과를 통해 내정자를 임원추천위원회 심사에 포함하도록 지시해 정상적으로 심사하면 최종 후보자가 될 수 없던 사람들이 공공기관 임원이 될 수 있었다"며 "공정한 심사 업무를 방해해 공공기관의 적절성을 해치고, 공공기관 운영법의 입법 취지를 무시했다. 엄중 처벌이 필요하다"고 양형 이유를 밝혔다.

김 전 장관과 신 전 비서관은 2017년 12월부터 2019년 1월 사이 환경부 산하 공공기관 임원들에게 압력을 행사해 사표를 받아낸 혐의로 재판에 넘겨졌다. 이들은 환경부 산하 기관 임원을 채용하는 과정에서 청와대와 환경부가 내정한 인사를 특정 보직에 임명되도록 선발 절차에 관여한 혐의도 받았다. 이를테면 낙하산 인사, 그 민낯에 대한 단죄인 셈이다.

이 사건은 청와대 특별감찰반에서 근무했던 김태우 전 검찰 수사관 폭로로 세상에 알려졌다. "환경부가 '환경부 산하기관 임원들의 사퇴 등 관련 동향' 문건을 청와대에 보고했다"니 그야말로 경악하지 않을 수 없는 '환경부 블랙리스트' 사건이다. 박근혜 정부에서 자행, 극성을 부린 블랙리스트 트라우마가 다시 도져서다.

박근혜 대통령 청와대가 작성해 문화체육관광부로 내려 보낸 블랙리스트에는 9,473명의 문화예술인 이름이 들어 있었다. 먼저 2012년 문재인 후보 지지선언 예술인 6,517명, 2014년 박원순 후보 지지선언에 참여한 1,608명이다. 또 2014년 6월 세월호 시국선언에 참여한 문학인 754명, 2015년 5월 세월호 정부시행령 폐기촉구선언에 서명한 594명 등 총 9,473명이다.

나는 그런 박근혜 정부에 대해 "한마디로 참 쪼잔한 정권이란 생각이 든다. 또 그런 생각이 이내 떠나지 않는다. 틈만 나면 문화융성을 외쳐대면서 그렇듯 다른 한쪽을 콕 찍어 배제하니 놀랍고 두렵기도 하다. 그렇다면 '용비어천가식' 일색의 문화예술만 융성시키자는 것인가?"라고 썼다.

문재인 정부 도종환 초대 문화체육관광부 장관은 문화예술계 블랙리스트 청산과 재발 방지에 대한 강한 의지를 내비쳤다. "핵심은 다시는 이런 일이 일어나지 않도록 하는 것"이라고 강조했다. 앞으로 "지원하되 간섭하지 않는다는 원칙(팔걸이 원칙)을 지키겠다"는 다짐도 했다.

그래서인지 박근혜 정부의 블랙리스트 사건이 일단락된 것으로 보였다. 실제로 박근혜 후보 지지선언을 했던 가수가 문재인 정부에서도 변함없이 방송에 자주 나와 노래를 부르는 등 문화예술계 블랙리스트는 사라진 듯 싶었다. 이렇다 할 문화예술계 블랙리스트 보도를 접한 적도 없다.

그런데 환경부 블랙리스트라니! 참 쪼잔한 박근혜 정권과 다른 게 무엇인지 궁금해진다. 블랙리스트하면 문화예술계 비리이고, 마치 박근혜 정권 전매특허처럼 여겨졌던 일반의 상식을 뒤엎는 사건이 문재인 정부에서 벌어졌으니 너무 어이가 없다.

〈전북도민일보, 2021.10.28.〉

# 노태우 전 대통령 국가장 유감

10월 26일 제13대(1987~1992) 대통령을 지낸 노태우씨가 89세를 일기로 세상을 달리 했다. 노태우 전 대통령이라 하지 않고 뉴스를 진행하는 방송사 앵커를 비롯 많은 사람들이 '노태우씨'라고 호칭하는 데에는 물론 그만한 까닭이 있지만, 우선 장례 이야기부터 하자.

장례는 5일간 국가장으로 진행됐다. 국가가 주관하여 장례비용 전부를 지불하는 국가장이라고 하지만, 10월 30일 올림픽공원에서 치러진 장례식에는 유족과 김부겸 총리 등 50명만 참석해 비교적 조촐한 모습이었다. 고인의 당부와 코로나19 상황이 겹친 때문이란 이유가 전해졌다. 고인은 화장을 거쳐 경기도 파주 검단사에 임시 안장됐다.

문재인 대통령은 "노태우 전 대통령이 5·18 민주화운동 강제 진압과 12·12 군사쿠데타 등 역사적 과오가 적지 않지만 88올림픽의 성공적 개최와 북방정책 추진, 남북 기본합의서 채택 등 성과가 있었다"며 추모 메시지를 냈다. 문 대통령의 추모 메시지가 노씨 사망 다음날 나온 것은 그에 대한 역사적 평가가 엇갈리는 점이 고려된 것으로 전해졌다.

문 대통령은 이날 오전 주재한 참모진 회의에서 노씨 장례 절차와 메시지 수위, 조문 여부 등에 대한 의견을 들은 뒤 국가장으로 최종 결정했다고 한다. 이는 국가장법에 따른 결정이라 할 수 있다. 국가장법에는 △전·현직 대통령 △대통령 당선인 △국가 또는 사회에 현저한 공훈을 남겨 국민의 추앙을 받는 사람에 한해 국가장을 치를 수 있다고 규정되어서다.

  그러나 안타깝게도 예우가 박탈된 전직 대통령의 국가장 여부에 관한 명확한 규정은 없다. 그동안 뭐했느냐는 자탄이 절로 터져 나오는 대목이 아닐 수 없다. 5·6공화국 대통령을 지낸 전두환·노태우가 군사반란과 내란죄 등으로 단죄돼 예우가 박탈된 게 1997년이다. 이후 집권한 김대중·노무현·문재인정부 15년 동안 수수방관한 대가(代價)를 톡톡히 치른 셈이라 할까.

  아니나다를까 다분히 정무적 판단으로 결정된 국가장에 대해 반대가 빗발쳤다. 조기 게양 및 분향소 설치를 하지 않는 지방자치단체와 장례위원을 고사한 단체장과 교육감들이 속출했다. 국가장 반대 성명서도 잇따랐다. 가령 '고문투사모(고문 등 국가폭력에 맞서온 투사들의 전국모임) 1980년 전국총학생회장단 모임'이 한겨레(2021.10.29.) 신문에 낸 성명서가 그것이다.

  "학살자, 독재자 노태우의 국가장을 반대한다"란 제목의 성명서 첫 문단은 이렇다. "헌정질서를 파괴한 12·12 하극상 군사반란 당시 전방의 군병력을 동원한 공로로 전두환 신군부의 2인자가 된 노태우는 수도경비사령부 사령관으로서 1980년 전국적 '민주화의 봄의 꿈'을 좌절시켰으며 신군부 수뇌부로서 5·18 광주양민학살의 주요 책임자였다."

  5·18 유족회, 부상자회, 구속부상자회와 5·18기념재단도 반대 성명을 냈다. "노태우는 죽더라도 5·18 진실은 사라지지 않는다. 사죄와 고백, 5·18을 왜곡한 회고록을 교정하지 않은 노씨는 끝까지 죄인으로 기록될 것"이라고 밝혔다. 박재만 광주시민단체협의회 상임대표는 "노씨는 5·18 진상규명에 비협조적이었고 공개적인 정식 사죄가

없었다"고 성토했다.

위 내용을 부언할 필요가 있어 보인다. 먼저 육군소장 노태우는 12·12때 자신이 사단장으로 있던 전방의 병력을 서울로 이동시켜 전두환과 함께 쿠데타 주도 세력이 됐다. 한겨레(2021.10.27.)에 따르면 광주학살 관련해서도 노씨는 1980년 5월 21일 새벽 발포를 의미하는 계엄군의 자위권(자기보호) 발동이 결정됐던 회의 자리에 전씨 등과 함께 참석했다.

1980년 8월 전씨 뒤를 이어 보안사령관이 된 노씨는 희생자 유족 사찰과 분열 유도 계획을 추진하기도 했다. 또한 노씨는 생전 광주학살에 직접적인 책임은 없다고 주장했다. 2011년 펴낸 회고록에서는 "'경상도 군인들이 광주시민 씨를 말리러 왔다'는 유언비어를 듣고 시민들이 저항했다"며 책임을 시민들에게 돌리기까지 했다.

5·18단체가 회고록 정정을 촉구했지만 노씨 쪽은 반응이 없었다. 물론 노씨 가족은 그동안 여러 차례 광주를 방문해 사죄의 뜻을 밝혔지만, 광주 시민사회는 회고록 등을 이유로 그런 사죄를 진정성 있는 것으로 받아들이지 않았다. 아들을 통해 "과오들에 대해 깊은 용서를 바란다"고 유언을 남겼다지만, 육성도 없고 진짜인지, 생전엔 왜 못했는지 의문이 남는다.

대학시절 군부독재에 맞서며 수차례 수감생활을 한 운동권 출신 김부겸 총리가 국가장례위원회 위원장 자격으로 "공은 공대로 과는 과대로 평가하고 역사에 기록할 때가 된 것 같다"고 한 말이 맞지만, 친일파 청산에서 보듯 칼 같은 단죄에 좀 무딘, 너무 용서를 쉽게 하는 민족 아닌가 하는 생각이 떠올라 씁쓰름하다. 유감이다.

또 하나 '고 노태우 전 대통령 국가장'에서 새삼 떠오르는 것이 있다.

1987년 6·10 민중항쟁으로 6·29 항복선언을 받아내 직선제 선거를 치르게 됐는데도 야권의 양 김씨 단일화 실패로 노태우 후보가 대통령에 당선되게 한 사실이다. 만약 그때 김영삼·김대중 후보 누구 1명이 사퇴했다면 오늘 이런 유감의 난리를 목격하는 일은 생기지 않았을 지도 모른다.

〈전북연합신문, 2021.11.4.〉

## 대통령, 진짜 잘 뽑아야

지난 5일 윤석열 전 검찰총장이 국민의힘 제20대 대통령 후보로 선출됐다. 개인적으론 헌정사상 최초의 검찰총장 출신 야당 대통령 후보라는 역사를 새로 썼지만, 청와대 입장에선 인사 정책 실패 현실화란 오점을 남겼다. 윤석열 후보가 문재인 정부 검찰총장을 하다 임기 만료 전 사퇴와 함께 정치판에 뛰어들어 얻은 결과라서다.

이는 믿는 도끼에 발등 찍힌 문재인 대통령과 박근혜 탄핵후 지리멸렬을 거듭해온 국민의힘, 그리고 야망의 아이콘 윤석열의 3자 합작품이랄 수 있다. 특히 국민의힘은 평생 검사만 한 정치신인 윤석열을 제20대 대통령 후보로 선출함으로써 인물난을 여실하게 보여준 옹색한 모습이 드러난 셈이 됐다. 세계적으로 유례가 거의 없는 정상 아닌 나라꼴이 되기도 했다.

흔히들 하는 말로 정치는 생물이라더니 이런 막장 코미디가 어디에 또 있을까 싶다. 아무튼 2022년 3월 9일 제20대 대통령선거는 더불어민주당 이재명, 국민의힘 윤석열, 정의당 심상정, 국민의당 안철수 후보 등 4자 구도로 치러지게 됐다. 그 외 대통령선거 출마를 선언한 여타 군소후보들도 있어 4인 이상 다자 후보가 겨루는 제20대 대통령선거가 될 전망이다.

그런데 박근혜 후보의 승리로 싱겁게 끝나버린 제18대 대통령선거가 떠오른다. 그때 나는 '참 이상한 나라'(전북매일신문, 2013.1.7.)란 칼럼에서 "일단 박근혜 당선인에게 축하를 보낸다. 그러면서도 대한민국은 '참 이상한 나라'라는 의구심을 떨굴 수 없다"고 썼다. 박근혜 후보가 당선되어선 안될 여러 이유가 있음에도 불구하고 대통령이 되어서다.

가령 박근혜 당선에 결정적 기여를 한 것은 50~60대의 높은 투표율과 압도적 지지로 분석되었다. 우선 그것이 이상하다. 50~60대는 소위 '박통' 시절을 겪은 세대이다. 가난한 투사가 '배부른 돼지'보다 더 절실했던 시절을 겪어온 그들이 자식을 위해 모든 걸 30년쯤 전으로 되돌린 이명박 정부의 공동 책임자이거나 그 연장선에 있는 박근혜 후보를 대통령으로 뽑다니!

나는 '진짜로 대통령 잘 뽑아야'(전북연합신문, 2017.10.20.)란 칼럼도 썼다. 이명박 정부때 국가기관의 댓글부대 여론조작, 문화예술인 블랙리스트, 방송장악, 박원순제압문건 등이 사실로 드러나 경악한 내용의 글이다. 국정원이 선거개입도 모자라 정권에 비판적 문화예술인들을 적으로 규정하고 공작했다니, 전율할 지경이라고 썼다.

무엇보다도 이명박 정권이 자행한 정치보복의 쪼잔함은 한심할 지경이다. 왜 국민들은 그런 후보를 대통령으로 뽑았나? 이명박·박근혜 전 대통령 모두 애먼 국민들 둘로 갈라 온갖 진로방해의 탄압을 일삼았으니 그게 '보수본색'인가? 아니나다를까 50~60대 국민들이 주축이 돼 뽑은 이명박·박근혜 두 전직 대통령은 지금 감옥에 가있다.

정치보복 어쩌고 하는 모양이지만, 문재인 정권이 없는 걸 억지로 만들어낸 게 아니라는 점에서 가당찮은 주장이다. 지금도 참 이상한 나라란 생각엔 변함이 없다. 수감중인 두 전직 대통령을 뽑은 그들이 다시 똘똘 뭉쳐 국민 지지에서 훨씬 앞선 경쟁자 홍준표 의원 대신 윤석열 전 검찰총장을 제20대 대통령 후보로 내세웠으니까. 바야흐로 제

20대 대통령 선거가 다가오고 있다. 나도 그들과 같은 60대 중·후반 꼰대지만 대통령, 진짜 잘 뽑아야 한다.

〈전북도민일보, 2021.11.15.〉

# 대통령, 누굴 찍어야 하나

 2022년 3월 9일 대통령 선거에 나서는 각 당의 후보가 확정되면서 사실상 대선 정국에 접어든 모양새다. 연일 뉴스에선 대선 후보들 기사가 넘쳐난다. 언론들이야 사명을 다하는 셈이겠지만, 유권자 입장에선 일견 짜증나는 일이다. 민주당이나 국민의힘 모두 흠결 많은 대선 후보들을 내세우고 있어서다. 대통령으로 누굴 찍어야 할지 고민이 깊어질 수밖에 없다.

 우선 대선 후보들에 대한 비호감도가 장난이 아니다. 가령 10월 19~21일 한국갤럽 여론조사(신뢰수준 95%, 표본오차 ±3.1%포인트)를 보자. 대선 후보로 나선 이재명·윤석열·심상정·안철수 후보에 대해 모두 "호감 가지 않는다"는 답변이 "호감 간다"는 답변을 크게 앞섰다. 가령 집권여당 더불어민주당과 제1야당 국민의힘 후보 예를 들어보자.

 이재명 후보와 윤석열 후보에게 "호감 간다"는 답변은 각각 32%, 28%에 불과했다. 반면 "호감 가지 않는다"는 답변은 60%, 62%로 배를 넘었다. 그로부터 한 달이 지난 11월 16~18일 한국갤럽 호감도 여론조사에선 윤석열(37%), 이재명(32%), 심상정(29%), 안철수(25%) 후보순이었다. 비호감도는 안철수(68%), 이재명(63%), 심상정(60%), 윤석열(56%) 후보 순서였다.

 한 달 만에 윤석열 오름세와 이재명 하락세가 뚜렷해 보이지만, 가장 낮은 비호감도가 56%다. 4명 모두 국민 10명중 5~6명이 호감을 갖지 않는 대통령 후보들이다. 이들중 1명이 대통령에 당선될 것이고, 5년간 대한민국을 책임져야 한다는 점에서 보통 심각한 문제가 아니다. "이처럼 후보들에 대한 지지 열기는 낮고, 비호감도는 높은 대선은 처음이"(한겨레, 2021.11.8.)다.

일반 여론조사에서 윤석열 후보보다 크게 앞섰으면서도 이른바 당심에 밀려 탈락한 국민의힘 홍준표 의원은 11월 16일 "이번처럼 막장드라마 같은 대선은 처음 겪는다"고 말했다. 홍준표 의원은 경선 과정에선 "범죄자끼리 붙는 대선"을 언급하며 이재명 민주당 후보와 국민의힘 윤석열 후보를 싸잡아 비판하기도 했다.

이재명·윤석열 모두 흠결 많은 대선후보라는 얘기다. 먼저 윤석열 후보의 경우다. 후보 본인과 가족, 측근 관련 사건이 무려 8건이나 된다. 공수처 3건(옵티머스펀드사기 부실수사의혹, 한명숙전국무총리 수사팀 모해위증교사관련 수사방해의혹, 검찰의 고발사주의혹), 검찰 5건(부인의 도이치모터스 주가조작 연루의혹 등)의 수사가 진행되고 있다.

이재명 후보에 대한 검찰 수사는 2건(대장동개발사업 특혜의혹, 변호사비 대납의혹)이다. 홍준표 후보가 "비리 혐의자끼리 대결하는 비상식 대선"이라며 이재명 후보와 윤석열 후보와의 맞대결을 비하한 이유 내지 근거라 할 수 있다. 공수처와 검찰 수사에 따라 좌지우지될 수 있는 제20대 대통령선거인 것이다.

수사 건수의 많고 적음이 문제가 아니다. 왜 당원들과 국민들은 이런 사람들을 대통령 후보로 뽑았는지, 의문이 생겨서다. 또 홍 의원은 청년 소통 플랫폼인 '청년의꿈' 내 청문홍답(靑問洪答·청년이 물으면 홍준표가 답한다) 코너에서 "윤 후보가 대통령 되면 나라가 정상으로 돌아갈지 의문"이라는 글에 "대한민국만 불행해진다"고 답했다.

경선 결과에 승복한다면서도 선대위 불참 등 '나홀로' 행보가 볼썽사나워 보이긴 하지만, 홍준표 의원의 "대한민국만 불행해진다"는 지적이 맞긴 하다. '뭐 저런 검찰총장이 다 있나'(전북연합신문, 2021.3.18.)에서 제법 장황하게 말했듯 사상 초유의 검찰총장 출신 대선 후보 대통령에 이은 당선은 낯설기 그지 없는 일이다.

최근 정의당 심상정 대선 후보는 "문재인 정부의 최대 실책은 국민의힘을 다시 살려내고 윤석열을 제1야당 후보로 만든 것"이라고 말했다. 이 역시 100% 전적으로 동의하고 싶은 말이다. 다만, 그런 그가 어떻게 국민의힘 대통령 후보로 발돋움한 것인 지는 의문이다. 아무래도 웃기는 나라라는 생각밖에 들지 않는 인과관계의 조합이다.

거기서 떠오르는 건 이명박·박근혜 두 전 대통령에 대한 단죄다. 없는 걸 억지로 만들어낸 게 아니란 점에서 정치보복이라 할 수 없지만, 그것이 보수 진영에 지울 수 없는 상처를 남긴 건 엄연한 현실이다. 현 정부의 검찰총장을 제1야당 국민의힘이 자당 대선 후보로 내세운 이유다. 이충재 주필은 이렇게 말한다.

"윤석열 전 검찰총장에 대한 보수층의 강한 지지는 이런 배경을 빼놓고는 이해하기 힘들다. 적에게 버림받은 유능한 장수만큼 차도살인(借刀殺人)에 적합한 도구는 없다. 자신들의 주군(主君)을 멸한 사람을 너그럽게 품은 이유가 뭐겠는가. 그간 쌓인 치욕과 열패감을 깨끗이 씻어 달라는 주문이다."(한국일보, 2021.11.2.)

또한 "그들에게 윤석열은 반드시 손봐야 할 대상이다. 조국 전 장관 일가족을 도륙하고 문재인 정부를 배신해 나락으로 빠뜨린 '배신자' 아닌가. 비주류지만 '싸움닭' 이미지를 가진 이재명을 후보로 선택한 것도 푸닥거리의 적임자로 생각했기 때문일 것이"라고 말한다. 의문이

어느 정도 해소된 셈이지만, 대통령으로 누굴 찍어야 할지 여전히 고민은 남는다.

〈전북연합신문, 2021.11.29.〉

## 내란 수괴 전두환

　내란 수괴 전두환이 11월 23일 사망했다. 먼저 이 글 제목인 '내란 수괴 전두환'은 5·18서울기념사업회 한상혁 고문이 대법원 최종 판결에 의거해 주장한 표현이다. 백번 맞는 말이라고 생각해 나도 그렇게 하기로 했음을 밝혀둔다. '전 대통령'이니 '전두환씨', 나아가 '국민학살자' 등 매체마다 호칭이 달라 혼란스러운 모양새를 보인 바 있어서다.

　아울러 다들 '5·18민주화운동'이라 말하는데 나는 '5·18광주민중항쟁'이라 부르려 한다. 지진 같은 자연재해가 아니고 군인들에 의해 수많은 살상(殺傷)이 벌어진 비극적 대형 참사에 '운동'이란 용어가 좀 생뚱맞게 느껴져서다. 흔히들 '3·1운동'이라 말하는 것도 마찬가지다. 그래서 나는 3·1운동도 '3·1만세시위'라 부른다.

　아무튼 10월 26일 사망한 노태우에 이어 그로부터 한 달도 채 안 돼 내란 수괴 전두환이 90세로 우리 곁을 떠났다. "한국현대사에 치유할 수 없는 상처를 남기고도 언제나 '뻔뻔한 당당함'을 유지했던 학살자"(한겨레, 2021.10.26.)에 대해 미국의 뉴욕타임스는 "한국에서 가장 비난 받는 군사독재자가 죽었다"고 전했단다.

　이로써 1979년 12·12 쿠데타 두 주역이 완전히 역사속으로 사라지게 됐다. 반성이나 사과는 없었다. 장례식장에 모습을 드러낸 '전두환 똘마니들'이 아직도 '뻘소리'를 해대는 것도 그와 무관치 않아 보인다. 마치 이른바 성노예 위안부 문제에 대해 시인은 물론 사과도 하지 않고 있는 일본 정부를 연상케 하는 행태라 할 수 있다.

미망인 이순자씨가 "남편의 재임중 고통을 받은 분들께 남편을 대신해 사죄드린다"고 밝혔지만, 말인지 막걸리인지 알 수 없다. 어느 누구도 사과라 생각하지 않는데도 민정기 전 비서관이 친절한 해설까지 덧붙였다. "5·18 관련한 게 아니라 포괄적인 말씀을 하신 것"이라나 뭐라나.

나는 이미 '5·18민주화운동 40주년을 보내며'(전북연합신문, 2020.5.28.)와 '5·18 영령들 이제는 보내줘야'(2020년보훈콘텐츠공모전 당선작모음집, 2020.12.30.) 같은 글을 쓴 바 있다. 거기서 말한 내용과 가급적 겹치지 않게 하려 하지만, 5·18광주민중항쟁이란 팩트엔 어떤 변화도 없다는 중복 지점이 있다.

5·18광주민중항쟁은 12·12 쿠데타를 일으킨 전두환 보안사령관 등 신군부세력이 거세게 저항하는 광주 시민들을 무장 병력을 투입해 제압한, 벌어져선 안될, 7년 전 벌어진 세월호 참사와는 또 다른 대한민국 잔혹사다. 이후 이어진 제5공화국만 보더라도 전두환 등 신군부세력이 정권을 잡기 위해 자행한 천인공노할 만행이라는 게 엄연한 팩트다.

앞의 한겨레 보도를 토대로 잠깐 5공 이후를 정리해보자. 내란 수괴 전두환은 1980년 8월 '체육관선거'로 불린 통일주체국민회의 간접선거를 통해 9월 1일 제11대 대통령에 취임했다. 그는 헌법 개정을 거쳐 이듬해 2월 제5공화국 12대 대통령에 취임한다. 지금까지 밝혀진 바에 따르면 전씨가 이끈 신군부 세력은 군홧발로 민주주의와 인권을 짓밟았다.

예컨대 언론통폐합을 통한 보도통제를 했고, '사회정화'란 이름 아래

삼청교육대·형제복지원 등으로 무고한 사람들이 끌려가 다치고 죽었다. 1987년 1월 박종철 고문치사 사건을 계기로 민주화 요구가 폭발했지만, 전씨는 대통령 간선제로 차기 대통령을 뽑겠다는 4·13 호헌조치를 발표했다. 이는 결국 1987년 6월 민주항쟁의 도화선이 됐으며 5공화국 몰락으로 이어졌다.

전직 대통령 전두환은 친구 노태우가 대통령이던 1988년 여소야대 정국에서 5공 비리 및 광주학살 진상조사를 받게 된다. 김영삼 정부가 들어선 뒤엔 12·12 군사반란 및 5·18 유혈 진압에 대한 수사·재수사가 진행됐다. 결국 전두환 등은 1995년 12월 반란수괴 등 혐의로 구속·기소된다. 이듬해 1심에서 사형이 선고됐지만, 항소심에서 무기징역으로 감형된 뒤 1997년 4월 대법원에서 무기징역과 추징금 2,205억 원이 확정됐다.

그해 12월 김영삼 대통령은 김대중 대통령 당선자와 그의 특별사면을 합의한 뒤 석방한다. 사실은 이게 악수(惡手)였지 않나 싶다. 일종의 면죄부라 죄의식은커녕 5·18광주민중항쟁 희생자 및 그 유족들은 물론 국민들 억장을 무너지게 하는 행보를 죽을 때까지도 보여왔기 때문이다. 대표적인 게 2017년 낸 회고록이다.

무릇 회고록이란 지난날 과오를 가감없이 드러내는 반성이 담기기 마련인데, 전두환은 그러지 않았다. 가령 내란 수괴 전두환은 자신의 회고록에서 5·18 당시 계엄군 헬기 사격을 두고 고(故) 조비오 신부 명예를 훼손한 혐의로 기소돼 지난해 11월 광주지법에서 징역 8개월에 집행유예 2년을 선고받았다.

알츠하이머 등 건강 문제를 들어 재판에 출석하지 않았던 그는 재판이 열리는 날 골프장에서 목격되기도 했다. 그뿐이 아니다. 내란 수괴 전두환은 2019년엔 그 똘마니들을 불러모아 쿠데타 40주년 기념 만찬을 즐기는 장면이 언론에 공개되기도 했다. 이승만·박정희는 그만두더라도 이명박·박근혜에 이어 이런 전직 대통령이 있는 나라의 국민이라는 게 쪽팔릴 따름이다.

〈전북연합신문, 2021.12.15.〉

## 민주당이 우물쭈물하는 사이

지난 7일 남원·임실·순창을 지역구로 둔 무소속 이용호 의원이 국민의힘에 입당했다. 사위지기자사(士爲知己者死: 선비는 자신을 알아주는 사람을 위해 목숨을 바친다)를 들먹이며 "저는 윤석열 후보로부터 수차례 도와달라는 간절한 도움의 요청을 받았고, 이를 뿌리치기 어려워 국민의힘 입당을 결정한 것이다"라고 밝혔다.

이용호 의원은 '지역민에게 드리는 입장문'을 통해 "이유를 불문하고, 사랑하는 남원·임실·순창 지역민들께서 바라시던 민주당 복당을 이루지 못해 죄송하다"고 말했다. "시간을 좀 더 저에게 주시고 저의 진심과 행보를 잘 지켜봐달라"고도 말했다.

또한 "저를 선택해주신 유권자 여러분과의 약속을 지키기 위해 복당을 위한 수많은 노력을 했지만, 결과적으로 저는 민주당 내부의 패권과 기득권을 넘지 못했다"며 국민의힘 입당을 민주당 탓으로 돌렸다. 그렇게 말하게된 민주당에 어떤 내막이 있는지 일반 유권자들 입장에서 자세히 알 수야 없지만, 그가 선수를 친 건 분명해 보인다.

반면 민주당 남원·임실·순창 지역위원회는 성명을 내고 "이 의원이 무소속으로 총선에 나설 당시 민주당의 상징인 파란색 점퍼를 입고 문재인 정부를 돕겠다는 위장된 '민주당 마케팅'으로 지역주민을 호도했음을 기억한다"며 "자신의 입신영달을 위해 국힘당을 선택한 이 의원은 정치 일선에서 물러날 것"을 주장했다.

9일엔 민주당 소속인 남원·임실·순창 기초광역의원 10여 명도 전북도의회에서 이용호 의원을 규탄하는 기자회견을 열었다. 이들은 "이용호 의원의 민주당 입당과 관련, 최근 다가오는 대선을 앞두고 대통합이라는 명분 아래 입당과 복당 기준을 대폭 완화해 모두를 수용키로 했고, 이 의원도 포함됐지만 끝내 자신의 입신영달을 위해 국민의힘을 선택했다"고 비난했다.

이어서 "남원·임실·순창 지역 주민들은 이용호 의원의 행태에 심각한 배신감으로 분노를 표하고 있다"고 주장했다. 민주당이 우물쭈물하는 사이 이 의원이 뒤통수를 친 셈이라 할까. 정치적 선택은 개인의 자유지만, 그러나 선출직이 유권자 선택을 저버리는 건 정치인의 도리가 아니다.

무엇보다도 다음 총선에서 국민의힘 공천으로 남원·임실·순창 지역에서 당선하겠다는 것인지 이해가 안된다. 그의 당적 변경은 지난 총선에서 위성정당 비례대표로 당선돼 국민의힘 소속이 된 정운천 의원의 행보와는 너무 다른 모습이다.

그만큼 이용호 의원의 당적 변경은 충격적이다. 이 의원 당적 변경이 3·9 대선에서 국민의힘 전북 지역 득표를 얼마나 견인할 지는 알 수 없다. 8일 이루어진 김관영·채이배 전 의원의 민주당 복당과 다르기도 하다. 그들이야 유권자 선택을 받지 못한 전직 국회의원들에 '불과'하기 때문이다.

민주당이 4·15 총선 압승에 너무 오랫동안 취해 '우리편'을 놓친 게 아닌가 싶다. 또 다른 의미도 있다. 민주당이 아전인수격으로 도민은 '우리편'이란 오만한 생각을 갖고 있지 않나 하는 것에 대한 경종 바로 그것이다. 아무리 그래도 국민의힘은 아니다. 어쨌든 바야흐로 철새의 계절이 성큼 앞으로 다가온 느낌을 주기엔 충분한 사건이다.

〈전북도민일보, 2021.12.16.〉

## 난데없는 박근혜 사면

 2021년이 저물고 있다. 백신 접종에도 불구하고 코로나19가 여전히 기승을 부려 지난 해 못지 않게 심란한 세밑이다. 내년에 3·9대선까지 있어 연일 대통령 후보들의 각종 의혹 등 동정을 접해야 하는 고충이 가세된 세밑이기도 하다. 이런 와중인데, 지난 24일 문재인 대통령이 국정농단 사건으로 구속·수감 중인 박근혜 전 대통령에 대해 난데없는 특별사면을 단행했다.
 '난데없는'이라고 말한 것은 문 대통령의 생각이나 국민의 부정적 여론이 계속되어 이번 성탄절 사면에서 제외될 것이란 게 중론(衆論)이어서다. 문 대통령은 새해 회견에서 "과거의 잘못을 부정하고, 재판 결과를 인정하지 않는 차원에서 사면을 요구하는 이런 움직임에 대해서는 국민들의 상식이 용납하지 않을 것이라 생각하고 저 역시 받아들이기가 어렵다"고 잘라 말했다.
 지난 5월 취임 4주년 특별연설 뒤 질의응답에선 사면 불가에 대한 완강함이 조금 누그러진 태도를 보였다. "고령이시고 건강도 좋지 않다고 하니까 더더욱 안타까운 마음"이라며 "국민 통합에 미치는 영향, 우리 사법의 정의, 형평성, 또 국민들 공감대 이런 것을 생각하면서 판단해 나가겠다"고 말한 것이다.
 여론조사도 부정적인 의견이 우세한 것으로 나오곤 했다. 가령 11월 27~29일 채널A·리서치앤리서치의 여론조사에서 이명박·박근혜 전 대통령 사면에 대한 찬성은 39.2%인데 반해 반대는 43.7%였다. 특히 같은 조사에서 핵심 촛불 세대인 3040세대는 과반이 사면에 반대했다.

아무튼 박 전 대통령이 2017년 3월 31일 구속된 지 4년 9개월 만에 이루어진 사면이다. 문 대통령은 박경미 대변인 발표를 통해 "우리는 지난 시대의 아픔을 딛고 새 시대로 나아가야 한다. 과거에 매몰돼 서로 다투기보다는 미래를 향해 담대하게 힘을 합쳐야 할 때다. 이번 사면이 생각의 차이나 찬반을 넘어 통합과 화합, 새 시대 개막의 계기가 되길 바란다"고 밝혔다.

문 대통령은 "사면을 반대한 분들의 넓은 이해와 해량을 부탁드린다"고도 말했지만, '촛불 정신 훼손' 등 비판이 이어졌다. 참여연대는 성명을 내 "박근혜의 탄핵과 사법처리는 촛불 시민들의 힘으로 이뤄진 것으로 대통령의 정치적 사면은 촛불 시민들의 의사에 반한다"며 "사회적 통합과는 거리가 멀고, 대선을 앞두고 정치적 고려에 따른 사면이다"라고 했다.

민주사회를 위한 변호사 모임도 "'촛불정부'를 자임하며 시작한 문재인 정부가 국민을 배신했다"며 "문 대통령은 뇌물·알선수재·알선수뢰·배임·횡령 등 '5대 중대 부패 범죄'를 저지른 인사의 사면은 배제한다는 원칙을 스스로 어기면서 대통령의 지위를 남용해 독재적으로 사면권을 행사함으로써 민주주의를 훼손했다"고 비판했다.

한편 박 전 대통령은 유영하 변호사를 통해 "많은 심려를 끼쳐드려 국민 여러분께 송구스럽다. 아울러 변함 없는 지지와 성원을 보내주셔서 감사하다. 어려움이 많았음에도 사면을 결정해 주신 문재인 대통령과 정부 당국에도 심심한 사의를 표한다. 신병 치료에 전념해 빠른 시일 내에 국민 여러분께 직접 감사 인사를 드릴 수 있도록 하겠다"는 입장을 전했다.

그런데 박근혜 사면 단행후 나온 여론은 이전과 좀 다르다. 여론조사 업체 서던포스트가 CBS 의뢰로 지난 24일부터 25일까지 이틀간 전국 만 18세 이상 남녀 1010명을 대상으로 전화 면접조사(무선 100%)한 결과 박 전 대통령에 대한 특사 결정에 '잘한 결정'(매우 잘한 결정 16.6%, 잘한 결정 43.2%)이라고 응답한 비율이 59.8%에 달했다.

반면 '잘못된 결정'이라는 응답 비율은 34.8%(매우 잘못된 결정 15.5%, 잘못된 결정 19.3%)였고, 모름/무응답은 5.3%로 집계됐다. 특이한 건 연령대별 찬반 양상이다. 20~30대에서는 '잘못된 결정'이라고 답변한 비율이 높게 나타났다. 40대 이상에서는 '잘한 결정'이라는 응답이 높아 연령대별 인식이 상반되는 경향을 보였다.

60대 이상에선 82.9%가 박 전 대통령 사면 조치에 긍정적 반응을 보였다는데, 60대 중반인 나는 아니다. 무엇보다도 얼마 전 사망한 내란 수괴 전두환의 '준동'이 떠올라서다. 1997년 12월 김영삼 대통령은 김대중 대통령 당선자와 전두환의 특별사면을 합의한 뒤 석방했다. 이후 전두환은 죽을 때까지 끝내 사과 한 마디 없이 국민들 가슴에 울화를 심어주곤 했다.

임지봉 서강대 법학전문대학원 교수의 "전두환씨도 '국민통합' 명분으로 사면을 받았지만, 5·18 유가족들에 대해 사과를 한 적도 없고, 도리어 국론만 분열시켰다"(한겨레, 2021.12.25.)는 지적이 따끔하게 와닿는 건 그래서다. 문 대통령은 도대체 무엇이 아쉬워 국민공감대 등 스스로 밝힌 원칙을 깨면서까지 진정한 사과가 없는 박근혜 사면을 단행한 것일까?

임 교수는 "박 전 대통령도 국정농단에 대해 반성이나 사과가 없다. 전씨 경우처럼 앞으로 어느 시점에 '억울한 옥살이를 했다'고 주장하고 지지자들이 동조하면서 국론이 분열될 수밖에 없을 것"(앞의 한겨레) 이라고 내다봤다. 난데없는 사면이라 생각하는 또 다른 이유다. 부디 과거 전두환 사면처럼 국민 억장 무너지게 하는 악수(惡手)가 아니었길 바랄 뿐이다.

〈전북연합신문, 2021.12.29.〉

## 드라마 역사 새로 쓴 연극배우 오영수

　지난 주 초 기쁜 소식이 전해졌다. 넷플릭스 드라마 '오징어 게임'에 오일남 역으로 출연한 원로 연극배우 오영수(1944년생)가 1월 9일(현지시각) 열린 제79회골든글로브 시상식(미국 캘리포니아주 베벌리힐스 호텔)에서 TV부문 남우조연상을 수상했다는 소식이 그것이다.
　한국 배우가 골든글로브 시상식에서 연기상을 받은 것은 이번이 처음이다. 오영수의 수상은 골든글로브 시상식에서 배척당한 2020년 '기생충', 2021년 '미나리'의 윤여정도 이루지 못한 또 하나의 쾌거라 할만하다. 지난 해 제93회아카데미(일명 오스카) 시상식에서 여우조연상을 수상한 윤여정(1947년생)에 이어 또다시 원로 연극배우가 역사를 새로 쓴 것이다.
　할리우드에서 활동하는 한국계 캐나다 배우 샌드라 오가 골든글로브에서 연기상(2006년 여우조연상, 2019년 여우주연상)을 받은 적은 있지만, 국내 배우가 수상한 건 이번이 처음이라는 의미도 있다. 아시아 배우 중엔 드라마 '쇼군'의 시마다 요코가 1981년 골든글로브 TV 드라마 부문 여우주연상을 수상한 적이 있다.
　'오징어 게임'은 작품상과 남우주연상 후보에도 올랐지만, 2개 부문 수상은 불발됐다. 뒤에서 더 자세히 살펴보겠지만, '오징어 게임'을 연출한 황동혁 감독과 남우주연상·조연상 후보에 각각 오른 이정재와 오영수는 시상식에 참석하지 않았다. 이유 여하를 막론하고 아쉬운 대목이다.

오영수는 넷플릭스를 통해 "수상 소식을 듣고 생애 처음으로 내가 나에게 '괜찮은 놈이야'라고 말했다"며 "이제 '세계 속의 우리'가 아니고 '우리 속의 세계'"라고 수상소감을 밝혔다. 이어 "우리 문화의 향기를 안고, 가족에 대한 사랑을 가슴 깊이 안고, 세계의 여러분에게 감사드린다. 아름다운 삶을 사시길 바란다"고 말했다.

문재인 대통령은 "'깐부 할아버지' 오영수 배우께 존경과 감사의 마음을 전하고 골든글로브 남우조연상 수상을 국민과 함께 축하한다"고 전했다. "반세기 넘는 연기 외길의 여정이 결국 나라와 문화를 뛰어넘어 세계무대에서 큰 감동과 여운을 만들어냈다. '오징어 게임'은 우리 문화의 저력을 보여줬다"고도 했다.

배우 오영수는 처음으로 출연한 영화 '갯마을'(1965)의 원작자인 소설가와 동명이인이기도 하다. 그것과 상관없이 아무래도 대중일반에겐 다소 낯선 이름일 것으로 생각된다. '선덕여왕'(2009) 같은 드라마와 '봄여름가을겨울 그리고 봄'(2003) 등 영화에도 출연했지만, 연기인생 대부분을 연극배우로 꾸준히 활동해와서다.

연보에 따르면 오영수는 24살이던 1967년 극단 '광장' 입단을 시작으로 연기 경력 56년, 200편이 넘는 연극에 출연하며 백상예술대상·동아연극상·한국연극협회 남자연기상 등을 수상했다. 김명화 연극평론가는 "카리스마 있는 연극적인 외모에 선 굵은 연기부터 소박하고 자연스러운 연기까지 두루 소화하는 배우"(한국일보, 2022.1.11.)라고 평했다.

한편 앞에서 골든글로브 시상식 불참을 얘기했는데, "다른 일정과 시상식 참석에 따른 자가격리기간 등을 고려할 때 참석이 어렵다. 지난해부터 골든글로브가 인종차별 및 젠더 이슈 등으로 할리우드 전반에서 외면받고 있는 분위기도 고려했다"(한겨레, 2022.1.7.)는 게 이정재 소속사 아티스트컴퍼니 관계자 설명이다.

할리우드외신기자협회가 주관하는 골든글로브는 영화와 TV드라마로 나눠 시상하며 영화만 다루는 아카데미상, 방송 부문을 다루는 에미상과 함께 각 분야 양대 시상식으로 꼽힌다. 지난해 영화 '미나리'를 외국어 영화로 분류하며 강력한 여우조연상 후보였던 윤여정을 후보에서 제외시켜 거센 비난을 받은 바 있기도 하다.

또한 골든글로브는 최근 백인 위주의 회원 구성과 성차별 논란, 불투명한 재정 관리에 따른 부정부패 의혹이 잇따라 불거져 구설에 올랐다. 톰 크루즈와 스칼릿 조핸슨 등이 공개 비판에 나선 건 널리 알려진 사실이다. 협회는 지난해 시상식 이후 흑인 기자를 포함한 새 회원 21명을 영입하는 등 내부 재정비가 이뤄졌다고 주장했지만, 할리우드의 반응은 여전히 싸늘하다.

보도를 종합해보면 할리우드 스타를 고객으로 둔 100여 개 홍보대행사가 시상식 불참을 선언했고, 주요 제작사들도 보이콧에 동참했다. 넷플릭스는 보이콧을 명시적으로 선언하지 않았지만, 작품을 출품하지 않았다. 해마다 시상식을 생중계한 미국의 지상파 방송사 NBC가 중계 중단을 선언했고, 실제 올해 행사는 중계하지 않았다.

지난해까지 대사의 50% 이상이 영어가 아닌 경우 외국어 영화로 분류한다는 규정을 두는 등 비영어권 작품에 대해 배타적이었던 골든글로브이기에 작품상과 남우주(조)연상 후보에 오른 것만도 역사적인데, 남우조연상까지 수상했으니 한국 드라마사상 초유의 기록임에 틀림없다.

지금 지난해 79세로 세상을 뜬 김학수필가 추모문집 교정중인데, 배우 오영수는 같은 나이에 드라마 역사를 새로 썼다. 국민에겐 기쁨과 자부심을 안겨준 쾌거다. 축하를 보낸다. 사실은 내 사위도 연극배우다. 모든 연극배우, 나아가 전 연기자들에겐 어떤 빛으로 작용할 오영수의 골든글로브 수상이다.

〈전북연합신문, 2022.1.9.〉

## 10회 연속 월드컵 본선 진출

지난 설날 아주 기쁜 소식이 전해졌다. 또 월드 클래스 손흥민이 골망을 갈랐냐고? 아니다. 손흥민은 안타깝게도 1월 6일 첼시와의 리그컵(카라바오컵) 4강전 1차전 경기 후 부상으로 전력에서 이탈한 상태다. 이에 대해선 따로 말하기로 하고, 한국 축구가 10회 연속 월드컵 본선 진출이라는 역사를 새로 쓴 소식이 전해진 것이다.

파울루 벤투 감독이 이끄는 한국축구 대표팀은 2월 1일 밤 11시(한국시간. 이하 같음.) 열린 2022 카타르 월드컵 아시아지역 최종예선 A조 8차전 원정 경기(아랍에미리트 두바이 라시드 스타디움)에서 시리아를 2대 0으로 이겼다. 후반 8분 김진수(전북 현대)가 헤딩골을 터뜨렸고, 이어서 권창훈(김천 상무)이 쐐기골을 넣었다.

8차전까지 무패 행진으로 6승 2무(승점 20)가 된 한국은 승점 9인 아랍에미리트(UAE)와 그 차를 11로 벌렸다. 3위와의 승점 차가 11이니 남은 2경기 결과와 상관없이 최소 조 2위를 확보해 각 조 2위까지 주어지는 월드컵 본선 직행 출전권을 따냈다. 현재 A조 순위는 가장 먼저 월드컵 본선 티켓을 따낸 이란(승점 22)이 1위, 한국이 2위다.

이로써 한국은 1986년 멕시코 대회부터 10회 연속 월드컵 본선 무대를 밟게 됐다. 첫 출전이었던 1954년 스위스 대회까지 포함하면 통산 11번째 월드컵 본선 진출이다. 국제축구연맹(FIFA) 211개 회원국 중 한국에 앞서 10회 이상 연속 월드컵에 출전한 국가는 브라질(22회)·독일(18회)·이탈리아(14회)·아르헨티나(13회)·스페인(12회) 5개국 뿐이다.

눈여겨 볼 점은 핵심 공격수 손흥민(토트넘)과 황희찬(울버햄튼)이 부상으로 빠진 가운데 이룬 7, 8차전 승리라는 점이다. 그 공백을 베테랑 황의조(보르도)와 신예 조규성(전북 현대)이 잘 메웠다는 평가가 많다. 1대 0으로 이긴 7차전 레바논과의 경기에서 결승골의 주인공은 조규성이다. 황의조가 올린 크로스를 조규성이 쇄도해 결승골로 연결시켰다.

2022 카타르 월드컵 아시아지역 2차 예선까지 한국축구 대표팀 전방엔 황의조 한 명뿐이었다. 2021년 9월 7일. 조규성은 2022 카타르 월드컵 아시아지역 최종예선 2차전 레바논과의 대결에서 A매치에 데뷔했다. 1월 15일 아이슬란드와의 평가전에선 A매치 5경기 만에 데뷔골을 터뜨렸다. 7차전에서 벤투 감독은 조규성과 황의조를 투톱 공격수로 내세웠다. 그게 적중했다.

조규성은 2022 카타르 월드컵 아시아지역 최종예선 5, 6차전에서 자기 입지를 확실히 다진 것으로 평가받는다. 최종예선 5, 6차전엔 황의조가 햄스트링 부상으로 뛰지 못했다. 조규성이 그 공백을 완벽히 메운 셈이다. 조규성은 지난해 11월 11일 열린 5차전(UAE, 고양종합운동장) 1대 0, 11월 17일 치른 6차전(이라크, 카타르 도하)에서 3대 0 승리에 앞장서기도 했다.

특히 6차전 이라크와의 경기는 한국이 2012년 6월 8일 카타르전(4대 1) 이후 거의 10년 만에 처음 중동 원정에서 승리한 경기였다. 조규성은 최종예선 7, 8차전을 앞두고 치른 두 차례 평가전에서도 데뷔골을 터뜨리는 등 꾸준한 경기력을 보였다. 권창훈외 백승호(전북 현대)·김진규(부산)·엄지성(광주)이 A매치 데뷔골을 작성했지만, 발군의 조규성이라 할 수 있다.

대한축구협회에 따르면 유럽 국가를 상대로 한 A매치 5대 1은 최다 골차(4골) 승리 신기록이다. 종전 기록은 2002년 5월 16일 부산에서 열린 스코틀랜드와의 친선경기에서 3골차(4대 1 승)로 이긴 것이었다. 대표팀은 1월 21일 열린 몰도바와의 평가전에서도 4대 0 승리를 거두었다.

덩달아 벤투 감독의 입지도 견고해졌다. 보도를 종합해보면 2018년 8월 부임한 벤투 감독은 3년 6개월째 한국 지휘봉을 잡고 있다. 종전 최장수 사령탑이었던 울리 슈틸리케 감독(995일)을 넘은 역대 최장수 감독이다. 이 기간 벤투 감독은 2021년 한일전 참패(0대 3) 등 몇 차례 경질 위기를 맞았지만, 지도 철학을 굽히지 않았다.

가령 월드컵 최종예선에서 '빌드업 축구'를 앞세워 지금까지 한 번도 지지 않았다. 지금까지 총 41차례 A매치를 지휘해 27승 10무 4패(74골 25실점)를 기록 중이다. 벤투 감독은 "아직 모든 과정이 끝나진 않았지만, 인정받은 것 같아 기분이 좋다. 긴 과정을 함께 한 선수들에게 축하의 인사를 전하고, 스태프, 특히 많이 고생한 두 명의 한국인 코치에게도 감사를 표하고 싶다. 모든 한국 국민께도 감사하다"고 밝혔다.

3월 열리는 이란, UAE와의 9, 10차전 결과와 상관없이 월드컵 본선 조기 진출을 확정했지만, 허투루 치를 수 없다. 조 1위를 차지하기 위해서다. 조 1위를 차지하려는 목표에는 매우 현실적인 이유가 있다. FIFA 랭킹을 끌어올릴 수 있어서다. FIFA 랭킹이 높을수록 조추첨에서 상대적으로 순위가 낮은 팀과 대결할 가능성이 커진다.

벌써부터 우리 대표팀이 3월에 열리는 9, 10차전과 카타르 월드컵에서 어떤 축구로 국민을 기쁘게 할지 기대가 된다. 마침 손흥민도 부상을 털고 한 달 만에 복귀했다는 소식이 전해졌다. 코로나19 오미크론 확진자 급증으로 뒤숭숭한 시절이라 10회 연속 월드컵 본선 진출 소식이 더 기쁜 지도 모르겠다.

〈전북연합신문, 2022.2.10.〉

## 황희찬과 황의조

 월드 클래스 손흥민의 2도움 등 기쁜 소식은 따로 말하기로 하고 여기선 다른 이야기다. 지난 여름 이적시장을 통해 독일 분데스리가의 RB라이프치히에서 울버햄튼으로 임대된 황희찬의 완전 영입 소식이 전해졌다. 울버햄튼과 라이프치히가 이적료에 대한 언급은 하지 않았으나, 현지 전문가들은 1,600만 유로(약 216억 원)쯤이라 말하는 것으로 알려졌다.

 울버햄튼은 "현재 황희찬은 부상에서 회복 중이다. (중략) 프리미어리그 6경기에 출전해 4골을 기록하며 팀에 큰 임팩트를 남기고 있다"라며 "새로운 환경에 빠르게 적응했으며, 교체 투입된 첫 경기에서 득점하며 팀의 시즌 첫 승리를 이끌었다"고 했다. 5개월간 울버햄튼에서 뛴 황희찬이 별다른 적응 기간 없이 완벽하게 팀에 적응했고 에이스로 거듭났음이 확인된 셈이다.

 울버햄튼의 스콧 셀라스 테크니컬 디렉터가 "새로운 영입을 할 때마다 새로운 환경에 대한 적응기를 예상하기 마련이다. 하지만 황희찬은 바로 우리가 원하던 선수임을 증명했다. 빠르게 안착해 인상을 남겼다"라며 "선수단 뿐만 아니라 구단 전체에 정말 긍정적인 영향을 줬다"라고 엄지를 치켜 세운 데서도 알 수 있다.

 사실 황희찬의 완전 이적은 예상을 뛰어 넘는 조기 결정이라 할 수 있다. 울버햄튼이 겨울 아닌 여름 이적시장에 완전 영입 옵션을 발동할 것으로 내다본 현지 매체들 보도가 있었기 때문이다. 하지만 토트넘·리버풀 등 다른 프리미어리그 구단들도 황희찬에 관심을 나타내자 빠른 움직임에 나선 것으로 보인다.

울버햄튼은 트위터·인스타그램 등 구단 공식 소셜네트워크 채널을 통해 황희찬의 사인이 담긴 19초 분량의 영상과 함께 "긴 여정을 함께 떠납시다"라는 한글 문구로 완전 이적을 축하한 것으로 전해졌다. 황희찬 개인은 물론 국민의 한 사람으로 흐뭇하고 대견스럽고, 또한 반가운 소식이 아닐 수 없다.

황희찬은 자신의 완전 이적에 대해 "2026년까지 울버햄튼과 함께할 수 있어 너무나 행복하다. 환상적인 동료, 훌륭한 감독님과 팀을 위해 뛸 수 있어 기쁘다"라며 "처음 이곳에 온 순간부터 (모두가) 많은 도움을 줬고, 덕분에 축구에 집중할 수 있었다"라고 소감을 밝혔다. 그 황희찬이 마침내 부상에서 돌아왔다.

2월 13일 밤 11시(한국시간. 이하 같음) 열린 잉글랜드 프리미어리그(EPL) 25라운드 토트넘과의 경기에서다. 비록 추가시간 포함 14분에 불과하지만, 지난해 12월 16일 부상 이후 거의 2개월 만의 공식 경기 출전이다. 2월 21일 01시 05분 열린 레스터시티전에서도 후반 13분부터 뛰었지만, 공격 포인트를 올리진 못했다. 대신 팀이 두 경기 모두 승리하는 기쁨을 누렸다.

한편 프랑스 보르도의 황의조는 1월 23일 열린 프랑스 리그1 스트라스부르와의 22라운드 홈 경기(마트뮈 아트란티크)에서 해트트릭을 달성했다. 한 경기에서 무려 3골이나 넣은 황의조는 후반 추가시간 교체됐다. 보르도 팬들은 그라운드를 빠져나가는 황의조에게 기립 박수를 보냈다.

황의조의 해트트릭은 프랑스 무대 이적 후 처음이다. 해트트릭을 작성한 황의조는 리그1 통산 77경기 27골로 박주영(울산 현대)이 갖고 있던 아시아 국적 선수 최다 득점 기록(91경기 25골)을 다시 쓰기도 했다. 박주영보다 무려 14경기나 앞당긴 기록이다.

  보도를 종합해보면 황의조의 해트트릭은 프랑스 무대 이적 후 처음이다. 유럽 5대 리그(잉글랜드·독일·이탈리아·스페인·프랑스)로 한정하면 손흥민(토트넘)과 구자철(알 아라비) 이후 3번째다. 개인 커리어를 통틀어도 정규리그에서 해트트릭을 작성한 건 이번이 처음이다.

  황의조는 감바 오사카(일본) 시절이던 지난 2018년 6월 9일 J리그 컵대회에서 주빌로 이와타전(3대2 승)에서 한 차례 해트트릭을 기록한 바 있다. 태극마크를 달고서는 3번 있었지만, 그러나 성인대표팀은 아니었다. 와일드카드로 올림픽대표팀 일원으로 나선 2018 자카르타-팔렘방 아시안게임에서 바레인(6대0 승)전과 우즈베키스탄(4대3 승)전, 그리고 지난해 7월 도쿄올림픽 조별리그 온두라스(6대0 승)전에서 3골을 넣었다.

  황의조는 2019년 7월 보르도 입단 첫해 6골, 지난 시즌에는 12골을 넣었다. 올해도 해트트릭에 힘입어 9골을 기록중이었는데, 2월 14일 01시 05분 열린 2021-22 프랑스 리그1 24라운드 랑스와의 원정 경기에서 10호골을 터트렸다. 팀이 랑스에 2대 3으로 져 빛이 바랬지만, 황의조는 2년 연속 두 자릿수 득점을 달성했다.

  황의조의 물오른 감각은 1월 27일 카타르월드컵 최종예선 7차전 레바논과의 경기에서도 증명된 바 있다. 1대 0 결승골의 주인공은 조규성이지만, 황의조가 올린 크로스가 있었기에 가능한 골이어서다. 다만, 2월 21일 01시 05분 열린 모나코전(1대 1)에서 황의조는 공격 포인트 없이 경기를 마쳤다. 그럴망정 13경기나 남아 있어 지난 12골을 갈아치울 것으로 보인다.

　황희찬·황의조 두 선수의 역대급 활약을 기대해본다.

〈전북연합신문, 2022.2.24.〉

## 다시 참 이상한 나라

우려가 현실로 다가왔다. 국민의힘 윤석열 후보가 48.56% 득표율로 대한민국 제20대 대통령에 뽑힌 것이다. 이재명 후보와 불과 24만 7,077표 차 승리다. 개인적 소회를 잠깐 말하자면 더불어민주당 당원이나 지지자는 아니지만, 이명박·박근혜 후보가 대통령에 각각 당선되었을 때보다도 더 맥이 탁 풀리는 느낌을 쉽게 떨쳐내기 힘들다.

그런 와중에도 10여 년 전 쓴 칼럼 한 편이 떠오른다. '참 이상한 나라'(전북매일신문, 2013.1.7.)다. 박근혜 후보가 당선된 제18대 대통령선거를 되돌아보는 내용이다. 대한민국은 '참 이상한 나라'라는 의구심을 떨굴 수 없다로 요약되는 글이다.

박근혜 후보는 당선되어선 안될 여러 이유가 있음에도 불구하고 대통령으로 뽑혔다. 박근혜 후보 당선에 결정적 기여를 한 것은 50~60대의 높은 투표율과 압도적 지지로 분석되었다. 박근혜 후보의 득표율은 51.6%다. 17대 대선의 63.0%에 비해 12.8%포인트나 높은 투표율 75.8%인데도 과반을 넘어선 역대 최초의 득표였다.

50~60대는 소위 '박통' 시절을 겪은 세대이다. 가난한 투사가 '배부른 돼지'보다 더 절실했던 시절을 겪어온 그들이 자식을 위해 모든 걸 30년쯤 전으로 되돌린 이명박 정부의 공동 책임자이거나 그 연장선에 있는 박근혜 후보를 지지하다니! 그들과 같이 50대인 나로선 그 '무지'가 놀랍고 짠하다는 소회를 밝힌 글이기도 하다.

아니나다를까 '참 이상한 나라'라는 의구심은 대통령 탄핵과 파면이란 현실로 나타나 국민들 뒤통수를 쳤다. 대통령이 구속·수감까지 된 탄핵과 파면은 기본적으로 박근혜의 문제이다. 그럴망정 탄핵과 파면으로 인한 강제 퇴임 등은 그를 대통령으로 선출한 당시 5060 세대 등 유권자들의 잘못 때문 안겪어도 될 '난리'였던 셈이다.

10년 전 제18대 대통령선거를 되돌아본 것은 다름이 아니다. 그때와 같은 일이 또 벌어졌기 때문이다. 아니 오히려 그때보다 못한 제20대 대통령선거라 할 수 있다. 그때는 그래도 정치인들이 후보로 나서 박빙 대결을 펼쳐 유권자로서 큰 거부감 같은 건 없었지만, 제20대 대통령선거는 그게 아니었다. 투표소 가는데 많은 고민이 따른 이유다.

너무 고루한 생각인지 몰라도 우선 임기가 보장된 검찰총장직을 중도사퇴하여 야당의 대통령 후보로 나선 자체가 되게 비상식적이다. 그런 그가 국민의힘 대통령 후보로 발돋움한 것은 박근혜 후보를 대통령으로 뽑았던 세력들이 정권을 찾겠다고 똘똘 뭉친 기이한 조합이라 해도 과언이 아닌데, 역대급 코미디라 할만하다.

그런데 그게 통했다. 너무 웃기는 나라라는 생각밖에 들지 않는 '정치무상'이다. 정의당 심상정 대선 후보는 "문재인 정부의 최대 실책은 국민의힘을 다시 살려내고 윤석열을 제1야당 후보로 만든 것"이라고 말했다. 100% 맞는 말이다. 초박빙 대결 속에서 평생 검사만 한 윤석열 후보가 대통령에 당선된 결과로 나타나니 더욱 뼈아프게 다가오는 '윤석열 키우기'라 할까.

윤석열 후보 당선의 한 축을 담당한 것으로 알려진 60대에 속하는 나이라곤 하지만, 나로선 얼른 납득 안 되는 것이 있다. 바로 그런 비상식적 후보를 찍은 유권자들이다. 가히 역대급 참 이상한 나라라 할만하지 않은가? 하긴 거대 양당 경선에서 왜 '범생이'가 아닌 그런 후보들을 1위로 뽑아 대선에 내세웠는지 그것부터가 참 이상한 나라다.

또한 문재인 대통령 지지율은 역대 어느 때보다 높은데, 왜 여론조사에선 정권교체가 압도적으로 많이 나오는 지도 참 이상한 나라이긴 마찬가지다. 다만, 또다시 국민의힘 윤석열 후보 대통령 당선으로 박근혜 탄핵·파면때와 같은 대가(代價)를 치를 수도 있겠구나 하는 생각에 이르러선 등골이 오싹해지기까지 한다.

유례를 찾기 힘든 비호감 대선, 유력 후보들 배우자가 자취를 감춘 대선, 틈만 나면 서로 공격해대서 누구 말이 진실인지 알 수 없는 대장동 난타전 특검 공방, 티격태격 끝에 밀실야합이 된 단일화 등 왜 선거판은 항상 그 모양인지 한심스럽고 짜증난다. 왜 다시 참 이상한 나라의 국민이고 유권자여야 하는지 너무 슬프다.

〈전북연합신문, 2022.3.16.〉

## 국민이 문제다

　제20대 대선이 국민의힘 윤석열 후보의 승리로 끝났다. 불과 24만여 표 차의 초박빙 승부였다. 그래서 그런지 이재명 후보에게 82.98%의 지지를 보낸 도민들의 상실감이 상당한 것으로 나타났다. 가령 '도민 대선 후유증, TV도 싫고 뉴스도 안봐'(전북중앙, 2022.3.15.)라는 기사에 따르면 서신동 거주 한 시민은 "선거 이후 매일 접하던 뉴스 보기를 포기했다"고 말한다.

　그는 이어 "뉴스를 볼 때마다 울화통이 치미는 느낌이다. 익숙해지기까지 시간이 걸리겠지만 당분간은 현 상황이 계속될 것이다"고 밝혔다. 또 다른 시민은 "아무리 생각해도 아쉬운 결과다. 도민들의 소중한 한 표가 사라진 느낌이다"며 "TV 뿐 아니라 SNS 등에도 정치관련 글들을 삭제하고 있다. 앞으로 5년은 개인 일상이 무척 달라질 것으로 예상되고 있다"고 말했다.

　전문가 말로 '외상 후 스트레스 장애군'(충격적인 사건을 경험한 후 정신적·신체적 고통으로 정상적 사회생활에 부정적 영향을 끼치는 것)을 겪고 있는 셈이다. 개인적 소회를 잠깐 말하자면 민주당원이나 지지자가 아닌 나도 이명박·박근혜 후보가 대통령에 각각 당선되었을 때보다 더 맥이 탁 풀리는 느낌이니 어찌 안그러겠는가!

　어쨌든 이로써 우리는 최초로 검찰총장 출신에 국회의원 경험이 전무한 대통령을 맞게 되었다. 이명박·박근혜 후보 대통령 당선에서 보듯 우리 국민들은 '최초'를 매우 좋아하는 것 같다. 그들이 각각 대한민국 최초의 사업가 출신(이명박), 여성·미혼·부녀 대통령(박근혜)이라서다.

그나저나 5년 만에 정권교체가 이루어졌다. 이른바 10년 주기설이 깨진 것인데, 불쑥 국민이 문제라는 생각이 피어오른다. 역대 대선을 살펴보니 좀 더 그렇다. 예컨대 직선제 개헌과 함께 치른 1987년 대선에서 노태우 후보가 대통령에 당선된 국민의 선택이 그것이다. 대선 결과는 노태우 36.64%, 김영삼 28.03%, 김대중 27.04%, 김종필 8.06%였다.

"양 김 씨의 후보 단일화 실패로 정권을 민정당에 헌납한 것입니다"(한겨레, 2022.1.15.)라는 등 김대중·김영삼 후보가 단일화하지 않은 탓이라 말들 하지만, 꼭 그렇게만 볼 건 아니다. 전두환에 이은 신군부 2인자였음을 알고도 민정당 노태우 후보를 찍어 당선에 이르게 한 건 36.64% 국민들이니까.

여하튼 노태우 후보를 대통령으로 뽑는 바람에 그만큼 민주주의가 더딘 속도로 나아가는 등 대가(代價)를 치러야 했다. 무엇보다도 1990년 3당 합당으로 노태우-김영삼-김종필이 손을 잡은 정계개편은 여야 구분을 어렵게 하는 후유증을 낳았다. 1992년 민자당 후보의 대선 승리로 이어졌지만, 이전의 '야당투사' 이미지를 벗어던진 김영삼 대통령 당선이어서다.

많은 국민이 먹고 살기가 조금이라도 나아지겠지 하는 심정으로 이것저것 안따지고 정권교체에 앞장섰던 제17대 대통령선거도 그렇다. 선거에서 경제를 앞세운 한나라당 이명박 후보가 대통합민주신당 정동영 후보를 500만 표 넘는 차이로 이겼다. 그런데 취임 1년쯤 지나 이명박 대통령의 지지율은 25.3%(한국사회여론연구소 발표)에 그쳤다.

또 동서리서치가 2008년 12월 10일 발표한 조사에 따르면 한나라당의 지지율은 36.0%에 불과했다.

대선 승리의 1년 전에 비해 국민의 마음이 대통령과 집권여당으로부터 떠났음을 알 수 있는 대목이다. 발등을 찍고 후회해도 소용없게 되었다. IMF때보다 경제가 더 어렵다는 2008년 겨울 대한민국의 모습이 그랬다. 집권여당 한나라당은 김대중·노무현 정권을 잃어버린 10년이라지만, 많은 국민이 보기에 이명박 정부는 역사의 시계를 30년 전쯤으로 돌려 놓고 말았다.

그것이 대다수 국민의 선택이라 떫어도 도리없이 받아들일 수밖에 없었다. 어렵게 이뤄낸 민주주의가 얼마나 더 후퇴할지 이명박 대통령을 선택한 국민은 당해도 싸다는 탄식이 절로 나왔다. '전직 대통령 재수감을 보며'(전북연합신문, 2020.11.13.)에서 자세히 말한 바 있듯 결국 이명박 전 대통령은 지금 감옥에 가 있다.

그런 일을 겪고도 국민은 2012년 제18대 대선에서 박근혜 후보를 또 대통령으로 뽑았다. '참 이상한 나라'(전북매일신문, 2013.1.7.)라는 칼럼을 통해 탄식하며 한숨을 삼켰지만, 박근혜 후보를 대통령으로 뽑은 대가는 크고 아팠다. 이른바 국정농단사건 등 탄핵·파면으로 강제 퇴임, 구속·수감되는 걸 지켜봐야 했다.

이재명 더불어민주당 대선 후보는 선거대책위원회 해단식에서 "여러분은 최선을 다했고 또 성과를 냈지만 이재명이 부족한 0.7%를 못 채워서 진 것"이라고 말했다. 또 "저는 우리 국민들의 위대함을 언제나 믿는다. 지금의 이 선택도 우리 국민들의 집단지성의 발현이라 생각한다. 우리가 부족하기 때문에 생긴 일이지 국민들의 판단은 언제나 옳았다"고 말하기도 했다.

선뜻 동의할 수 없는 덕담 수준 인사말이다. 박근혜·이명박 후보를 대통령으로 뽑은 걸 정녕 국민들의 옳은 판단이라 말할 수 있는가 해서다. 나도 국민의 한 사람이라 누워서 침뱉기가 될지 모르겠지만, 무릇 유권자들은 때로 대통령을 잘못 뽑기도 한다. 윤석열 제20대 대통령은 부디 그런 국민의 선택이 아니었길 바란다.

〈전북연합신문, 2022.3.23.〉

## 블랙리스트는 범죄

지난 2월 13일 안상수 국민의힘 인천공동총괄선대위원장은 SNS계정에서 윤석열 후보의 부인 김건희씨 관련한 영상을 제작·공유한 바 있다. 해당 영상에는 "존경받는 아티스트로 거론돼야 할 분이 좌파들의 네거티브 프레임에 공격당했다는 것이 굉장히 어처구니없고 답답하다. … 문화예술계 쪽은 좌파가 많기 때문이며 좌파 예술계를 확 바꾸겠다"고 말한 내용이 담겨 있는 것으로 전해졌다.

아무리 선거과정에서 불거진 말이라 할지라도 이명박·박근혜 정권의 블랙리스트를 혹독하게 경험했던 문화예술인들은 물론 국민 입장에선 어처구니 없는 망언이 아닐 수 없다. 안 위원장의 "좌파 예술계를 확 바꾸겠다"가 이미 대법원에서 유죄로 확정 받은 블랙리스트 범죄를 떠올리게 하는 발언이어서다.

아니나다를까 보수 성향의 (사)한국예술문화단체총연합회와 진보 색채의 (사)한국민족예술단체총연합이 2월 18일 이례적으로 공동 성명을 발표했다. 이들은 공동성명에서 "윤석열 후보가 집권 후 정치보복을 공공연히 밝히고 있는 가운데 나온 발언이라는 점에서 문화예술계 블랙리스트를 다시 시행하겠다는 의도가 아닌지 아연실색하지 않을 수 없다"고 말했다.

또한 이들은 "좌파 탓 운운하며 좌파 문화계를 바꾸겠다고 공개적으로 밝힌 것은 국민의힘이 과거 국정농단 시기로 되돌아가겠다는 의지를 표현한 것인지 묻지 않을 수 없다"고 성토했다. 윤석열 후보에게

'문화예술계를 이념적 잣대로 이분법화하려는 갈라치기 즉각 중단' 등 총 4가지 사안을 요구하기도 했다.

2월 21일엔 전국영화산업노조·한국영화독립협의회 등 '문화계 좌파 블랙리스트 부활을 반대하는 대한민국 문화예술인'들이 기자회견을 열었다. 이들은 "문화예술계를 권력의 시녀로 만들기 위해 이념의 잣대를 들이대겠다는 반헌법적 주장"이라며 "제1 야당에서 블랙리스트를 부활시키겠다는 발언이 다시 나온 점에 경악을 금치 못한다"고 말했다.

'국민의힘, 문화계 블랙리스트 망언 규탄 문화예술인 일동'은 "더욱 충격적인 것은 안상수 위원장의 발언이 허위이력, 주가조작 의혹, 무속 논란 등에 휩싸인 윤석열 후보의 배우자 김건희씨를 두둔하기 위해 나왔다"는 사실에 경악을 금치 못한다고 그 취지를 밝혔다. 그런 가운데 제20대 대통령 선거가 끝났다.

그리고 윤석열 후보가 24만여 표 차이로 이재명 후보를 누르고 제20대 대통령에 당선됐다. 새삼 블랙리스트 부활이 우려되는 이유다. 이명박·박근혜 정부에서 자행한 블랙리스트 여파로 예전에 비해 위축되긴 했지만, 이번 선거 과정에서도 서울 1만 100명 등 전국 각지에서 많은 문화예술인들이 이재명 후보 지지선언을 한 바 있다. 가령 배우 김의성·이원종·박혁권 등이다.

블랙리스트는 명백한 범죄다. 따라서 이미 청산된 적폐여야 한다. "지원은 하되 간섭하지 않겠다"고 한 윤석열 당선인 약속이 지켜질지, 안상수 국민의힘 인천공동총괄선대위원장 공언처럼 블랙리스트 악령이 되살아나 이재명 후보를 지지한 문화예술인들의 밥줄이 끊기는지 두 눈 부릅뜨고 지켜볼 일이다.

〈전북도민일보, 2022.3.24.〉

## 백제 생각

충남 공주는 내게 이웃 같은 곳이다. 예컨대 1994년 중학교 교사 시절 수학여행 인솔차 공주에 갔다. 1990년대 말부터는 공주대학교 주최 전국고교생백일장대회 참가를 위해 학생들 인솔하여 해마다 가곤 했다. 2000년 제5회공주대학교 전국고교생백일장대회에선 제자가 상을 받는 등 좋은 기억이 있는 공주이기도 하다.

공주에 다시 가보고 싶은 마음이 생긴 건 SBS 금토드라마 '녹두꽃'을 보면서다. 더 정확히 말하면 40회 말미에서 묘사가 시작된 우금치 전투장면을 보고나서다. 그 이후 방구 뀐 놈이 성낸다고 가해자인 일본의 경제보복이 시작되어 일제(日製) 불매운동 및 시위가 거세게 일고 있는 시국이 이어지면서 더욱 가보고 싶은 곳이 되었다.

잊고 있었던 백제의 고도(古都) 공주에 다시 가게 했으니 바로 드라마 '녹두꽃'의 힘이라 할까. 그런데 공주시청 홈페이지에서 일별한 걸로는 아무래도 미진해 이인휴게소에 들러 공주관광지도를 구하려 했지만 없단다. 공주시 관내에 있는 고속도로 휴게소인데, 의아한 일이다. 공주관광지도는 백제역사유적지구 매표소가 있는 공산성에 가서야 비로소 구할 수 있었다.

어쨌든 나는 중학생 수학여행 인솔 그 무렵 쓴 글에서도 백제시대 최대의 유적이라 할 무령왕릉이 불과 23년 전(1971년)에서야 발굴된 점을 쓸쓸해하며 탄식하고 있다. 그마저도 고총 고분이 153기, 그 유역 면적이 14만 평인 도항·말산리 고분군(경남 함안)이나 신라의 고도 경주 왕릉들에 비하면 좀 약소한 규모다.

그나마 무령왕릉을 포함한 송산리고분군은 1997년부터 내부관람이 중단됐다. 2003년 개관한 모형전시관을 통해서만 볼 수 있다. 모형전시관을 거쳐 묘지들을 둘러보고 그 입구 앞에 있는 쉼터로 돌아왔다. 의자에 앉아 손수건으로 연신 땀을 닦아낸 후 자판기에서 음료수를 하나 뽑아 마시곤 삼국중 가장 먼저 망한 백제(BC 18년~AD 660년) 생각에 잠겨본다.

문득 엉뚱하게도 KBS 1TV가 방송한 대하드라마 한 편이 떠오른다. 2010년 11월 6일부터 6개월 남짓 방송한, 백제를 사실상 처음으로 다룬 정통 대하사극 '근초고왕'이다. 그러니까 백제를 사실상 처음으로 다룬 정통 대하사극이 고구려와 신라는 물론 심지어 발해보다도 늦게 드라마로 만들어진 것이다.

이를테면 백제의 자존심을 살린 '근초고왕'인 셈이다. 그 이듬해인 2011년 7월부터는 두 번째로 백제를 다룬 MBC 대하드라마 '계백'이 방송되기도 했다. 그런 백제 무시 내지 홀대와 관련이 있는지 자세히 알 길은 없지만, '근초고왕'과 '계백'의 시청률도 고구려·신라·발해를 각각 다룬 '주몽'(MBC 2006)·'선덕여왕'(MBC 2009)·'대조영'(KBS 1TV 2006~2007)에 비해 턱없이 낮았다.

참고로 닐슨코리아(전국 기준)가 집계한 '근초고왕'과 '계백' 평균 시청률은 각각 11.0%, 12.2%인데 반해 '주몽' 41.0%, '선덕여왕' 33.6%, '대조영'은 26.9%다. 당시 고교에서 교지며 학교신문 지도교사였던 나는 학생들을 내 차에 태우고 '주몽'·'대조영'·'선덕여왕' 촬영장인 전남 나주, 강원도 속초, 경북 경주 르포를 다녀오기도 했다.

특히 경주를 간 것은 10월의 일요일이어서 촬영장인 신라밀레니엄

파크에서부터 톨게이트까지 1시간도 더 걸리는 등 개고생을 했던 게 지금도 생생할 정도다. '근초고왕'·'계백' 방송때도 교지며 학교신문 지도교사였지만, 그러나 두 드라마 촬영장 가는 일은 없었다. '주몽'·'대조영'·'선덕여왕'처럼 인기를 끌지 못해 딱히 필요성을 느끼지 못했던 것 같다.

그러고 보면 뼛속까지 백제 사람 후예인 나도 그런 홀대에 동참한 셈이다. 씁쓰름함이 절로 생기지만, 백제를 다룬 대하드라마라 '주몽'·'대조영'·'선덕여왕'보다 낮은 시청률이었는지 한동안 그런 생각이 떠나질 않는다. 그렇기에 보란 듯 백제 고도(古都)인 공주의 자존심으로 나태주 시인의 풀꽃문학관을 내세운 게 아닐까?

그런데 참으로 대단한 건 풀꽃문학관보다 공주시다. 그런 문학행사에 필요한 예산을 아낌없이 후원하고 있는 것으로 보여서다. 어느 문학관이든 지자체 지원 없이는 활동하기 어려운 것이 현실이다. 더 없이 고마운 공주시의 문학에 대한 이해와 성원이라 할 수 있다.

문학 홀대가 유독 심한 지자체에 살고 있는 나로선 너무 대견하고, 부럽기도 한 일이다. 말할 나위 없이 특이점이 많은 멋진 풀꽃문학관 감상을 할 수 있게 해줘서다. 공주시의 풀꽃문학관 관련 예산을 없애거나 삭감하지 않고 심의·통과시켜준 공주시의회도 칭찬하고 싶다. 지자체가 애써 세운 문학관련 예산을 마구 삭감해버리는 지방의회도 부지기수여서다.

이재명 더불어민주당 대통령 후보는 지난해 7월 23일 중앙일보 인터뷰에서 "한반도 5000년 역사에서 백제, 이쪽이 주체가 돼서 한반도 전체를 통합한 때가 한 번도 없었다"며 "김대중 전 대통령이 처음으로 성공했는데 절반의 성공이었다. 충청하고 손을 잡았다"고 말했다. 선거에서 캐스팅보트 역할을 해온 충청권 표심 구애지만, 백제의 역사성이 고스란히 드러난다. 되게 쓸쓸한 백제 생각이다.

〈전북연합신문, 2022.4.21.〉

※ 까거나 씹는 사이다 에세이

장세진 에세이

뭐 저런 **검찰총장**이 다 있나